U0555902

HR THREE-PILLAR MODE

The HR Transformation and Best Practices in Chinese Enterprises

HR三支柱 新版

人力资源管理转型升级与实践创新

马海刚　彭剑锋　西　楠　著

中国人民大学出版社

·北京·

图书在版编目（CIP）数据

HR+三支柱：人力资源管理转型升级与实践创新：新版 / 马海刚，彭剑锋，西楠著. -- 2版. -- 北京：中国人民大学出版社，2024.6
ISBN 978-7-300-32714-3

Ⅰ. ①H… Ⅱ. ①马… ②彭… ③西… Ⅲ. ①人力资源管理－研究 Ⅳ. ①F243

中国国家版本馆 CIP 数据核字（2024）第 068377 号

HR+三支柱
——人力资源管理转型升级与实践创新（新版）
马海刚　彭剑锋　西　楠　著
HR+Sanzhizhu——Renli Ziyuan Guanli Zhuanxing Shengji yu Shijian Chuangxin

出版发行	中国人民大学出版社		
社　　址	北京中关村大街31号	邮政编码	100080
电　　话	010-62511242（总编室）		010-62511770（质管部）
	010-82501766（邮购部）		010-62514148（门市部）
	010-62515195（发行公司）		010-62515275（盗版举报）
网　　址	http://www.crup.com.cn		
经　　销	新华书店		
印　　刷	北京联兴盛业印刷股份有限公司	版　　次	2017年6月第1版
开　　本	890mm × 1240mm　1/32		2024年6月第2版
印　　张	10.125　插页 2	印　　次	2024年6月第1次印刷
字　　数	217 000	定　　价	69.00元

前言

《HR+三支柱——人力资源管理转型升级与实践创新》（以下简称《HR+三支柱》）第一版于2017年由中国人民大学出版社出版，是我国首部系统性梳理HR三支柱模式的西方探索与中国实践的著作，同时深度解读腾讯、华为、阿里巴巴等企业对HR三支柱模式的创新。它一经出版就得到了业内同行的大力推荐与宣传，并很快在业界得到了广泛关注，多次加印。

HR（人力资源）三支柱模式，是IBM基于人力资源管理大师戴维·尤里奇（Dave Ulrich）的思想，结合自身的人力资源管理转型实践于2007年率先提出的。以三支柱为支撑的人力资源管理体系源于公司战略，服务公司业务，其核心理念是通过组织能力再造，让人力资源从业者更好地为组织创造价值。

HR三支柱模式自提出以来，在中国企业中得到了广泛的实践与应用。然而，HR三支柱模式诞生在讲理性、重事实、轻关系、弱互惠的西方世界，在中国这种重关系、重情感的文化背景下，企业在实施三支柱模式的过程中出现了“水土不服”的问题。此外，随着以ChatGPT为标志的生成式人工智能

（AIGC）横空出世，新一轮科技革命就此开始，人工智能与大模型、移动互联网、大数据、算力算法等颠覆了人们的固有认知，这些变化给当前中国企业构建 HR 三支柱带来了新的挑战。

正是基于这样的时代背景，我们结合前沿的理论观点，以及华为、腾讯、阿里巴巴等中国企业在 HR 三支柱方面的转型升级与实践创新，在《HR+ 三支柱》中提出只有主动求变、大胆创新，HR 三支柱才能在中国企业中存活和发展，创造更大的实践价值和理论价值。我们对三支柱模式进行了视角扩展、对象厘清、文化融合等方面的升级，提出了中国企业 HR 三支柱模式（见图 1）。

《HR+ 三支柱》第一版出版发行至今的七年间，我们不仅收到了来自中国人民大学出版社丁一编辑和业内同行提供的众多有见地的观点与建设性的反馈，也欣喜地看到国内同行对 HR 三支柱的讨论和实践越来越多。同时，值得注意的是，我们看到中国企业人力资源管理领域在这七年中也发生了不少变化。

一是 HR 在战略价值落地过程中，越来越游刃有余地实现着 HR 管控职能与服务职能的对立统一。一方面，强战略解码与强监管落地过程中，HR 扮演着“执法人”的角色，既要用制度、机制、流程来管控，也要靠文化来促进个体进行自我约束与自我控制。另一方面，日益强大的算法技术，催生了精益、全面、量化、去人性化的人力资源管理手段，企业呼唤并重视人本管理，为此 HR 还同时扮演着“知心人”的角色，相信并挖掘员工的潜力，为员工创造更具智慧性、能动性的机会与舞台。HR 通过对内部组织、人员特性的区隔，让一部分 HR 扮演知心人，一部分 HR 扮演执法人，对这两部分的平衡，体现了

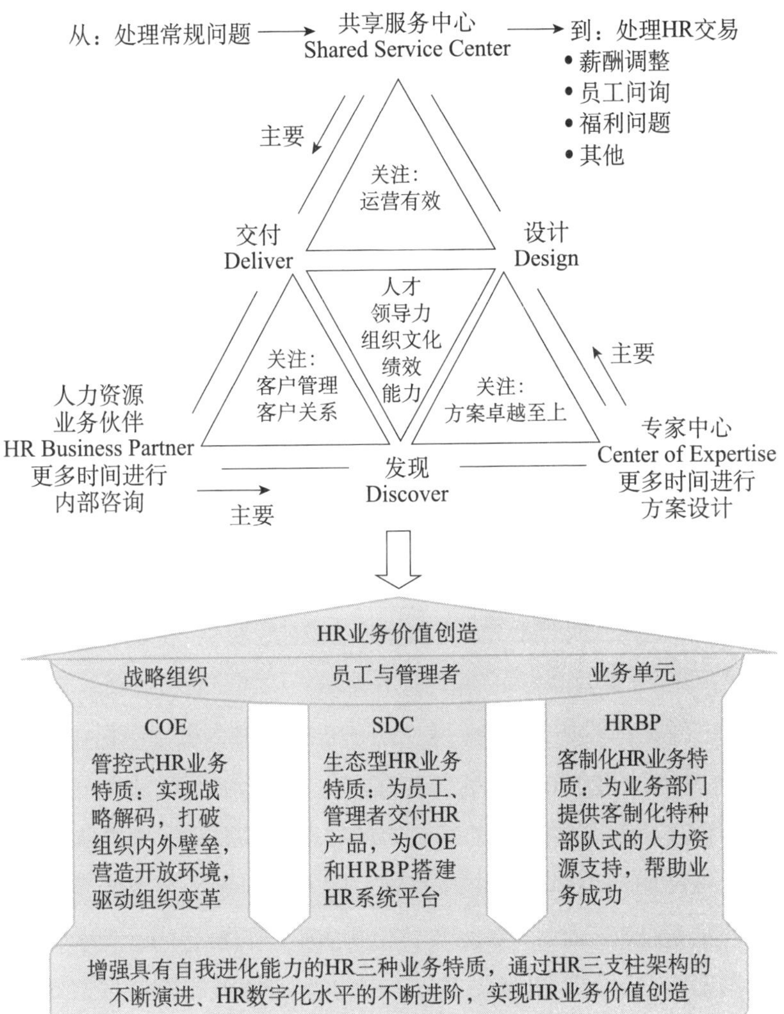

图 1　HR 三支柱模式的升级

注：COE 为专家中心（Center of Expertise）的英文缩写。SDC 为共享交付平台（Shared Deliver Center）的英文缩写。HRBP 为人力资源业务伙伴（HR Business Partner）的英文缩写。

中国式管理的特色，也体现了人力资源管理既是一门科学又是一门艺术。这何尝不是体现了 HR 三支柱背后的理念？

二是在业务策略实现过程中，HR 愈发重要地扮演着推动组织效能和员工效率提升的核心角色。随着经营意识的增强，HR 尤其在推动企业降本增效方面起着关键作用。在业务策略实施过程中，HR 兼顾成本控制与效率提升，通过构建全面的人力资源管理体系、精细化人力资本分析，以及运用大数据进行人力资源规划等，在保障企业长远发展和员工福祉的同时降低成本、提高人效。同时，HR 通过实施人才盘点与制订发展计划提升员工技能水平和工作效率，并建立绩效薪酬体系以确保员工工作目标与公司战略一致，有效提升人力资本效能。HR 正以前瞻性经营思维整合成本管控与人效管理，构建适应可持续发展的战略性人力资源机制，成为驱动企业创造持续价值的“内部经营者”。

三是在体系架构搭建过程中，HR 越来越重视数字化技术对 HR 的赋能。我们认为决定 HR 数字化转型成功的关键是转变认知。管理驱动与自主驱动相结合的“双引擎驱动”理念为企业发展内在驱动力提供了全新视域。同时，通过人工智能及大模型的技术触发，HR 将在与数智化新质生产力融合的过程中，不断主动求变、转型升级。关注人才个性化需求和激发员工动力的数字化场景应用产品井喷式涌现，这些都能让 HR 的体系架构创造出更好的员工体验，也能助力组织活力的迸发，使我们能够预见到一个更加智能和高度互联的 HR 生态系统。

当然，七年间，我们也欣慰地发现，《HR+ 三支柱》重点提到的端到端的交付和产品经理思维这两大理念，在人力资源管理实践领域得到了加强。端到端的交付是指从用户、客户需求端来，到满足用户、客户需求端去，始终以用户、客户需求为中心，用交付彰显 HR 价值。产品经理思维强调识别、区分 HR 的用户、客户，针对其痛点打造 HR 产品，并将其打磨到极致，用产品粘住用户、客户。

这两大理念分别来自华为和腾讯的管理理念和实践精髓。华为是一家锁定客户需求建立平台，并为客户提供端到端整体解决方案的公司。腾讯是一家锁定客户体验建立高黏性平台，并为客户不断打造一站式互联网在线生活生态的公司。这两家公司在面对新的市场环境、新的客户需求时所体现出的危机意识与主动求变精神惊人地相似，这体现了一种根植于企业家精神中、融化在企业文化里的不断进行自我革命、推动组织再造的能力。“不谋全局者不足以谋一域，不谋万世者不足以谋一时”，企业不断地自我革新，人力资源管理作为企业管理中最有挖掘潜力的工作，更需要进行持续的管理创新与变革。人力资源管理不仅涉及公司与高层管理者这样的客户，还涉及企业内所有员工这样的客户，持续管理变革的目标就是对这些客户进行深入的洞察，实现高效的管理运作，确保端到端的优质管理与服务的交付。

HR 端到端的思路来自华为的理念和实践

经历了华为如火如荼的大建设阶段，尤其是深受集成产品开发（IPD）这类端到端的工程交付思想的影响，我们开始不断地思索HR如何在不同阶段为企业提供合适的整体解决方案，助力企业持续获得成功。

华为的业务非常重视端到端的交付意识。端到端是指从客户需求端出发，到满足客户需求端去，为客户提供端到端的服务。端到端的输入端是市场，输出端也是市场。端到端的交付必须非常敏捷、有效。既然要打造这样一个运作体系，对业务流程的再造就变成不可或缺和顺理成章的事项。通过变革，将原有的业务运作模式转变为满足当今时代对质量、服务、灵活性和低成本的需要，为此业务流程亟须简化，这种简化的需要对如何设计业务流程和如何设置组织架构有四点重大影响。

首先是对组织的基本单元——“职位”的影响。基于职能设置的职位将无法适应新的需要，多种职位将被整合为一种职位，由一个负责全流程的项目责任人或是项目负责小组承担该职位对应的责任，该责任人或小组应掌握处理有关问题所需的多种技能，并在其管辖范围内拥有决定权。将决策制定和执行结合在一起，可以减少延误，降低管理费用，大幅提升对客户的反应速度。

其次是打破业务流程中按部就班的思维方式，摆脱严格的线性工作方式，利用运筹学原理，对流程实行非线性管理，使多种工作同时开展。这样，流程中步骤间的衔接时间缩短了，从而减少了工作中的无效等待，并克服了沟通低效的弊端。另外，根据目前市场多样化和不断变化的特点，组织需要使统一的流程具有多变的形式，既要考虑使每种变化形式满足不同的市场需求，又要能够产生规模经济。每种变化形式只需专注于它能高效处理的事项，因而简化了流程，也避免了特殊事项和例外事件的频繁发生。在这种情况下，业务流程与组织结构之间的关系会与以往大相径庭，打破组织结构界限安排工作，突出端到端的执行思路，让组织向市场化、网络化模式发展，突出体现流程性组织的服务好、质量好、价格低和优先满足客户需求的目标。

再次，对于管理过程中的检查点和控制点，要做到关键控制点前移，以此来重新设计检查工作的流程，对关键检查点及控制点进行全面检查，最大限度减少非增值的检查和控制工作，这样的流程安排能有效地提升交付质量，驱动目标达成。

最后，一个企业要想成为端到端解决方案的提供商，最大的考验是软实力。即要实现工作单位由职能部门领导型向流程执行小组领导型转变，对员工的要求从简单的任务向多方面的工作转变，员工晋升的标准从看工作绩效向看工作能力转变，管理人员的角色从监工向教练转变，企业价值观从维护保守型向开拓进攻型转变。也就是说，企业在变革过程中，要对软实力的培养给予全面引导，做到业务流程、职位和组织结构、管理和评价制度及企业价值观和信念几个方面配套均衡。这可为企业锁定客户、建立平台，并为客户提供端到端整体解决方案提供保障。而在整个过程中，人力资源管理将提供助力并发挥非常重要的牵引作用。

用产品经理思维做 HR 工作的思路
来自腾讯的理念和实践

腾讯长期以来坚持的“一切以用户价值为依归”的经营理

念，对其产品的影响非常大。这样的产品文化也对我们影响深刻，让我们不断思考产品化人力资源管理的新模式。

传统的人力资源管理工作多由例行工作和项目工作组成。例行工作是按照惯例处理日常事务，其作用是维持工作运转。产品可能从运作成熟的例行工作中产生，HR 将这一功能做到极致，满足员工、管理者在人力资源管理某个方面的需求。项目有明确的目标或目的，在特定的时间、预算、资源限制下依据规范完成。当项目到期，HR 的工作也相应地结束。至于人力资源管理项目尚未实现的功能、待商榷的制度、有待完善的流程，将无人问津。

产品经理思维最突出的特点就是以用户为中心，从用户的角度出发，挖掘用户最深层次的需求，提供超出用户预期的产品体验。产品经理思维让业务负责人格外关注用户体验。像普通用户一样，业务负责人每天花大量时间使用每一款产品，并提出苛刻的改进意见。将 HR 服务产品化，让 HR 更像是打造业务一样推动管理，让 HR 更能聚焦服务对象，创造出适合各类服务对象的管理价值。HR 通过对企业老板、员工、业务管理者等角色的研究，精准满足他们的需求，建立分层交付模型，用产品经理思维为每类角色打造、打磨优质的 HR 产品，让 HR 实现从孵化运营到灰度运营，再到成熟运营，最后到增值运营的蜕变。

用产品经理思维做 HR 工作还有助于实现员工参与管理。HR 产品挖掘员工的需求、采纳员工的合理化建议，不仅能为员工提供更好的“用户体验”，还能让员工更愿意参与管理，这符合新生代员工倾向于主动自驱的工作价值观，有助于激励与保留新生代员工。

产品化人力资源管理的本质是像管理客户 / 用户一样管理员工，像打磨“爆款”产品一样为员工、管理者提供人力资源服务。用产品经理思维做 HR 工作，HR 产品就有了生命周期，而且 HR 产品永远只有 Beta 版，要通过快速的升级来持续解决员工、管理者的痛点，为客户 / 用户创造价值。

正是因为朋友和同行们对《HR+ 三支柱》的修订建议，以及我们对这七年间人力资源管理领域“变与不变”的持续学习，才有了本次修订。我们更新了相对陈旧的内容，优化了部分章节的结构。由于本书在业界产生了一定的反响并引起了热议，我们也在本次修订时，从豆瓣、京东、当当等网站上吸收了许多读者有见地的观点和建设性的反馈。

在修订过程中，我们深感可修改、可扩充、可打磨的地方实在太多，甚至还有调整理论模型和全书框架的冲动，但冷静下来想，修订还是应保持理论与框架的相对稳定，以免给将此书作为案头书的从业者带来不便，给读者带来困惑。因此，我们尽量继承前一版的理论模型与篇章结构，将修改的重心放在订正第一版中的疏漏，同时反映 HR 三支柱的最新研究成果与创新实践，补充我们这七年从事人力资源管理实践的成果与心得。书中很多观点可能并不十分完善和成熟，但我们仍然希望尽力把这些年对 HR 三支柱理论和实践的沉淀真诚地呈现出来，希望它能给读者带来一些借鉴和启发，让 HR 三支柱这个舶来品在中国发挥更大的作用。

本书共 10 章，分别介绍 HR 三支柱模式的过去、现在和未来。你所了解的 HR 三支柱是什么？是不断革新的理论体系，还是日新月异的实践创新？第一至第二章介绍 HR 三支柱的历史脉络，介绍 HR 三支柱如何在 HR 面临危机时诞生。第三至第四章介绍 HR 三支柱引入中国产生的“水土不服”与优秀企业的破局。第五章提出中国企业 HR 三支柱模式与设计理念。第六至第八章讨论如何构建三个 HR 支柱，即 COE、HRBP 和 SDC。数字化带来了挑战，它是否也代表着新机遇的到来？第九和第十章介绍 HR 三支柱的未来挑战，并展望人力资源管理新趋势。我们将与读者共同走进 HR 未来之境，以人力资源管理的整体升级（包括架构、技术、HR 自身能力的升级）为视角探索 HR 的未知疆域。

HR 三支柱随时代迅速演变与迭代，这是业界始料未及的，但前景光明。碎片式的文章或演讲稿很难详细地呈现人力资源管理的转型升级与实践创新。越来越多的企业希望引入 HR 三支柱，但又担心舶来品可能导致各种“水土不服”；HR 从业者和 HR 专业的学生群体日益壮大，学习成长的欲望非常强烈，却不了解中国成功企业当下所思所想，也不清楚它们在人力资源管理工作方面的实践与创新；中国企业界有着丰富的 HR 三支柱的成功经验，客户对 HR 三支柱的理念、实施等方面有诸多的知识渴求与变革需求，这些都激励我们完成本书的修订工作。

对于书中存在的问题和疏漏，恳请读者继续批评、指正，因为这样的论辩更能激发出人力资源管理在实践中的真正价值。期待更多同行、读者将运用本书知识时的经验、体会、难点、挑战反馈给我们，我们不胜感激。只有在各类企业的 HR 从业者、HR 第三方服务机构、HR 领域的专家学者以及当下真正认清人力资源管理价值的企业家之间形成共创共享、共同繁荣的生态，才能提升中国人力资源管理者的专业能力，才能在企业的中国特色管理升级中让人力资源管理起到应有的作用。

目录

第四章
寻觅中国“第一批吃螃蟹”的企业

第五章
中国企业 HR 三支柱模式与设计理念

第六章
管控战略价值落地：COE 的设计与实践

第七章
保障业务价值创造：HRBP 的设计与实践

第八章
实现平台价值突破：SDC 的设计与实践

第九章
中国企业 HR 三支柱的挑战与发展

第十章
HR 三支柱与人力资源管理新趋势

01

第一章

人力资源管理界的躁动与不安

1996 年，托马斯·斯图尔特（Thomas Stewart）在《财富》杂志上提出“炸掉人力资源部”，此番言论引发了人力资源实务界、学术界的广泛讨论。时隔 9 年，即 2005 年，基思·哈蒙兹（Keith H. Hammonds）在《快公司》上论述了“我们为什么恨 HR”。再隔 9 年，即 2014 年，管理咨询领域的巨头拉姆·查兰（Ram Charan）发出了“拆分人力资源部”的呼声。

对人力资源管理 9 年一次的拷问意味深长。古语云：“天地之至数，始于一，终于九焉。”“九”在《易经》中为阳之极端，代表了“至尊”“高深”。事物的发展是螺旋式的，到“九”了，就进入下一个周期，也就是九九归一。逢“九”论道和尖锐的批判，让人力资源管理界不断自省、自我超越，实现螺旋式发展。通过这几次论战，人力资源管理实现了从职能化人力资源管理，到战略人力资源管理，再到人力资本价值增值管理的蜕变。

真的要和人力资源部说再见了吗？

斯图尔特：人力资源职能模块皆应外包

1996 年，托马斯·斯图尔特（后来担任《哈佛商业评论》

总编）向人力资源职能发难。斯图尔特在世界著名的财经杂志《财富》上，用近乎“刻薄”的笔调，撰文称“炸掉人力资源部”。他在文章中称人力资源部为官僚机构，毫无客户导向的服务意识。他认为，在高度自动化系统的协助下，大部分人力资源职能将被外包。

他向业界提出，人力资源职能模块，如员工服务（退休咨询、离职后新工作介绍、重新安置），信息系统与运营，培训，甚至绩效管理、薪酬福利设计等都具有外包潜力。外包可以为企业节约成本，同时减少责任、规避风险。

哈蒙兹：人力资源从业者的“四宗罪”

2005 年，基思·哈蒙兹在《快公司》上撰文，向人力资源从业者发难。《快公司》是美国最具影响力的商业杂志之一，哈蒙兹的这篇文章产生了与斯图尔特的文章同样大的反响，其观点被很多学者引用。他在文章中将 HR 丑化为一股黑暗的官僚主义力量，称其只会盲目地实施在员工看来荒谬的政策制度。此外，HR 拒绝创新，对于员工提出的建设性的变革意见，HR 往往起着阻碍作用。他进一步陈述了人力资源从业者的“四宗罪”。

罪行一：人力资源从业者论天资不是公司中最聪明的人

最优秀、最聪明的人都不进入人力资源行业。那么人力资源从业者是一些什么样的人呢？哈蒙兹说，现在的人力资源从业者包括两类人：一类是适应不了公司的业务节奏，从主流业务中退出来的人。他们的特征是在公司的各个业务岗位上表现不佳，但又没到非开除不可的程度，人力资源部就成了一个低风险的避风港。另一类是励志做与人打交道的工作，希望在职场中做一个帮助他人的人。这类人从事 HR 工作后的感受是理想很丰满，现实很骨感。如果再给他一次选择的机会，他也许会去当一个社会活动家。总之，“最优秀、最聪明的人都不进入人力资源行业”这句话侧面表达了人们“恨”HR 的原因，为什么要让不如我优秀、聪明的人对我的工作指手画脚呢？

罪行二：人力资源从业者追求效率大过追求创造价值

“为什么人力资源从业者热衷于追求效率呢？因为相比创造价值，追求效率更容易一些。”哈蒙兹如是说。他还引用戴维・尤里奇的观点，HR 总是在强调做了什么，而非关注所做的工作到底创造了什么价值，产生了何种效果。而且，HR 也不能只服务员工和直线经理，投资人和顾客等企业的利益相关者都应是 HR 的服务对象。

罪行三：人力资源从业者在工作中代表企业的利益

HR 每年乐此不疲地进行员工绩效考核，你真以为他们这样做是为了企业的广大员工？哈蒙兹揭露，企业进行绩效考核的实质是为了保护自己免受员工的“指控”。HR 就像在搜集证据一样，当员工对绩效考核结果和薪酬产生疑问时，HR 拿出考核文档对员工说：“我早就在这个文档中说过你的问题，白纸黑字，不信你看！”

HR 一味地在复杂的组织中、在存在个性差异的员工中追求标准化和统一化，经常墨守成规地对有诉求的员工说“不”。这样看，HR 确实为企业带来了短期成本节约与效率提升，但这是以牺牲长期价值为代价的。

罪行四：人力资源从业者经常隔岸观火

人力资源从业者总是坐在角落里，将自己置身事外，并关注着自己的利益。难怪研讨和制定决策的办公室里没有HR的席位。人力资源从业者必须主动站出来承担责任，亲自去了解业务中的实际问题，而不是等业务领导来找自己帮忙。如果人力资源从业者已经失去了核心办公室的席位，为何不努力发现问题，主动将相关业务人员聚在一起，共商问题的解决方案呢？

查兰：是时候和人力资源部说再见了

2014 年，拉姆·查兰向人力资源高层管理者发难，他在《哈佛商业评论》上撰文呼吁“拆分人力资源部”。他在文中陈述，拆分人力资源部不是他自己拍脑袋想出来的，而是来自世界 500 强企业 CEO（首席执行官）们的呼声，公司的 CHRO（首席人力资源官）总是令 CEO 失望。

拉姆·查兰说：“CHRO 多数是以流程为导向的通才。”这句话既概括了 CHRO 普遍熟悉薪酬福利和员工关系等职能工作，专注于参与、授权和文化管理等内部事务，也侧面点出了 CHRO 缺乏专家属性、战略属性。那么拉姆·查兰所期待的 CHRO 是什么样的呢？在他看来，CHRO 是真正能将人力资源管理工作与商业需求结合起来的人。

根据拉姆·查兰的咨询经验，大型企业中科班出身的人力资源高层管理者，多数不了解关键决策是如何制定的，不明白员工或整个组织为何没有完成绩效目标。拉姆·查兰认为拥有销售、服务、制造或财务等工作经历，是胜任 CHRO 岗位的关键。

拉姆·查兰继而给 CEO 开出药方，将人力资源部一分为二，一部分为行政人力资源部（HR-A），主管薪酬福利。但与以往不同的是，这部分工作要向 CFO（首席财务官）汇报。另一部分为领导力与组织人力资源部（HR-LO），主要负责组织能力建设，目的是激发组织活力、提升管理者的领导力、提高员工的业务能力。这部分工作直接向 CEO 汇报。

托马斯·斯图尔特、基思·哈蒙兹、拉姆·查兰等从人力资源职能、人力资源从业者、人力资源高层管理者等方面对人力资源管理进行了全方位的批判，这种批判还在持续。作为人力资源从业者，你是否感到失落、沮丧，认为所从事的工作真的会被外包、被自动化系统所取代？人力资源从业者是时候考虑转行了吗？人力资源部真的难逃被拆分的命运吗？

传统人力资源管理的困境

传统人力资源管理面临的困境可以概括为："上"不能支撑战略，"下"与业务体系脱节，"左"无法正确面对员工，"右"无法服务于内部客户。

HR 难以为战略制定提供有价值的洞察

人力资源部、法务部、财务部同为职能部门，但价值竟然有那么大的差别。法务部可以从全球化的角度为企业并购、海外上市、产品境外风险控制等战略扫除障碍。财务部可以从量化的角度为企业提供现状诊断和前景预判。IBM 的 HR 高级副总裁兰迪·麦克唐纳（Randy MacDonald）曾反思，虽然 IBM 自 20 世纪 90 年代实施了一系列引领性的人力资源管理变革，但其 CEO 并未因此更愿意倾听来自人力资源部的意见。CEO 始终乐于从使用量化方法分析问题的 CFO 那里获得战略选择的依据。

人力资源部难道真的无法为企业战略制定提供有价值的洞察吗？当然不是，戴维·尤里奇认为，人力资源部也可以在战略制定方面大有作为。他从个人能力、组织能力两大维度展开论述，个人能力强调人才发现和人才培养，组织能力强调团队协作和思想统一。由此，他提出人力资源部的价值创造体现在人才、文化和领导力几个方面（见图 1-1）。

图 1-1　人力资源部的价值创造

现实情况是，传统的人力资源管理强调招聘、培训、绩效考核等职能，缺乏流程迭代、文化变革、组织活力提升、领导力开发等方面的知识和经验积累。传统的人力资源管理对战略制定仅起到有限的支撑作用，有的甚至与企业战略形成“两张皮”，徒增企业内耗。

HR 与业务体系脱节

传统的 HR 可以用“两耳不闻窗外事，一心只读圣贤书”来形容。设想这样一个场景，HR 此时正坐在总部大楼的办公室内，激烈地讨论业务部门的人事考核政策。然而在执行政策的业务部门看来，HR 根本不了解业务，他们制定的政策往往是基于过去的经验，而不是将来的发展需要，因而不贴合实际，HR 再辛苦也是添乱。HR 在思考机制、制定政策或建立流程时，通常会陷入自己掌握的专业知识中，把工具和方法论用到极致，却容易忽视结果是否匹配业务部门的需求。

传统人力资源管理即使进入战略人力资源管理阶段，也只是从传统的招聘、培训、绩效考核等方面转向战略与文化层面，核心政策的制定过程依旧是从人力资源管理者自身的专业角度展开的。如果非要说有什么变化，那就是人力资源部制定的政策戴上了与战略联结的帽子，因而更具权威性、强制性，业务部门执行时依旧认为政策缺乏对业务的理解和灵活性。

如果人力资源部把战略看作一面镜子，在战略的镜子面前，HR 通常会从自己的专业角度对业务提出建议，这样做看似合理但仍难以摆脱 HR 与业务体系脱节的问题。当大家“由外而内”地审视人力资源管理时，战略不仅是一面镜子，更是一个窗口。通过战略这个窗口可以看到 HR 的“客户”，特别是业务部门的员工、管理者。这是一种观念上的颠覆，HR 要透过窗口，看到实际业务。HR 要根据业务重塑人力资源管理，要能够确保 HR 的能力和业务需求相匹配，确保 HR 所做的工作和业务结构相一致。

HR 陷于事务性工作，效能低下

招聘经理 40% 的时间在想招什么样的人，60% 的时间用于做事务性工作。腾讯几年前做了一个招聘经理工作内容的统计，一位招聘经理最大的价值是找到人才，跟用人部门沟通，找到吸引人才的方式、方法。但是我们发现招聘经理在这些事情上所投入的精力还不到 50%，其他精力都投到哪儿了？都投到与有价值的事情关系不大却必须做的事情上了，也就是事务性工作。当陷入无休止的事务性工作，根本无法将精力聚焦在能产生价值的事情上时，HR 的整体效能自然低下。

HR 三支柱重新定义人力资源部

以戴维·尤里奇为代表的一批学者和人力资源从业者，在面对专家、学者对人力资源管理的批判时，冷静地反思，用理论、实践为人力资源管理辩护，让高层管理者重新审视 HR 扮演的角色，重构人力资源组织架构，让人力资源从业者重拾专业自信。尤里奇 20 年来的观点系统性地重新定义了 HR 理论体系，包括重新定义 HR 理念、人力资源角色与胜任素质。这些理论在世界 500 强企业中生根发芽，不断发展。特别是在 2007 年，人力资源角色理论在组织架构层面出现了新的突破，实现了人力资源组织架构的重构。在近 10 年的大型跨国公司实践中，这个重新定义的人力资源模式很好地从战略、业务、员工的角度支撑了公司业务的高速发展。

从结果出发重新定义人力资源部

戴维·尤里奇认为：炸掉人力资源部不是一个好问题。一个好问题一定是有价值的，好问题本身及其答案对解决问题是有建设性意义的，可以引领人们跨越理想与现实之间的鸿沟。尤里奇认为，我们最应该思考的问题是：人力资源部该如何更好地创造价值？

人力资源部之所以饱受非议，与其将重心放在员工招聘、发放薪酬等职能工作上有关。也就是说人力资源部更关心“做了什么”。尤里奇认为，人力资源部需要重新定义：人力资源管理的意义在于能够为企业创造多大价值，为客户、投资人和员工等利益相关者提供多大价值。因而，人力资源部要从关心“做了什么”转向关心“取得了什么效果”，工作重心应从过去的过程导向转变为结果导向，即工作的产出是什么，为企业创造了什么。

四角色模型：重新定义人力资源角色与胜任素质

斯图尔特将“火力”主要集中在人力资源部及人力资源职能上，人力资源从业者虽然感到不平、不悦，但至少这些指责还不是针对他们个人的。哈蒙兹的指责可就让人力资源从业者没那么好受了，他对 HR 的专业性发起挑战，认为人力资源从业者追求效率大过追求价值创造，不了解业务还对业务指手画脚；人力资源从业者代表企业的利益，保护企业免受员工的“指控”。

尤里奇认为，HR 要想更好地创造价值应该扮演好四个角色：战略伙伴、效率专家、变革先锋和员工后盾（见图 1–2）。扮演好四个角色既需要 HR 提高相关的胜任素质，也需要高层管理者的推动。

聚焦未来/战略性

流程 ← → 人员	
战略伙伴 适用场景：战略人力资源管理 成果：企业战略落地 胜任素质：前瞻性思考能力、执行力，了解业务知识、人力资源理论等	**变革先锋** 适用场景：转型与变革管理 成果：组织结构、文化转型升级 胜任素质：问题意识、洞察力、逻辑思维能力、变革经验等
效率专家 适用场景：公司行政事务管理 成果：高效的内部流程与资源协同平台 胜任素质：信息技术能力、资源整合能力、流程优化意识、运营管理知识等	**员工后盾** 适用场景：员工贡献管理 成果：员工忠诚度、满意度的提升 胜任素质：诚信精神、服务意识等

聚焦日常/运营性

图 1–2 四角色模型

角色一：战略伙伴。人力资源从业者要成为战略落地过程中高层管理者的合作伙伴，通过引导和推动圆桌讨论，让高层管理者发现问题，协助高层管理者根据市场情况制订计划，而不是在会议室里闭门造车。实际上，各角色背后是对 HR 胜任素质的要求，各角色的胜任素质如图 1–2 所示。作为战略伙伴，HR 要提升前瞻性思考能力、执行力，了解一定的业务知识、人力资源理论等，更好地为组织提供架构设计、文化匹配、变革步骤方法等方面的建议和方案。

角色二：效率专家。效率专家一方面指 HR 要搭建资源优化配置的平台，实现内部流程与资源协同，从而降低成本，提高效率。该角色所需的胜任素质是信息技术能力、资源整合能力。另一方面是指 HR 要成为人事服务的运营专家。运营通常是指对产品的研、产、销过程的管理，而人力资源运营管理是对人力资源服务性产品的研、产、销过程的管理。从运营管理人员变身为“运营专家”，对胜任素质的要求是具备流程优化意识、运营管理知识等，从而使 HR 能不断改进、优化服务流程，提高服务质量，降低运营成本，提升组织效率。

角色三：变革先锋。HR 应该成为持续变革的推动者。变革涉及调整文化导向、建立高效能的团队、缩短创新周期、应用新技术等。HR 要通过流程重组和文化再造来提高公司的变革能力。作为变革先锋，首先，HR 要有问题意识和洞察力，能够在纷繁的因素中找到管理问题的症结所在。其次，HR 要具有较强的逻辑思维能力。逻辑思维能力就是分类和排序的能力，HR 要按重要性和紧急性对多个变革项目分类，并梳理出一个合理的次序。HR 还应运用逻辑思维能力快速抓住问题的本质、根源。再次，HR 要结合以往的变革经验，提供合适的变革模型及配套的工具和方法，有效推动变革落地。最后，HR 要始终以坚定的信念来打消员工对变革的种种顾虑，用变革成功带来的新机遇驱散员工对变革的恐惧。

角色四：员工后盾。HR 应该在管理层会议上（而非所有场合）做员工的代言人，积极地向管理层反映员工的顾虑和担忧，成为值得员工信赖的人，同时鼓励员工对公司多做贡献。HR 通过做员工的代言人，协助解决员工的各种需求等，来提高员工的敬业度和满意度。员工没有了后顾之忧，自然会积极投身于工作，甘愿为组织做出自己的贡献。

四角色模型早在 1995 年就被提出了，有了如此完善的解决方案，为什么 10 年后，也就是 2005 年，哈蒙兹还要向人力资源从业者发难呢？难道哈蒙兹没有读过尤里奇的理论？当然不是，哈蒙兹在他那篇“檄文”中还引用了尤里奇的观点，他很赞同尤里奇关于人力资源四角色和新的胜任素质的构想，但他同时指出，当时企业的人力资源从业者很少能真正做到尤里奇所说的那样。

HR 三支柱重构人力资源组织架构

四角色模型虽然深入人心，但不同企业对四角色模型的理解不尽相同。规模越大的企业，对部门化、规范化的要求越高。有些企业采取传统的 HR 部门 +SSC 的管理模式，SSC 扮演效率专家的角色，传统的 HR 部门就要进行角色补位，扮演战略伙伴、变革先锋、员工后盾等角色。

有些企业采取传统的 HR 部门 +HRBP 的管理模式，HRBP 扮演战略伙伴、变革先锋等角色，传统的 HR 部门也要具有战略伙伴意识，同时扮演员工后盾和效率专家等角色。

无论哪种人力资源管理模式，四角色模型都很难与部门或岗位一一对应，结果就是一个 HR 要同时扮演多个角色，变成人力资源通才，而不是专才，这不利于人力资源从业者的专业化发展。

尤里奇于 1997 年提出了对人力资源管理进行组织、流程再造，通过建立专家中心、共享服务中心和人力资源业务伙伴来实现四角色模型在企业中落地的构想。IBM 基于这个理论构想，自 20 世纪 90 年代初开始探索适合四角色模型的人力资源组织架构，终于在哈蒙兹提出质疑的两年后，提出了 HR 三支柱模式（或称三角模式），如图 1-3 所示。IBM 将人力资源部分为三个部分：专家中心、人力资源业务伙伴和共享服务中心。

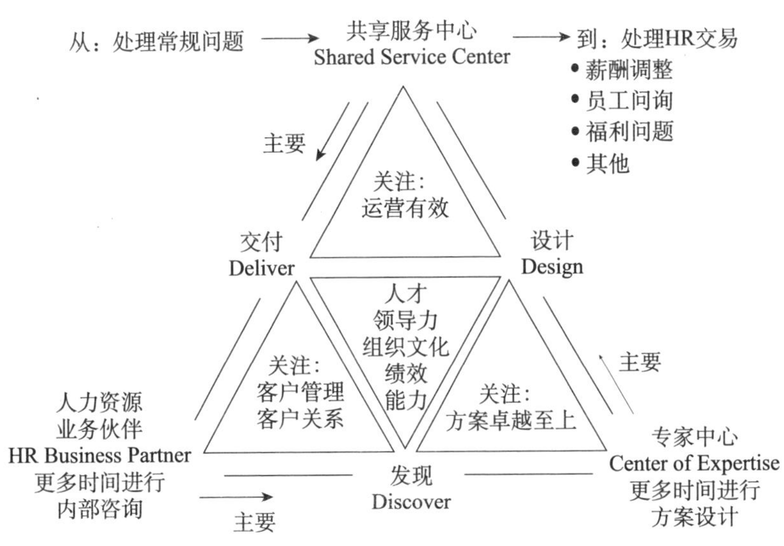

图 1-3　IBM 的 HR 三支柱模式

支柱一：专家中心（COE）。COE 的职能可以用协助做出人力资源战略价值的选择来概括，也就是说，COE 的核心价值在于服务高管和决策层，帮助他们制定正确的战略。

COE 的角色是领域专家，需要通晓人力资源管理理论，掌握 HR 相关领域精深的专业技能，追踪、对标最优实践。COE 很好地回应了 HR 不能支撑战略，不能像市场部、财务部一样为战略制定提供有效建议的质疑。COE 服务的对象是公司管理层和 HRBP。服务管理层体现在 COE 参与公司的战略制定。总部 COE 负责设计全球 / 全集团统一的战略、政策、流程和方案的指导原则，而地域 / 业务线 COE 则负责结合地域 / 业务线的特点进行定制化，这样的 COE 设置可以实现在全公司一致的框架下，满足不同业务部门所需的灵活性。

支柱二：人力资源业务伙伴（HRBP）。HRBP 的职能可以用协助做出业务策略的选择来概括，也就是说，HRBP 利用自己所掌握的专业知识、经验，辅助一线业务部门负责人对组织、团队、人员进行管理。

HRBP 的角色是人力资源通才，要掌握 HR 各项专业技能，同时要了解所在部门的业务。如果说 COE 解决的是 HR“上”不能支撑战略的问题，那么 HRBP 解决的就是 HR“下”与业务体系脱节的问题。HRBP 服务的对象是业务部门，HRBP 协助业务领导进行组织管理、团队管理和人员管理。HRBP 不是被动地等待业务部门提出需求，而是主动地发挥灵敏的洞察力，找到业务团队管理问题的症结，诊断业务发展过程中的 HR 诉求，综合运用 HR 专业方法论及工具，如分析人员需求、招聘计划、培训要求、绩效考核方案、薪酬激励制度等，提供精准支持，解决业务中出现的问题，优化流程以适合业务部门，同时帮助业务部门各级管理者培养和提升人力资源管理能力。

支柱三：共享服务中心（SSC）。SSC 的职能可以用提供人力资源平台与服务的选择来概括，也就是说，SSC 为组织提供一体化、数字化、自助化的 HR 平台支撑。

平台的选择是指 SSC 为组织中的员工、管理者提供一体化、数字化、自助化的 HR 系统，从而实现平台化服务，实现规模经济。服务的选择是指，一方面 SSC 是标准化服务的提供者，负责解答管理者和员工的问询，帮助 HRBP 和 COE 从事务性、重复性工作中解脱出来，并对内部客户的满意度和卓越运营负责。另一方面，SSC 还要研究员工需求，为员工提供定制化、可信赖的 HR 服务。

HR 三支柱与 HR 四角色的对应关系是什么呢？专家中心的 HR 负责战略价值的选择，对应四角色中的战略伙伴、变革先锋。人力资源业务伙伴中的 HR 是人力资源通才，对应四角色中的变革先锋、战略伙伴和员工后盾等角色。共享服务中心的 HR 负责人力资源平台与服务的选择，对应四角色中的效率专家和员工后盾。HR 三支柱模式很好地回应了哈蒙兹的指责。

系统性地重新定义 HR

2014 年，拉姆·查兰大胆地给 CEO 开出药方——拆分人力资源部。具有辨别力、洞察力的学者及人力资源从业者早已从拉姆·查兰的观点及论据中发现了破绽。

中国人民大学的刘松博教授在接受某期刊专访时总结了三点：第一，拉姆·查兰在标题中表达的是撤销人力资源部，而在正文中论述的却是拆分人力资源部，雷声大，雨点小，文不对题。第二，拉姆·查兰在论证绩优的人力资源从业者都有较长时间的非 HR 部门的工作经历时，仅列举了通用电气的前

CHRO 比尔·康纳狄（Bill Conaty）、达信（Marsh）的 CHRO 玛丽·安妮·埃利奥特（Mary Anne Elliott）等个案。而我们也可以举出诸多科班出身的 HR 同样能成为卓越的 CHRO 甚至 CEO，因此长时间非 HR 部门的工作经历未必是人力资源高层管理者的基本胜任素质。第三，拉姆·查兰将拆分后的主管薪酬福利的行政人力资源部门——HR-A 划归到财务部，由 CFO 领导。然而汇报给 CFO 只是 HR-A 一厢情愿的事，财务部是否会买账呢？另外，人力资源部真的能将员工的薪酬福利交给视薪酬福利为成本而非核心资源的 CFO 管理吗？

面对拉姆·查兰对 CHRO 的质疑，尤里奇第一时间在《哈佛商业评论》上对查兰做出了回应。CHRO 的问题可能是人员自身能力不足导致的，更可能是结构因素导致的，即组织对人力资源高层管理者的重视、支持程度影响着人力资源高层管理者的价值创造。对于拉姆·查兰提出的拆分方案，尤里奇认为，首先，人力资源从业者为战略提供洞察、为业务创造价值不能简单地通过人力资源组织架构变革实现。其次，人力资源组织架构应该与业务契合，而非全世界使用一个通用的架构。尤里奇给出了建议，他的建议 20 多年来已经逐渐系统化，并得到了充分的实践检验。他提出系统性地重新定义 HR，用由外而内的理念重新定义 HR 战略，用人才、领导力和文化重新定义 HR 产出，以员工、绩效、数据等创新人力资源职能，更新 HR 角色与胜任素质模型，针对多样化经营、矩阵式管理的大型组织，应用 HR 三支柱模式对人力资源组织架构进行重构。系统性地重新定义 HR 影响了绝大多数世界 500 强公司的人力资源实践。历史选择了重新定义 HR 这条路。

02

第二章

HR 三支柱模式的西方求索

在人类社会发展过程中，人们对于最佳组织方式的思考始终没有停止过。组织与人类社会的发展就像连体婴儿一样，密不可分。回溯近百年来管理思想和管理实践的发展，我们发现：践行官僚体制的福特公司，一度独霸一方。然而福特公司在T型车上的故步自封和组织结构的臃肿给了竞争对手通用汽车一个跃进的机会。斯隆（Sloan）在带领通用汽车蓬勃发展的过程中颠覆了机械式的组织结构，创造了全新的分权经营 + 集中管控的组织模式。组织架构在人的驱动下才有灵魂，由此德鲁克（Drucker）提出目标管理，用共同目标激励组织中的人。

HR三支柱模式也是一种人力资源管理的组织方式，它究竟是人力资源管理转型升级的理论先导，还是实践创新的探索先行？戴维·尤里奇最早提出四角色模型，为HR三支柱模式打下坚实基础。作为西方探路者的IBM在实践中提出HR三支柱模式，并以此重新定义人力资源管理，其中有值得中国企业借鉴的地方。

HR三支柱的历史溯源

有关HR三支柱的文献中不乏大量介绍HR三支柱起源的

文章。然而这些文章的观点和结论并不一致，令读者更加困惑。这些文章的观点可以归纳为两个问题：一是 HR 三支柱究竟先有理论还是先有实践？二是HR 三支柱是人力资源界的原创吗？下面通过探讨 HR 三支柱的起源来回答这两个问题。

HR 三支柱以福特和 GE 的实践为开端

福特公司成立了世界上第一个共享服务中心，这是学术界公认的。20 世纪 80 年代初，企业的工资单首次实现信息化、自动化，信息技术开始重新定义管理工作，美国的福特公司在欧洲成立了世界上第一个共享服务中心，主要作用是借助信息化加强公司对财务的管控，提高运营效率，降低企业成本。同一时期，1984 年通用电气（GE）在北美建立了共享服务中心（当时叫作财务服务操作中心（FSO））。对于作为 HR 三支柱之一的共享服务中心，福特和 GE 的实践与探索是广泛意义上 HR 三支柱的起源。

到了 20 世纪 80 年代后期，美国的杜邦和数字设备公司（Digital Equipment Corporation）建立了财务共享服务中心。GE 在此阶段进一步建立了人力资源共享服务中心，成为共享服务中心在人力资源管理领域的最早探索者。在榜样的带动下，20 世纪 90 年代北美和欧洲的一些企业掀起了建立人力资源共享服务中心的热潮。人们耳熟能详的大企业如 IBM、微软、惠普都建立了人力资源共享服务中心。值得一提的是，IBM 进行了人力资源共享服务中心的探索，并循着戴维·尤里奇 1995 年的构想，发展了 HR 三支柱模式。

由此可以得出两点结论：第一，实践是最伟大的导师，HR 三支柱广义上来说源自美国的福特和 GE 的实践。第二，HR 三支柱是跨界融合的产物，其中的人力资源共享服务中心理念源自财务共享服务中心。

戴维・尤里奇对 HR 三支柱理论的贡献

理论出自实践还是实践源自理论？这是一个哲学问题，就像先有蛋还是先有鸡一样，无法知晓最终的答案，只有永恒的追问。虽然共享服务中心最早来自美国企业界的实践，但共享服务理论可以追溯到 20 世纪 70 年代甚至更早的理论界关于合伙制（partnership）的研究。该研究探讨的是多个组织之间如何配置资源，如何创造共享价值。具体表现为如何让学生提升学习成绩，如何为患者提供就医便利。常见的研究对象有学校（大学、社区学校）间的共享服务、医院间的共享服务等。HR 三支柱中共享服务中心的理论不同于合伙制的研究。从研究的对象看，前者是指企业内部的共享服务，后者是指组织间的共享服务。从研究的目的看，前者是通过共享服务降低运营成本，后者是通过组织间相互合作以发挥资源的共享优势。

首次系统论述 HR 三支柱中的共享服务理论的是 Gunn Partner 公司的创始人罗伯特・冈恩（Robert W. Gunn）、强生公司的戴维・卡白利（David P. Carberry）、GE 的罗伯特・弗里戈（Robert Frigo）以及 DEC 的斯蒂芬・贝伦斯（Stephen Behrens），他们于 1993 年共同发表了一篇文章，对企业共享服务中心的实践探索及共享服务理论进行了归纳总结。

1995 年，戴维·尤里奇发表了文章《共享服务：从追求时尚到创造价值》（Shared Services：From Vogue to Value），不仅系统论述了共享服务理论，还首次提出了人力资源共享服务中心理论。

在实践方面，成立共享服务中心是企业界对 HR 三支柱的最早探索，但在理论方面，人力资源业务伙伴是最先被提出来的。1987 年，戴维·尤里奇在一篇工作论文中，通过对 8 000 多位人力资源从业者的胜任素质的调研分析，指出人力资源从业者要成为业务伙伴。

1997 年，戴维·尤里奇出版了《人力资源转型：为组织创造价值和达成成果》（*Human Resource Champions: The Next Agenda for Adding Value and Delivering Results*）一书，在这部里程碑式的著作中 HR 三支柱的理论雏形清晰可见。他在书中介绍四角色模型中的效率专家时就提出了对人力资源管理进行组织、流程再造，通过建立专家中心、共享服务中心和人力资源业务伙伴来实现四角色模型在企业内的落地。但实际上尤里奇并没有提出 HR 三支柱模式（Three-Pillar Mode）或类似的概念。

IBM 自 20 世纪 90 年代初开始一直在探索践行尤里奇的理论，经过近 17 年的探索，从组织层面实现了对人力资源部的重构，将人力资源部分为三个部分：专家中心、共享服务中心和人力资源业务伙伴，并于 2007 年提出了 HR 三支柱模式。之后，HR 三支柱这个概念也获得了尤里奇的认可和众多公司的应用。

先导：IBM 的 HR 三支柱

1961 年是 IBM 成立的第 50 个年头，在这个大企业进入知天命之年时，人们惊奇地发现，《财富》500 强首次发布时排名前 25 位的企业仅剩两家，IBM 是其中之一。而从 1961 年到 2011 年，IBM 迈入百岁之际，只有 4 家企业与 IBM 一同走过这 50 年。

IBM 素有尊重员工的美誉，其尊重员工的举措创造了诸多世界第一：1914 年，IBM 第一个聘用了残疾人；1934 年，IBM 在当时的高科技工作领域第一个雇用了女员工；1935 年，老托马斯·沃森（Thomas John Watson）宣布男女员工同工同酬，这比做出同样规定的美国《民权法案》早 30 年；2005 年，IBM 成为第一个不把遗传因素作为录用雇员考量标准的企业。

一个以信念为推动力的百年企业，在一个多世纪中始终践行着对员工的尊重，或许正因为如此，才能让很多杰出的人才不受束缚，在 IBM 崭露头角。作为一个非常典型的跨国公司，IBM 在人力资源管理转型方面也一直是行业的标杆。IBM 自 20 世纪 90 年代开始探索的效率导向的 HR 三支柱至今仍在实施并不断优化改进，这从时间维度上检验了 HR 三支柱的价值，并为探索 HR 三支柱的中国企业提供了宝贵的经验。

IBM 的 HR 三支柱的发展历程

20 世纪 90 年代初，IBM 开始致力于人力资源管理转型。

IBM 的 HR 三支柱的发展历程如图 2-1 所示。

IBM 早在 1992 年就开始了人力资源共享服务中心的探索和建设，其过程分为八个阶段。

第Ⅰ阶段：IBM 的人力资源共享服务中心的前身。1992 年以前，IBM 的人力资源管理部门在做本地整合的工作。

第Ⅱ阶段：福利服务中心。1992 年，IBM 在美国的几个区域实施共享服务中心建设。

第Ⅲ阶段：全美人力资源共享服务中心。1995 年，IBM 将几个区域的共享服务中心进一步集中，建立了覆盖全美的人力资源共享服务中心。

第Ⅳ阶段：HRSC 人力资源问询。HRSC 即为 IBM 的人力资源共享服务中心。1998 年，人力资源共享服务中心的服务范围进一步扩大，从全美集中升级为 EMEA① 集中。

第Ⅴ阶段：员工服务中心整合。2001 年，人力资源共享服务中心进行了专业能力评估，可开展亚太虚拟的报销等业务。

第Ⅵ阶段：转型外包。IBM 将人力资源共享服务中心的部分工作转给业务转型外包（BTO）客户，2002 年将美国的人力资源业务外包，2003 年将 EMEA 的人力资源业务外包，2004 年将加拿大和亚太地区的人力资源业务外包，等等。

第Ⅶ阶段：全球化。人力资源共享服务中心在 2005—2006 年实施全球化战略，2005 年实施薪酬规划，等等。

第Ⅷ阶段：持续改进。2008 年 IBM 对人力资源共享服务中心的能力进行整合等。

---

① EMEA 指欧洲（Europe）、中东（the Middle East）、非洲（Africa）三地区的合称。

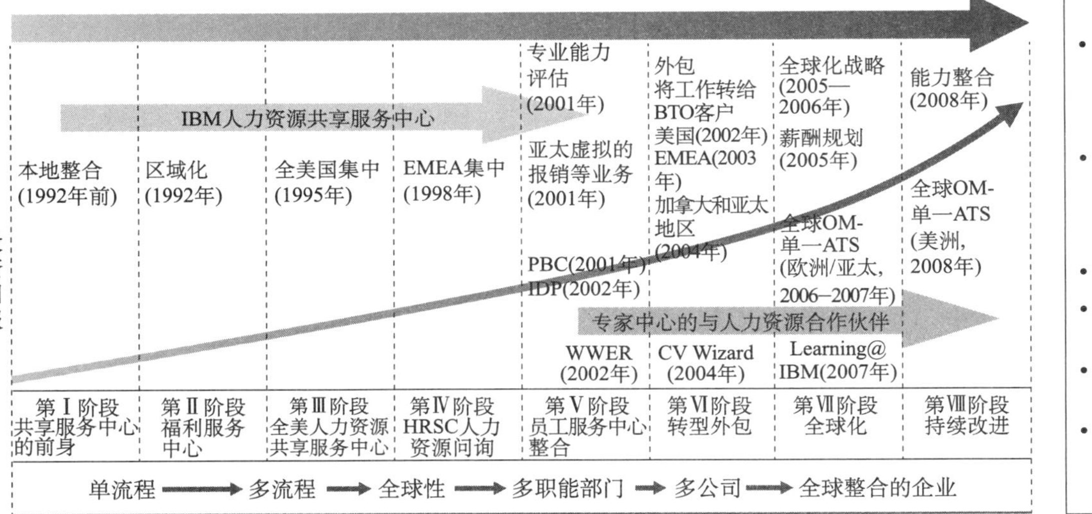

图 2–1　IBM 的 HR 三支柱的发展历程

资料来源：顾晓蓉 . 实现企业全方位的人才管理 . IBM 全球企业咨询，2010.

这八个阶段是 IBM 的人力资源共享服务中心的建设过程，期间 HR 三支柱模式也随着这个过程形成。2000 年以前，人力资源管理未按 COE 及 SSC 模式分割，而是按传统职能划分为招聘、培训、薪酬、福利等领域，不利于弹性调配人力交叉支持工作。

IBM 开始建立 COE 与 HRBP 是在 2000—2007 年。HR 根据法律规定进行全球政策的本地调整。IBM 逐步开发出个人绩效承诺（PBC）、个人发展计划（IDP）、全球劳动关系（WWER）、简历导向（CV Wizard）等人力资源管理理念，HR 更加注重人力资源战略与计划和政策工作。

IBM 的具体做法是：实施 COE（大脑）-SSC（四肢）运作模式，将不同领域（招聘、培训、薪酬等）、地域的操作集中化。IBM 大中华区人力资源副总裁霍斯特·加洛（Horst Gallo）认为这样做的价值在于：不同领域的员工交叉相互支持，通过培养业务多面手，弹性安排人力，达到降低成本的目的。负责不同地域的员工集中办公，有助于促进交流，根据地域间流程、工序的差异（例如英国、澳大利亚的一些要求较接近，有整合空间）整合不同国家子公司使用相同的人力资源系统，完善数据管理工作。用薪酬水平较低国家的人力资源用工取代一些薪酬水平较高国家的用工，降低成本。

成本导向的 HR 三支柱

IBM 前 CEO 郭士纳（Gerstner）早在 2000 年以前就提出 IBM 人力资源管理需要做到“更好的服务，更低的成本，更高的满意度”以支持 IBM 转型。1993 年他接管 IBM 时，处于崩溃边缘的 IBM 已经有了很多危机处理方案，大家比较认可的是把 IBM 拆分，甚至有美国媒体将 IBM 形容为“一只脚已经迈进了坟墓”。郭士纳做了很多工作，最重要的就是提出一种理念，即“谁说大象不能跳舞”。

IBM 的人力资源管理转型采用的是一个非常典型的跨国公司模式，转型是从成本降低和效率提升角度出发的。IBM 在 20 世纪 90 年代就开始建设人力资源共享服务中心，始于共享服务中心的 HR 三支柱模式通常是成本导向的。IBM 的 HRBP 服务比为 1 ∶ 40（主管），是非常精简的配比。COE 采取“一张面孔”模式，非常看重全球政策、方案的一致性，一致性为 IBM 带来的是成本的降低和效率的提升。

为了保持全球的一致性，IBM 于 2010 年成立了一个部门，叫作整合服务团队（IST），该部门按照 HR 的专业领域分工，负责将 COE 的政策、方案在各个业务单元、国家实施和落地，当这项工作变成 HRBP 的日常工作后，该部门的任务就完成了。新成立这个部门，也是出于对成本的考虑，因为 IBM 有 40 万员工，业务高度全球化。面对复杂的局面，IBM 希望通过这样一个运营来提升政策的实施效率。

一切从效率出发：从 HR 三支柱模式到四支柱模式

IBM 的 HR 三支柱模式最明显的优势是效率，这与 IBM 一致性的文化密不可分。早在创办 IBM 时，老托马斯·沃森就为公司制定了“行为准则”，这些准则一直牢记在公司每个人的心中，任何一个行动及政策都直接受这些准则的影响：必须尊重员工，必须尽可能给予顾客最好的服务，必须追求优异的工作表现。清晰的准则能让决策者方向更清晰，能吸引具有相同价值观的人才，能让员工发挥出更高的工作效能。

IBM 的人力资源管理也非常重视全球政策的一致性。在强调“一张面孔”的 HR 三支柱模式下，COE 对于平衡管控目标和业务需求至关重要，因为这个团队负责制定政策、流程和方案。“在统一框架下的定制化”这个原则说起来容易，做起来难——业务单元很可能会因为丧失政策制定权，质疑总部能力进而挑战变革的必要性。2009 年，IBM 提出了“智慧的地球”理念。“智慧的地球”理念有三个主要特征：更透彻的感应度量、更全面的互联互通、更深入的智能洞察。基于这一理念，IBM 于 2010 年在 HR 三支柱模式之外建立了 IST 这一支柱，向上充分把握 COE 制定的政策，向下贴近业务，帮助各个国家的 HRBP 实施全球政策和方案，对人力资源部门支持全球整合的公司战略起到了关键作用。

四支柱模式进一步帮助 IBM 提高了效率，员工工作效能持续提升，全球交付的实现率超过 90%。IBM 兑现了“为员工提供全球发展机会”的雇主品牌承诺，一致性的政策让员工可以更清晰地看到未来的发展机会。

“宝洁困局”是否会重演？

凡事都有两面性，强调一致性的 HR 三支柱模式虽然为 IBM 带来了大幅度的效率提升和成本缩减，但这种一致性也意味着缺乏灵活性，导致公司对当地市场的变化反应迟缓。对于小国家而言，对市场变化反应迟缓可能不会对企业发展构成太大的威胁。但是对像中国这样巨大的市场而言，市场嗅觉不灵敏、“转身”不灵活会导致跨国企业发展中的巨大失误。“宝洁困局”就是一个鲜活的例子。

宝洁 2016 财年第三季度业绩显示，其在中国市场的销售仅增长 1%。全球的销售更加惨淡：宝洁净营业额已从 542 亿美元下跌至 492 亿美元，同比下跌 9%。2009—2014 年，在中国美容美发和个人护理产品市场，宝洁的市场份额从 15.2% 逐年下降，跌至 12.7%；在中国家居护理产品市场，2010—2015 年，宝洁的市场份额从 7.3% 一路跌至 6.6%，其市场业绩远不如中国本土品牌立白，后者的市场份额已从 14.9% 逐年攀升至 16.2%。

“当中国已成为全世界消费者最挑剔的市场时，宝洁还一直把中国当成一个发展中的市场。”宝洁 CEO 大卫 · 泰勒（David Taylor）如是说。

03

第三章

HR 三支柱模式在中国能否走得通？

西方对 HR 三支柱模式的求索，无论是戴维·尤里奇的理论研究，还是 IBM、福特、GE、强生等西方企业的实践探索，为人力资源管理理论与实践的发展都做出了重要贡献。中国的一些大企业在运营管理中，积极采用外来的新概念、新模式，开始引进 HR 三支柱模式。

在了解了 HRBP 或 SSC 等概念后，一些大企业的决策者以为这就是 HR 三支柱模式并开始模仿，殊不知它们只是跨国公司 HR 三支柱中的一部分。在实际运用 HR 三支柱理论时，这些企业又随意地绕开新体系的约束，仍旧凭直觉、经验做出判断和决策。而且，中国企业的人力资源管理本身面临诸多瓶颈，HR 三支柱模式在中国能否行得通？

中国企业实践 HR 三支柱模式的状况

跨国公司“一张面孔”引发的误解

跨国公司“一条腿”[①] 的做法让国内企业对 HR 三支柱模式

---

① “一条腿”是指跨国公司在全球布局时，在中国仅设立三支柱中的一个支柱，如 HRBP 或 SSC。

产生了很大的误解。2000年年初，跨国公司大量进入中国市场，在业务规模极速扩张的背景下，跨国公司出现了各个产品线目标各异、各自为战、管理重叠、缺乏沟通、资源利用效率低的窘境。整合资源、重塑“一张面孔”的战略被跨国公司广泛采用。

渴望拥有“一张面孔”的飞利浦于2003年发起了“One Philips”运动，努力让公司新开发的各个产品互相协调，使不断扩张的产品线也能得到一致的管理。中国消费者渐渐发现，这家进入中国市场20年的老牌欧洲公司开始变得时尚和亲切。大城市繁华地带铺天盖地展示的是飞利浦有关“sense and simplicity”（精于心，简于形）的品牌广告，广告简洁而温馨。当然，更重要的变化是，飞利浦中国对本土市场的适应性调整非常奏效。

跨国公司在人力资源管理领域也开始了“一张面孔”的探索，那就是在中国市场建立自己的共享服务中心，旨在加强各业务部门之间的联系，发挥协同效应。

2006年，联合利华在人力资源管理领域落地“One Unilever”战略。联合利华将把全球HR方面的管理工作外包，涉及管理以及支持招聘、采购、薪酬、培训和绩效管理等活动的HR资讯科技系统。2005年，ABB公司提出“One Simple ABB”战略，并于2006年在中国建立共享服务中心。泰科电子也于2006年在中国建立共享服务中心（HRSS Operation）。2007年，飞利浦中国建立人力资源共享服务中心（Philips People Service）。

然而跨国公司在中国建立的共享服务中心并不等于HR三支柱。跨国公司在中国的共享服务中心只是跨国公司在人力资源管理层面上对“一张面孔”战略的部署。一些中国企业管理者了解到 HRBP、SSC 等新概念后，又看到跨国公司“一张面孔”战略下的组织调整，认为这就是 HR 三支柱模式，并开始模仿，殊不知这只是跨国公司的“一条腿”实践。对于 HR 三支柱模式，不仅要知其然，更要知其所以然。

国内中小微企业人力资源管理投入严重不足

截至 2022 年末，我国中小微企业数量已超过 5 200 万户，比 2018 年末增长 51%。国内的中小微企业，成立时间短、规模小，对人力资源管理尚没有充分和深入的认识。在人力资源管理上的低投入也使得中小微企业难以实现可持续发展。据统计，存活 5 年以上的中小微企业不到 7%，存活 10 年以上的中小微企业不到 2%，存活率可以说非常低。这种生存环境让中小微企业势必将活下去视作当下首要的目标。以活下去为首要目标的中小微企业，从人力资源管理发展的前三个阶段来看，大部分都很难从最初的人事管理朝人力资源管理或战略人力资源管理方向发展。这也直接导致中小微企业的人力资源管理实践停留在以招聘、薪酬、人事服务为主的人事管理阶段。

人力资源管理本身面临发展瓶颈

从当前的人力资源管理实践来看，企业内部人力资源部门往往扮演着职能性角色，HR 从事的主要是沟通谈判、填写报表等具体的事务性工作，很难真正发挥人力资源管理的重要价值。

此外，HR 从业者的职业发展状况也不容乐观。

根据中国人民大学劳动人事学院与领英（LinkedIn）合作撰写的《中国 HR 职业发展状况报告》，HR 领域中，50.2% 的从业者为初级职员，总监及以上的占比仅为 6%，平均来看，HR 初级职员晋升到总监需要 7.97 年，可见人力资源从业者在企业中普遍没有得到足够的重视。从企业的角度来看，无论是业务战略的需要，还是人力资源管理工作本身，都要求 HR 能够充分发挥价值，以提升人力资源服务水平。随着人的个性化日益凸显，HR 需要进一步满足员工的多样化需求、提供更全面有效的服务，这给人力资源从业者带来了更严峻的挑战。

事实上，当前的 HR 从业者仅有 19% 是人力资源管理专业出身，这反映了 HR 从业者本身的专业化程度并不高。在 HR 从业者的职业发展过程中，片面强调知识型能力的建设，例如定岗定编、熟悉劳动合同法等相关法律法规、良好的文书写作能力等。而对于战略规划与管理、统计分析等技能的关注较少，HR 从业者的业务知识、变革管理能力也同样欠缺。人力资源管理转型之后形成的 HR 三支柱模式中，HR 从业者需要具备不同的能力，以实现更好地为组织创造价值、为组织提供服务的目标。人力资源管理本身面临的发展瓶颈在一定程度上限制了 HR 三支柱模式的落地和实施。

中国企业管理的“云雨沟”

一批在管理领域表现卓越的中国企业，仍在虚心向西方学习管理。华为的任正非在一次讲话中用“云雨沟”来形容华为在管理方面的探索，“云”是管理实践，“雨”是管理思想，“沟”是西方企业过去 100 年的成功道路。[①]

华为自 1998 年起，邀请 IBM 等世界一流公司，先后到华为开展 ITS&P、IPD、ISC、IFS 和 CRM 等管理变革项目。在引入这些新流程、新体系时华为采取“先僵化、再固化、后优化”的原则，严格地按照新的流程、标准执行。经过十几年的努力，基本上建成了一个集中统一的管理平台和较完整的流程体系。2009 年，华为请 IBM 协助将 HR 三支柱模式全面引入华为的管理流程。

海尔在 1985 年引进德国技术的同时引进了西方的质量管理方法。海尔曾采用泰勒的科学管理理论，到车间流水线上测算工人工作的节拍，对任务进行量化，确定劳动定额和劳动标准。海尔还学习了日本的“丰田模式”，确保对整个生产流程的有效管理，通过科学标准的动作流程（装卸、测试等）管理和高水平的设备保养充分发挥现有设备的潜力，提高生产效率。20 世纪 90 年代末，海尔开始向西方学习流程再造。2007 年，海尔请 IBM 协助海尔建设能与市场对接的整套信息化系统。张瑞敏还同杰克·韦尔奇（Jack Welch）、郭士纳等世界级 CEO 交流组织变革的经验。

阿里巴巴在 2001 年聘请曾为 GE 服务十几年的关明生做企业的 COO（首席运营官），关明生协助阿里巴巴建立了与国际接轨的绩效管理体系，奠定了阿里巴巴进行绩效管理的基础。

---

① 宋劲松，彭剑锋，吴春波，等．“+ 时代管理”：人的一场革命．北京：中国计划出版社，2015.

阿里巴巴还向GE学习如何在工作中渗透愿景、使命和价值观，并将这种渗透作为评价员工的一个指标，阿里巴巴评价员工时首先看其是否认同并与企业有同样的价值观，其次才是看其业绩和是否具备符合阿里巴巴业务发展所需要的技能和潜力。2003年，阿里巴巴开始实施价值观考核，并采用“活力曲线”法则[①]以及基于这个法则的淘汰和激励制度。

腾讯在2004年前后也通过学习西方管理实践与经验的方式，建立起一套完整的管理制度。例如，在关键业务领域引入职业经理人，辅助管理；在项目上引入西方的管理思想，依托数据，科学理性制定决策。这些学习和探索为腾讯的可持续发展奠定了坚实基础。

如今，这几家企业都在各自的领域表现出色：华为是全球领先的信息与通信技术（ICT）解决方案供应商，被外界评为全球电信设备行业第一大厂商；海尔是全球白色家电第一品牌；腾讯是中国领先的互联网综合服务提供商之一，在社交、游戏等多个领域排名世界第一；阿里巴巴在最新的调查中成为全球第一电商。然而在管理领域，它们仍在继续学习西方的管理理论、实践经验。

在人力资源管理领域，HR三支柱模式作为舶来品对国内企业的人力资源管理转型升级产生了重要影响。早期进行HR三支柱模式探索的企业，以尤里奇的思想为指导，积极学习IBM的管理实践，通过自上而下或者自下而上的方式搭建HR三支柱。然而，中国企业在探索的过程中，由于内外部环境和各方

① “活力曲线”法则，亦称末位淘汰法则，指通过竞争加以淘汰来发挥人的极限能力，由GE前CEO杰克·韦尔奇提出，其实质就是末位淘汰。

面条件的差异，很难真正系统地引进 HR 三支柱模式，即使是“第一批吃螃蟹”的企业，也还在努力摸索中。

互联网时代迎来 HR 三支柱实践创新的良机?

互联网以其无时不在、无事不在、无所不在的信息沟通和交流方式，以及海量信息资源的传送、呈现、挖掘和共享，对零售、金融、交通、教育等行业的传统经营模式产生冲击。尽管互联网已经渗透到社会生产和生活的各个方面，但没有改变事物的本质，不可能使企业的管理方式实现跨越。中国人民大学的黄卫伟教授认为互联网的作用在于用信息化改造实体经济，提高其以优质产品、较低的成本快速响应客户需求的能力。互联网对企业管理的作用是什么呢？首先，互联网可以使产业链内部的信息快速传递，并全流程保持透明。其次，通过移动互联加强信息的内部沟通和共享，推倒部门墙，简化内部合同、订单、项目、配置、库存的大数据，支持即时、准确、优质和低成本的交付。最后，通过对人才的大数据分析，实现人才的合理配置。

自工业革命以来，无论是科学技术的发展，还是管理实践的探索，西方国家始终处于领先地位。互联网时代的到来，推动着技术的革新和商业模式的演进，甚至给产业带来颠覆性的变化。在这一波浪潮中，中国企业迎头赶上，抓住了时代的机遇，在不同领域实现创造性突破。例如，阿里巴巴依托淘宝平台，成为全球第一电商；腾讯在互联网综合服务领域快速崛起；

海尔的“人单合一”模式推动了管理创新……因此，在新的时代背景下，中国企业在技术发展、商业模式和组织管理等方面，都可能带来全新的突破，这也为 HR 三支柱模式的探索营造了良好的环境。

国内领先企业，如华为、海尔、腾讯、阿里巴巴等，正在进入所在行业的无人区，处在无人领航、无既定规则、无人可追随的环境。互联网思维成为这些企业探索管理改进的新理念和新工具。腾讯、阿里巴巴等互联网企业基于技术和资源优势，将其在消费互联网中的大数据、即时通信、粉丝等全新概念运用到人力资源管理中，努力塑造 HR 的用户意识和产品意识，同时注重 HR 的应用型能力建设，更好地将人力资源战略与业务战略结合，使 HR 成为战略合作伙伴。在这一过程中，为快速响应用户需求，这些企业将技术专长应用在人力资源管理效率的提升上，建立起更具灵活性的人力资源组织。华为、海尔等传统企业有着深厚的客户关系基础和技术积累，积极拥抱互联网，在互联网与产业的生产、交易、融资、流通等各环节深度交融的同时，吸引和培养互联网人才，关注人才的个性化特征，探索适应互联网时代的组织架构，实现对管理的改进。

这些企业已经走完了西方企业过去 100 年的管理探索之路，现在则肩负起前瞻性思考、引领管理理论的责任，它们的实践经验以及不断提炼总结出的管理思想同样值得国内外企业借鉴。因此，深入学习这些企业在 HR 三支柱模式方面的实践历程，对于理解 HR 三支柱模式的实践应用具有重要意义。

04

第四章

寻觅中国“第一批吃螃蟹”的企业

追求组织能力的提升与技术创新成为中国企业突破管理困境的一个有效思路。阿里巴巴、腾讯、华为关注 HR 组织模式的本土化，为企业带来组织能力的提升。同时它们在 HR 技术上不断投入，对 HR 三支柱模式进行了平台化、数字化、移动化、智能化的转型。三家企业作为中国 HR 三支柱模式的探路者，其 HR 三支柱模式是在什么背景下构建的？是逐步建立还是整套引入的？在模式上有何优势和劣势？

阿里巴巴的 HR 三支柱：人是资本而不是成本

阿里巴巴成立于 1999 年，马云与另外 17 人在中国杭州创办了阿里巴巴网站，阿里巴巴团队从互联网泡沫中逃生，和 eBay 大战一场后，成为中国第一家国际化的 B2B 公司。阿里巴巴的发展史就是中国进入信息经济时代的一个缩影，短短十余年，以阿里巴巴为代表的新一代互联网企业彻底改变了世界。

阿里巴巴到底是一家什么样的企业，是什么成就了阿里巴巴的梦想？其实阿里巴巴是一家特别富有理想主义色彩的企业，当然它也是一家很现实的企业。阿里巴巴在管理上坚持自己的价值观，独特的企业文化以及与之配套的人力资本战略是其成功的关键。

阿里巴巴 HR 三支柱的发展历程及架构

1999 年 2 月，马云在只有几张凳子的房间里说的一段话体现了阿里巴巴日后的价值观，他说，“尽管今天我们什么也没有，但我们要先做一个约定——我们这群人只能做连长和排长，以后我们要从外面请更厉害的人做军长、团长，带领我们往前走。”对人才的重视，使他在第一天就把这个规则定好，这个规则现在仍影响着阿里巴巴的价值观。

2001 年，为 GE 服务十几年的关明生加入阿里巴巴，帮助阿里巴巴打造了一套与国际接轨的绩效管理体系，奠定了阿里巴巴进行绩效管理的基础。这套绩效管理体系借鉴了 GE 对价值观的推崇并进一步予以强化。人作为资本在阿里巴巴主要体现在两个方面：首先是员工认同企业的价值观，其次才是业绩和具备符合阿里巴巴业务发展所需要的技能和潜力。

2003 年阿里巴巴开始实施价值观考核，并采用“活力曲线”法则以及基于这个法则的淘汰和激励制度。阿里巴巴用“271 排名”的方式来考察员工的相对绩效，不过阿里巴巴对后 10% 的淘汰不像 GE 那么严格。前首席人力资源官彭蕾在接受采访时说：“我觉得价值观考核就像一根绳子，在我们队伍规模快速扩大的时候，抓住这根绳子，我们才得以保持阿里巴巴文化的凝聚力，才能在激流险滩中不被冲散，我们的价值观绩效考核，其实就是不断地把价值观融入公司的文化血脉中。”

2005年是阿里巴巴发展史上重要的一年，前有“淘宝网”“支付宝”的诞生，后有阿里巴巴网络有限公司成功上市，在这承上启下的一年里，为了适应员工规模的迅速扩大，更好地管理人力资本，进而提升组织的核心竞争力，阿里巴巴加大了人力资源管理投入，制定了完善的人力资本战略，从而进入了阿里巴巴HR三支柱模式发展的源头时期。

2004年以后，阿里巴巴的B2B业务高速成长，人才低价高用，机会多，工作多，但人手不够，一线团队人才培养缺乏有效支持。阿里巴巴一直在思考，如何保证在企业层级增多、跨区域发展成为趋势的情况下，保证一线员工的价值观传承，同时对业务和人才培养提供更快捷的支持。2004—2005年，《历史的天空》和《亮剑》两部军事题材的电视连续剧热播，《历史的天空》中的张普景政委和《亮剑》里的赵刚政委给人留下深刻印象。在人民军队快速成长的过程中，总有那些既能打枪又懂政策的政委充当着幕后英雄的角色。阿里巴巴政委体系的灵感就源于此。当时主管人力的副总裁邓康明正在酝酿一件事情——在B2B部门的一线销售团队中派驻既懂业务又懂公司政策，还肩负企业价值观宣导重任的人力专员。加上创始人马云的灵感，这套人力资源管理体系索性改名为“政委体系”。从战略的角度讲，阿里巴巴希望走过102年，为了避免业务经理基于短期业务压力采取短期做法，也为了找到有目光长远的人与其搭档，阿里巴巴推出了政委体系（见图4-1），这也是如今阿里巴巴HR三支柱中HRBP的发源点。

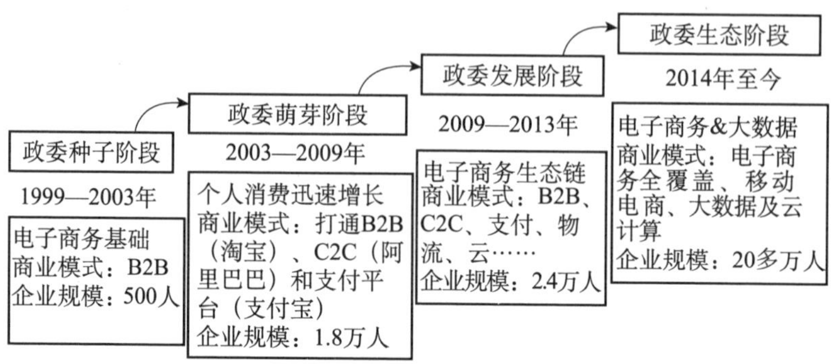

图 4–1　阿里巴巴政委体系的简要发展史

阿里巴巴最初决定使用成熟的人力资源管理系统是在 2005 年。2005 年，阿里巴巴已经对未来电子商务的发展有了自己的判断，为了更好地在这一充满商机的市场中赢得头彩，阿里巴巴首先充实自己的资本力量作为砝码，而最关键的砝码之一就是将人力资源看作资本。为了推进企业价值观和员工素质的融合发展，更好地管理人力资本，进而提升组织的关键能力和核心竞争力，阿里巴巴组织 IT（信息技术）和管理方面的专家进行人力资源管理方面的咨询论证，构建了统一的 e-HR 平台，这便是 HR 三支柱中共享服务中心的雏形。①

从阿里巴巴的结构来看，2004 年的时候只有一个阿里巴巴；2005 年收购了雅虎；2006 年做了一个大的拆分，变成集团式结构；2007 年各部分更加独立，慢慢发展成松散的事业部形式。2006 年年底以前，HR 都是集中管理的，2007 年开始，各公司都有了自己专门的人力资源管理功能，同时通过集团统一的 e-HR 平台开展员工档案管理、薪酬管理、绩效管理、福利和

① 邢帆 . 阿里巴巴的“用人之道”. 中国信息化，2012（1）：44-45.

休假管理等方面的工作，整个集团的人力资源管理流程实现了规范化和自动化，各种统计分析报表自动生成，显著提高了人力资源管理工作的精确性和效率，为阿里巴巴人力资本战略的成功实施奠定了坚实的基础。[①]阿里巴巴人力资源管理体系架构如图 4-2 所示。

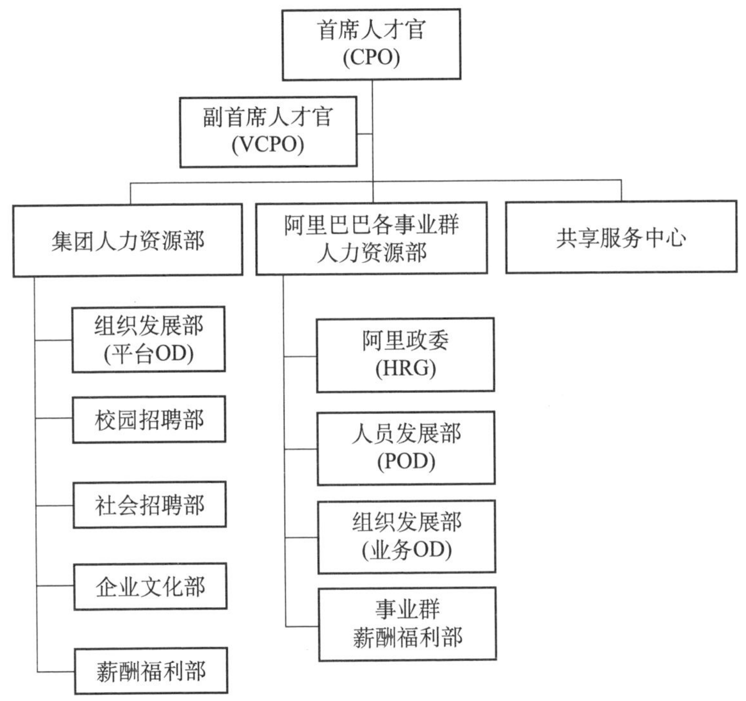

图 4-2　阿里巴巴人力资源管理体系架构

COE 由组织发展部、校园招聘部、社会招聘部、企业文化部、薪酬福利部等构成。组织发展部分为平台 OD 和业务 OD。

---

① 詹尉 . 物我两用 人心皆得：阿里巴巴用人的“道”与“术” . 人力资源管理，2011（12）：86.

平台 OD 负责公司大体系发展、高管领导力发展和商业教练，业务 OD 则直接驻点在各个事业群，负责事业群相关的组织架构、人才盘点、业务复盘。校园招聘部负责阿里巴巴的校园招聘策划、招聘录用分配、新大学生培养（培训）计划及其实施。社会招聘部主要负责高级人才招聘，并在各个事业群与 HRG（阿里政委）[①] 协同工作。

HRBP 在阿里巴巴有一个很红色的名字："政委"。他们是阿里巴巴在各个事业群和业务部门的 HR 通才。所谓政委，主要是原来业务线转过来的 HRG，他们熟悉业务并且能够比较深入地了解人和事，推动事业群进行组织变革并向其提供相应的服务支撑。如今阿里巴巴已经很少用政委这个称呼，更多的是用 HRG。

一般地，一个大事业群下面有 15 个左右的政委。一个大的部门下面由一个大政委带 3~4 个小政委。这 3~4 个小政委在工作内容上不是按照招聘、培训、考核、员工关系这样的职能模块划分的，而是每个人负责部门内一些二级组织单元的全 HR 模块。

人员发展部负责各事业群内部的人员技能培训及相关培养工作，原来隶属于各事业群的客户中心，从 2015 年开始整合到事业群的人力资源部，但汇报上还未完全整合到事业群的大政委身上。

共享服务中心涉及外包员工业务（包括针对员工的服务呼叫中心业务），日常的社保、公积金、假期、合同管理等业务。

---

① HRG（HR generalist）直译为 HR 通才，此处即指阿里政委。

成长导向的 HR 三支柱

所谓成长导向的 HR 三支柱，顾名思义，是指为了匹配企业战略而采用的高投入、促发展式的人力资源管理体系。以下四个原因使阿里巴巴人力资源管理体系采用成长导向成为必然。

1. 文化落地的需要

由于独特的企业文化，阿里巴巴对员工的价值观十分重视。价值观是阿里人群体的价值取向，是阿里人的共识，是整个组织的 DNA，是阿里人一直坚守的内核。阿里巴巴的“六脉神剑”①，其实就是对其价值观的一个综合阐述。当其他互联网企业把“速度”和“创新”作为企业生存基础的时候，阿里巴巴却把“六脉神剑”作为自己的信条，这或许正是阿里巴巴的独特之处。

在每个季度的员工考核中，对价值观行为标准的打分占到了总分的 50%，这就意味着员工是不是“阿里人”对其薪酬水平、晋升等起着至关重要的作用。而在大多数企业，价值观只是作为一个参考因素。由于价值观的“软性”，评价起来势必会增加绩效考核的成本。阿里巴巴依托具体的分拆性评价，将六个核心价值观具体演化成 30 种行为方式，使之可操作化，从而对每一位员工起到重要的引导作用。而且，阿里巴巴的价值观考核还采用过关的形式。可见，阿里巴巴加大这方面的投入是希望借由这种相对极端的硬性制度，来确保阿里巴巴的企业文化传承下去。

---

① “六脉神剑”是阿里巴巴的六个核心价值观，即客户第一、团队合作、拥抱变化、诚信、激情、敬业。

2. 人员规模扩大的需要

因为业务规模的扩大，阿里巴巴的员工数量急剧增长，从最初的 18 个人，到 2005 年的几千人，再到截至 2023 年 12 月 31 日的约 22 万人。人员规模的扩大，势必会给企业的内部管理带来巨大的挑战。

对于阿里巴巴来说，这一挑战显得更加严峻。阿里巴巴的员工偏年轻化，要保证每一个新员工都认同企业的价值观，在培养上就得投入更大的精力。事实上，阿里巴巴一向不吝啬培训方面的投入，高层管理者即使再忙也会抽身参加每一期的新员工培训会，向新员工传递信仰的价值。

在选人与育人的决策中，阿里巴巴更侧重于育人，邓康明曾说："我们的选人策略是，宁肯找那些没有太多工作经验，而基本素质很好的人。"彭蕾也提出对人才的新要求：聪明、乐观、皮实、自省。相比工作经验，阿里巴巴更看重人的基本素质。"软实力，如乐观、能承受压力很重要，缺少经验没关系，我们愿意投入很大的精力去培养他。"邓康明如是说。

在校园招聘（以下简称"校招"）中，阿里巴巴提出"非凡人以平常心做非凡事"的理念，主要用于技术岗位人才的选拔，求职者一旦被录用，阿里巴巴将投入大量资源帮助新人成长，包括一对一配备资深的师兄、设置完善的培养课程，并甄选业务场景帮助新人快速获得实战经验。

在阿里巴巴的企业文化中，人力资本和物质资本是不一样的，人是资本而不是成本，企业可以通过对人进行投资从而提高其自身价值，人进而能够创造新的价值。对育人的重视与投入，很好地体现了阿里巴巴人力资源管理体系的成长导向。

对于阿里巴巴严格的价值观行为标准评定来讲，人员规模扩大是一个巨大的挑战。打分制要求上司对员工有绝对的了解，但是人员规模迅速地扩大后怎么保证这一点呢？为了解决这一难题，阿里巴巴对 HR 进行了大规模的投入，阿里巴巴的 HR 人数几乎是行业标准的两倍，而对 HR 的投入是同类企业的三四倍之多。①

阿里巴巴对人才很重视，除了普通员工外，阿里巴巴的“空降兵”日益增多，因此又出现了一个问题，即这些“空降”的高管以前受过其他企业文化的熏陶，现在再来完全接受阿里巴巴的文化，就显得比普通员工更难。因此阿里巴巴为解决这个问题加大了投入，经常举办一些高管活动，如“湖畔论道”等。

正如邓康明曾说的，“人员膨胀，管理必然被稀释，而通过 HR 这条线，可以弥补”。

3. 业务的需要

首先，从行业特征的角度来讲，阿里巴巴是一个高速成长的行业，高速成长的行业的特点是低位高用，从人力资源配置的角度来说，机会多，工作多，但人不多。②所以必须加大人力资源管理投入，以统筹协调大而杂的局面，尽量做到人岗匹配，充分发挥人力资本的价值。

其次，从业务关系的角度来讲，阿里巴巴的 HR 和业务是手心手背的关系，即 HR 要贴着业务。业务要和 HR 融合在一

---

① 焦晶．阿里巴巴的“大政委”．中外管理，2007（9）：87-88.

② 鲍春梅，邓康明．阿里巴巴的政委体系及其他．管理 @ 人，2010（11）：43-47.

起。这对政委的要求就很高，政委不仅要经常与员工交流，还要关注整个团队是否士气高昂，是否存在心态上的问题。因此在政委的选拔、培训、考核等方面需要很大的投入。关于提高团队士气，阿里巴巴的一个重要途径是借助员工俱乐部。阿里巴巴著名的“阿里十派”就有来自员工关系部门的政委的参与。政委的重要任务之一就是带领大家“吃喝玩乐”。这么大的投入，旨在提升阿里巴巴团队的员工士气。

最后，从业务特点的角度来讲，电子商务灵活多变，因此一方面需要组织具有灵活性，另一方面又需要员工创新。想让组织具有灵活性，就需要配套的人力资源管理体系去支撑人才的发展，以做到招之即来，来之能战，战之能胜；想让员工创新，就要鼓励员工勇于试错，就需要配套的激励机制。互联网和电子商务的发展都是摸着石头过河，所以阿里巴巴总的方向就是在试错中前进，阿里巴巴希望让听得见炮火的人来做决策，期待各级管理者敢于让员工犯错，让他们在错误中创新和成长，这些都是需要组织、资金支持的。

4. 愿景的需要

在阿里巴巴上市之后，有四位高管出局，又有新的伙伴加入，最后形成了 30 多人的合伙人团队。英雄对于企业来说至关重要，但是一个企业更应该致力于建设一套不断培养出英雄的机制。正如《基业长青》中所讲的，一个企业做大靠经营，做久靠管理。

阿里巴巴希望走过 102 年，需要坚守一些道德底线和标准，HR 体系就要跟上。做互联网、电子商务，新的文化是开放透明的，因此机制就要跟上，管理背后的制度建设、继任者计划等都需要加大投入力度，都需要在资金、组织上提供保障。这样才能真正实现阿里巴巴的终极目标。

阿里巴巴 HR 三支柱的特色：把支部建在连队里

在阿里巴巴的人力资源管理体系里，最大的特色是政委体系。①

政治委员制度最早始于 18 世纪意大利共和国雇佣军，政治委员当时的职能是作为政府的特别全权代表监督军队的行为。法国大革命时期，政治委员制度成为法国雅各宾派专政时期开展斗争的最重要的手段之一。后来，列宁在领导俄国革命时创造性地借鉴了这一制度，开创了无产阶级军队中的政治委员制度。我国红军创立之初，毛泽东借鉴苏联红军的做法，在人民军队中着手建立政治委员制度，真正关注战争中参与人员的精神作用，把原来粗糙的战争动员变得长期化、专业化。数十年来，政治委员制度伴随我军的成长逐渐成为我军一块不可缺少的坚固基石，发挥了无可替代的重要作用。②阿里巴巴的政委体系从理论上就是借鉴于此的。

所谓的阿里政委，实质是公司派驻到各业务线的人力资源管理者和价值观管理者，与业务经理搭档，共同做好所在团队的组织管理、员工发展、人才培养等方面的工作。阿里政委的结构框架如图 4-3 所示。首席人力资源官（CPO）下设总政委，

---

① 鲍春梅，邓康明 . 阿里巴巴的政委体系及其他 . 管理 @ 人，2010（11）：43-47.

② 屈莉 . 我军实行政治委员制度的历程回眸 . 军事历史研究，2007（2）：40-44.

然后下设直接与事业部总经理搭档的大政委，大政委下设小政委，分别在具体的区域与区域经理搭档。

图 4–3 阿里政委的结构框架

在军队中，政委的任务是负责察看士兵的状态是否良好，以及司令与团长、连长的沟通是否到位。同时协助司令审视自身的组织能力。对于一个企业来说这些至关重要。阿里政委主要有以下几个特色。

第一，出身特殊。一个企业想要基业长青，最重要的就是思想、文化、选人、用人。政委体系中，1/3 以上是业务部门的骨干，他们都是业务部门中比较优秀的经理、主管。从政委中提拔也曾是阿里巴巴晋级奖励体系里一条不成文的规矩，要晋升必须当过政委，要承担更大的责任，必须在 HR 体系里稳固一段时间，而且有一定的成绩。

第二，参与业务会议是硬性要求。阿里政委对业务的理解不是天生的，是由阿里巴巴的企业文化支撑的，政委参与全部业务会议，这在阿里巴巴是硬性要求，但多数企业很难做到这一点。

在业务会议上，阿里政委往往会提出非常专业的、有冲击力的问题。大多数时候业务人员都只看自己的业务板块，而政委是同时看多个业务板块的，把业务逻辑串起来，帮助业务人员从更高的、全局的角度看业务。

第三，工作中善交流、重人心。阿里巴巴的HR有50%~60%的时间在做员工访谈，而传统的企业里，HR会在什么情形下找员工访谈？都是遇到问题、有硬性工作要求的时候才谈。但阿里巴巴的HR会随时找员工访谈，了解员工的各种情况，包括家庭动态、业务动态、团队成员间的状态：员工要买房子么？员工的小孩上小学还是幼儿园？员工在工作中遇到困难没有？是否需要支持？员工和团队中其他人配合得如何……真的是全方位立体化地了解员工，必要时HR还会给出解决方案或者提供支持。

一位B2B的大政委对他手下的小政委的要求是：小政委聊完后，团队中有上百人，随机抽到一个员工，这个员工有什么困难，处于什么样的心理状态，小政委都要非常了解；两个人迎面碰到的时候，可以相互给一个默契的眼神，觉得他很懂你，你也很懂他。

正如2009年彭蕾主题演讲中提到的：“当然，HR是有很多流程和制度要去建立和遵循，但我认为HR最大的成就感，就是用你的工作改变一些人，让他们获得成就感，实现自我价值，从而实现公司的价值。而且，HR在面对企业或者行业发展危机的时候，更要把自己的管理定位为人心的管理，帮助这个人成长从而帮助企业渡过危机。”①

第四，决策方式自下而上。由于行业的特殊性，更多的时

① 彭蕾．主题演讲之：阿里巴巴点滴．管理@人，2009（Z1）：44-45.

候，阿里巴巴的决策权是在下面而不是在上面，这样就形成了一个高效的工作网络，这个网络中的节点是由每一个小的战斗单位构成的，它们拥有充分的决策权。这也就形成了一个自下而上的、自我驱动的机制，阿里政委随时准备自下而上地推动业务团队“开疆拓土”。

阿里巴巴能否走过 102 年？

世间的事物都存在一个物极必反的规律，一方面强势必然会使得另一方面处于相对弱势，阿里巴巴的 HR 三支柱也存在问题。

阿里巴巴的 HR 三支柱中，以政委为代表的 HRBP 是最有特色的部分。阿里政委采用自下而上的工作方式，被授予相对更大的权力，政委与业务相互补位，拥有充分的决策权。COE 则需要更多地配合来自业务侧政委的发声，这在一定程度上削弱了 COE 的专业化。

把大部分的决策权放到中下层，可能会使很多决策在系统性、长远性方面存在一定的问题。十多年来，阿里巴巴得到了迅猛的发展，目前看来发展态势依然良好，这在很大程度上归功于组织的长远战略把握在合伙人团队的手中，但是随着时间的推移，领导团队的更替，这种重视 HRBP 自下而上的决策系统是否能够持续为企业的发展创造价值，使阿里巴巴实现走过 102 年的梦想，还有待时间的考证。

阿里巴巴是一个生态系统，不仅自身业务多元化，其关联的公司和服务也很多元。阿里生态也围绕着核心电商、云计算、数字媒体和娱乐等业务不断延展。2023 年 3 月，阿里巴巴启动了“1+6+*N*”组织变革，“1”是指阿里巴巴集团转型为控股集团，“6”是指阿里云智能、淘宝天猫商业等六大业务集团，“*N*”是指盒马、阿里健康等其他业务集团。“6”和“*N*”中的每一家集团都各自成立董事会，独立决策，对自己全权负责。生态式的扩展与延展使“阿里橙”文化变得更加包容，鼓励了生态圈内“子橙”文化的诞生和发展。这也对人力资源管理提出了新的挑战，全部套用“政委”确实很难在子公司、关联业务中实现。这些不断诞生，逐渐成长、成熟的“子橙”，呼唤适合其业务集团特点的人力资源管理体系。

腾讯的 HR 三支柱：专业、服务、伙伴

作为中国最大的互联网综合服务提供商之一，腾讯的发展可以用“超速”来形容。腾讯于 1998 年 11 月由马化腾等五位创始人共同创立，2004 年 6 月在香港上市，2016 年 9 月 5 日，股市开盘后腾讯股价大涨，成为亚洲市值最高的公司。腾讯用约 20 年的时间实现了从“中型军舰”到“超级航母”的华丽转变，缔造了一个又一个商业传奇。

回顾腾讯的发展之路，我们可以看到腾讯是一家重产品、执行力强、反应快速、不断推陈出新的公司，同时又是一家涉猎多个业务模块、员工数量庞大的互联网公司，如何让大象跳舞？腾讯独特的企业文化及人力资本战略起了关键作用。

腾讯的人力资源管理发展历程及 HR 三支柱

腾讯以“成为最受尊敬的互联网企业”为愿景，树立了“正直、进取、合作、创新”的价值观，希望“通过互联网服务提升人类生活品质”。这些愿景、价值观、使命构成了腾讯独特的企业文化，贯穿腾讯发展的每个阶段。

随着腾讯的“超速”发展，其员工的规模也在“超速”扩大，这对人力资源管理提出了前所未有的挑战。如何在瞬息万变的互联网行业中生存下来？腾讯用“大公司平台、小公司精神”完美演绎了互联网企业的成功之道。

“大公司平台”就是要让企业无论大小都在自己的行业空间内，利用社交化、网络化、新技术打造跨界影响力；“小公司精神”则是指互联网企业必须有像小公司那样的反应速度、创业精神、业务导向，及时响应用户需求，尊重用户的感受，把用户体验放在首位。

凭借着这种精神，腾讯人力资源管理体系在 2012 年公司组织架构调整时表现得游刃有余，成功从原有的业务系统制（Business Units）升级为事业群制（Business Groups），形成七大事业群 +S 线的模式，2018 年又调整为六大事业群 +S 线的模式。六大事业群分别指技术工程事业群（TEG）、企业发展事业群（CDG）、互动娱乐事业群（IEG）、微信事业群（WXG）、平台与内容事业群（PCG）、云与智慧产业事业群（CSIG）。S 线即三大职能系统，分别指职能线（S1）、财经线（S2）、人力资源与管理线（S3）。

当然，腾讯人力资源管理体系的成功也不是一朝一夕促成的，它经历了一次又一次的变革与突破（见图 4-4）。

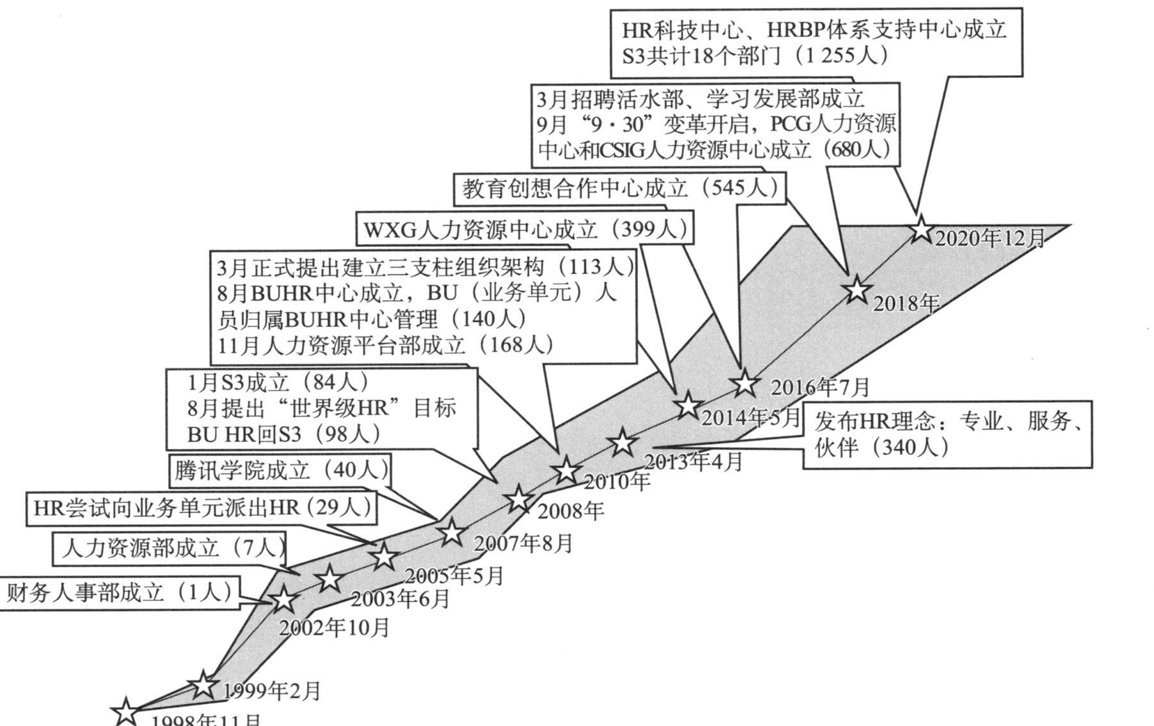

图 4-4　腾讯人力资源管理体系的变革与突破

注：S3 是腾讯的人力资源部门的简称，全称是“人力资源与管理线”。

第一阶段：人力资源管理初建期（1998—2002 年）。1998 年，腾讯刚刚成立，由于员工人数较少，没有设置独立的人事管理部门。2002 年，腾讯成立了财务人事部。该部门逐渐形成了以职能为导向的组织结构，同时以客户价值为导向的理念与思想开始萌芽。

第二阶段：人力资源管理发展转型期（2003—2009 年）。2003年，随着公司人数不断增加，腾讯正式成立了人力资源部，“员工是企业的第一财富”的观念逐渐深入人心。在这一时期，腾讯还面临着企业文化被稀释、人才储备和培养跟不上企业发展等问题。为了解决这些问题，公司成立了腾讯学院等，推广企业的价值观，加快新人融入公司的步伐。

第三阶段：人力资源管理新型组织结构——HR 三支柱模式的建立期（2010 年至今）。在这一阶段，随着移动互联网的发展，一个全新的“i时代”[①]降临了，它带来的是人与组织管理的新趋势。

从人的角度来看，工业经济时代关注的是标准，管理的是群体行为；知识经济时代关注的是信息，管理的是群体知识；而在 i 时代，我们谈管理，管的是人性，理的是人心，强调的是对个性的尊重，在去权威的环境中帮助员工自我管理、自我驱动与自我实现。

从组织的角度来看，过去组织强调大型化、内部化、集中化，现在组织更强调小型化、外部化、分离化。要求组织去中心化、扁平化、分布式，可以使组织更快速地响应外界的变化。在这样的组织特征下，企业渴望的是推动员工自驱动、自管理，

① “i 时代”由马海刚于 2014 年提出。i 指个性化、互联网化、颠覆化。

从而形成一个从被动到主动的自组织管理形态。

企业如何实现这样的自组织管理模式呢?

腾讯对此做出了自己的探索，腾讯于 2010 年 3 月正式提出建立专家中心、共享服务中心、人力资源业务伙伴的 HR 三支柱组织架构，形成了以客户价值为导向的人力资源管理组织架构。2014 年，为进一步将 HR 服务产品化，为客户 / 用户提供端到端的交付，腾讯将共享服务中心升级为共享交付中心（Shared Deliver Center，SDC）。腾讯的 HR 三支柱组织架构如图 4-5 所示。

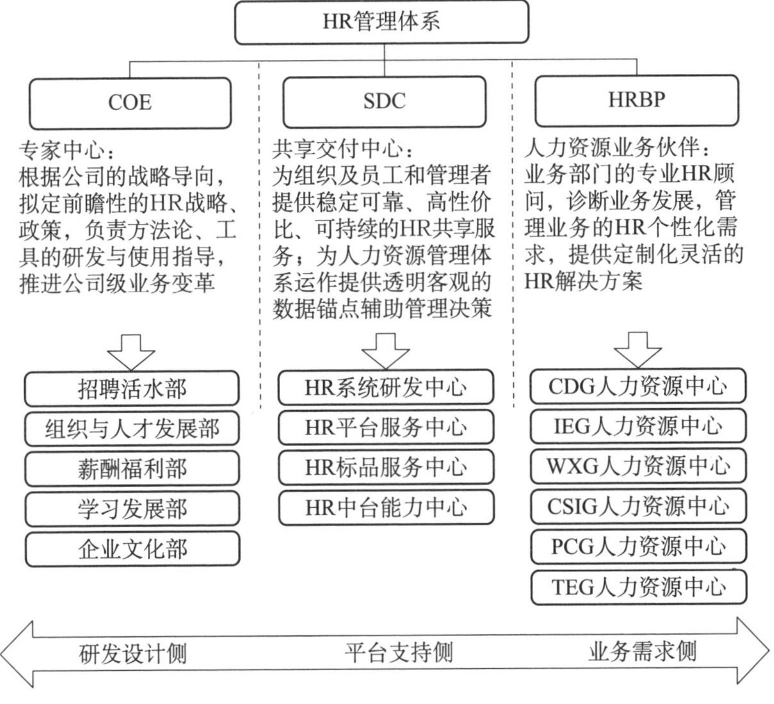

图 4-5 腾讯的 HR 三支柱组织架构

腾讯 HR 从价值出发进行重新定位，确保人力资源部在公司战略推进和落地过程中成为高层管理者可信赖的合作伙伴。通过重新定位，人力资源部推动各 HR 三支柱发挥前瞻性牵引、体系支撑和紧贴业务的作用。

- COE：发挥前瞻性牵引作用，成为前瞻性业务变革活动的加速器。腾讯的 COE 下设五个部门，分别是招聘活水部、组织与人才发展部、薪酬福利部、学习发展部、企业文化部。COE 的主要作用是根据公司的战略导向，拟定前瞻性的 HR 战略，制定有战略连接性的 HR 政策，同时负责方法论、工具的研发与使用指导，做公司级 HR 项目的主导者、牵头人，在各专业职能领域推动变革，为公司及业务创造价值。

- SDC：发挥平台体系支撑作用，高效交付 HR 产品和服务。腾讯的 SDC 包括 HR 系统研发中心、HR 平台服务中心、HR 标品服务中心以及 HR 中台能力中心。为了发挥 SDC 的平台体系支撑作用，需要 HR 强化运作管理能力，提供面向业务和员工的 HR 专业共享服务，搭建 HR 业务运营体系和功能管控的统一平台。

- HRBP：发挥紧贴业务的作用，成为快速诊断业务部门管理问题、团队管理问题的顾问。腾讯共有六大事业群和三大职能系统，事业群或职能系统都设有 HR 中心，这些 HR 中心构成了 HRBP。HRBP 的主要职责就是诊断并且满足业务部门发展过程中的个性化 HR 需求，成为业务部门专业的 HR 顾问，为业务部门提供灵活的、有针对性的“一站式”HR 解决方案。

特点：增长导向的 HR 战略

所谓“管理之道，唯在用人”，人是组织活力的源泉。人力资源管理好比企业的地基，只有地基打好了，才能支撑起整个企业的战略，打造出一座坚不可摧的摩天大楼。人力资源战略也要与企业战略一致，根据企业战略进行员工配置与培训，让员工清晰地了解企业的前进方向，吸引志同道合的人才加入组织，不断提高企业的竞争力与竞争优势，从而推动企业战略的实现。

纵观腾讯 20 多年的发展历程，其成功离不开清晰的企业战略和人力资源战略的支持与协助。

从 1998 年仅有五位合伙人，到如今成功打造属于自己的互联网帝国，腾讯在摸爬滚打中制定出三大战略——聚焦战略、泛娱乐战略和双打战略，当互联网行业也陷入红海竞争时，三大战略成了腾讯征战互联网的“至尊法宝”。

聚焦战略指在庞杂的业务体系中识别自己的核心能力，把工作重心聚焦在核心能力建设和持续优化基础服务能力方面，围绕用户的需求，提供统一的、易用的一站式服务。泛娱乐战略指基于明星产品的内容跨界，实现多领域共生，打造围绕明星产品的粉丝经济。双打战略是在腾讯超速发展的背景下提出的新的管理制度，即在重要的管理岗位上设置两个人，“成双成对”地搭建起互补的核心领导班子，以保证公司决策层的稳定性和企业发展的稳健性。

三大战略一方面促进了腾讯在互联网行业的飞速发展，另一方面也对人力资源管理提出了更高的要求，企业战略的落地与实施需要更多的人才储备，如何培养更符合企业战略需求的人才，保留企业核心人才，成为腾讯亟待思考的问题。

在这样的背景下，腾讯选择了高投入、促增长的增长导向的 HR 战略，从选、育、用、留、出等多方面入手，为企业战略的落地打造核心人才梯队。

腾讯于 2015 年结合企业战略从组织和人才两个维度出发，制定了人力资源两大战略方向——保持人才攻防的绝对优势、提升组织活力，同时 HR 三支柱下的各个部门又根据人力资源战略制定全年关键目标，通过从企业到部门，再到个人的目标分解，推动企业战略的落地。腾讯的组织战略和人才战略如图 4-6 所示。

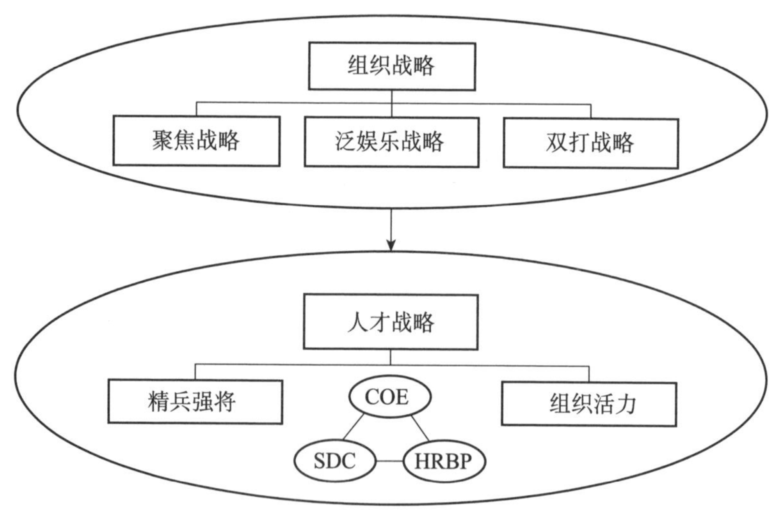

图 4-6 腾讯的组织战略和人才战略

组织战略下主要有四个关键项目：深化提升组织活力项目；正向引导干部行为，激发干部正能量项目；深化干部授权项目；

强化沟通项目。

人才战略下有三个关键项目。（1）强将 + 精兵项目，主要是持续引进优秀人才。（2）好成长项目，主要是促进员工职业生涯发展、提升员工的专业岗位成就感和影响力。（3）好回报项目，主要是提升关键人才薪酬的竞争力。

基于人力资源两大战略方向，腾讯在系统层面集中三个支柱的力量分别从不同角度共同推进关键项目的实施。例如，为实现人才竞争力的提升，COE 主要从战略层面出发，扫描战略领域的人才并与其建立联系，通过推动业务管理者与人才的沟通对话助力业务发展，建立人才的多样化交流、引入渠道。同时，通过广开源与精甄选，建立招聘质量的评估与跟踪方法，持续提升招聘效果。

HRBP 主要从业务层面出发，打造强有力的专业地位与雇主品牌，吸引优秀人才。同时针对业务产品的招聘需求，以定制化渠道开源、定制化流程甄选、定制化薪酬吸引，引入人才助力业务快跑。搭建精兵强将资源池，根据市场行情定期进行人才引进。

SDC 主要从服务出发，打造助力业务部门进行人才选拔的招聘服务产品以及提升员工满意度的产品方案。通过人才早市、简历库盘活等产品帮助企业以更高的效率挑选更合适的人才。通过打造区域茶馆、管理者俱乐部、新员工入职体验极致项目，促进员工对组织战略、企业文化的理解，提升员工的工作满意度，从而提升企业留住员工的能力。

腾讯的 HR 三支柱分别从不同的方面推动关键项目的实施，通过高投入的人力资源管理方式，搭建高匹配度的人才梯队，从而助力企业实现其终极战略。

SDC 开辟新时代：一切以用户价值为依归

腾讯 HR 三支柱中的 COE、HRBP、SDC 各具特色，例如 SDC 是对 SSC 的升级，以用户价值为依归，可以说 SDC 开辟了一个全新的共享交付时代。

腾讯认为，传统的 SSC 是一个舶来品，是福特、GE 等根据美国的情况在工业时代提出的一个概念。实际上，中国的环境已不同于 SSC 提出时的情况，处于“互联网 +”时代，行业的快速发展、个体的个性化追求、用户的多样化需求等都对组织和人提出了全新的挑战，中国的企业、人力资源从业者该如何应对这一环境？如何去面对这一挑战？基于对这些问题的思考，腾讯开启了 SDC 的探索之路。

SDC 的转型起源于时代的变化与用户对 HR 需求的提升，同时它又以用户需求为核心，希望为组织及员工提供稳定、可靠、可依赖的 HR 服务，打造体系化、可持续、一体化的 HR 服务交付平台，推动企业内自管理、自驱动和自组织形态的成长成熟，用大公司平台、小公司精神应对挑战。

如何升级 SDC 可以用一句话来概括：把原来只是考虑事务性工作、被动响应的 SSC，升级成深度挖掘 COE、HRBP 等内部客户和业务部门、管理者、员工等内部用户的需求，在彻底理解客户 / 用户需求之后提供超出预期的交付的 SDC。

腾讯的 SDC 在不断地发展，未来也不会一成不变。对于 SDC 的未来，腾讯从五个方面勾画了一幅蓝图，提出五个

“新”。

- 新组织：要有一个合适的组织架构来体现交付链条的产出；
- 新属性：应该对 SDC 的工作赋予新属性，让 SDC 工作更有用户属性、产品属性以及好玩儿属性；
- 新模式：要有科学合理的 HR 交付模式来支撑从需求出发实现超预期交付的过程；
- 新工具：要用先进的工具和手段来提升交付的便利性，以及辅助决策和维持 SDC 的可持续运作；
- 新能力：SDC 员工要在基本的选、育、用、留、出方面，逐步掌握 HR 交付管理的知识和技能。

别让 HR 三支柱成为三个象牙塔

在瞬息万变的互联网行业，腾讯一直鼓励员工进行个性化创新，以保证腾讯的行业竞争优势。

为了鼓励员工的个性化创新，为用户创造更好的产品体验，腾讯在内部引入竞争机制。在这种竞争机制下，各个业务部门独立运营，部门之间的业务内容和产品类别存在一些交叉。公司内部有统一的运营支持系统和平台研发系统，两个系统的数据和资源都是共享的，各个业务部门可以根据自己的需要获取相关的数据信息，并根据市场需求和团队自身的技术优势独立研发产品。同样，腾讯的 HR 三支柱之间也存在一种竞争关系。

这种竞争关系鼓励员工进行个性化创新，为用户创造更好的产品体验的同时，也产生了一些不必要的竞争、资源浪费等负面效应。例如，腾讯对于大数据人力资源管理的探索。腾讯在 COE 和 SDC 两个 HR 支柱内部都设立了部门或团队进行大数据分析，因此两套 HR 班子都做离职分析，而最终只有一个项目得以保留，这在一定程度上导致资源的浪费和工作内容的重叠，降低了企业的效益。在这种背景下，原本应该相互协同的三个支柱变成了相互独立的关系，各自处在自己的象牙塔中，无法取得 1+1>2 的效果。

如何才能让腾讯的 HR 三支柱协同发展的同时保证员工持续地打造创新性的产品？这需要腾讯的 HR 三支柱在开发 HR 产品、提供 HR 服务时首先从 HR 三支柱模式的整体规划出发，完成既定的战略目标。在推动战略落地，完成既定目标后，再深度挖掘内部客户新需求，借助自身资源优势，创新性地满足内部客户的需求。这个过程不同于一上来就想着如何通过各支柱的资源优势率先在 HR 三支柱中占领先机、分割利益的做法。

华为的 HR 三支柱：以需求为牵引

1987 年，华为在深圳成立，做香港一家用户交换机公司的销售代理。1994 年，在群雄争霸的通信行业，面对强大的竞争对手，任正非提出“世界通信行业三分天下，华为将占一分”。为了在人才队伍方面取得优势，从 20 世纪 90 年代初开始，华为逐步将员工的薪酬提高，相比市场平均月薪 1 000 元的员工工资，华为同等职位的薪酬达到每月 5 000 元，可见，当时的华为就深刻地认识到了人才的重要性，这一举措也对员工产生了强大的激励效应。到 1997 年时，《华为基本法》明确公司要“成为世界级领先企业”，并用 103 条规定阐述了公司的经营管理制度，构筑公司未来发展的宏伟架构，并强调对人力资本的重视，“人力资源管理的基本目的，是建立一支宏大的高素质、高境界和高度团结的队伍”。进入 2017 年，华为的目标是：销售额达到 700 亿美元，搭建起信息产业未来的伟大格局。然而自 2018 年，美国开始对华为进行打压，近年来华为一直身处逆境。面对持续的打压，华为奉行着“有质量地活下来”的纲领，持续艰苦奋斗，持续加大研发投入，持续进行管理变革，在逆境中攻克卡脖子技术、交出突破式答卷。

30 多年来，华为在梦想的牵引下不断前行，一次又一次实现突破，不断从一个胜利走向另一个胜利。凭借人力资本驱动和创新驱动，今天的华为，已经成为通信行业的世界第一，成为行业的领先者①，并致力于把数字世界带给每个人、每个家庭、每个组织，构建万物互联的智能世界。

人力资源管理战略与 HR 三支柱

从 1987 年华为的创立到 30 多年后的今天，伴随公司的发展，华为的人力资源管理一直发挥着重要的支撑作用。基于业务的不断拓展延伸和人员规模的持续扩大，华为的人力资源管理战略发展历程主要分为四个阶段（见图 4-7），各个阶段有着不同的特点。

---

① 彭剑锋，陈春花，周其仁，等 . 黑天鹅在咖啡杯中飞起：影响中国管理的 54 篇杰作 . 北京：中国计划出版社，2016.

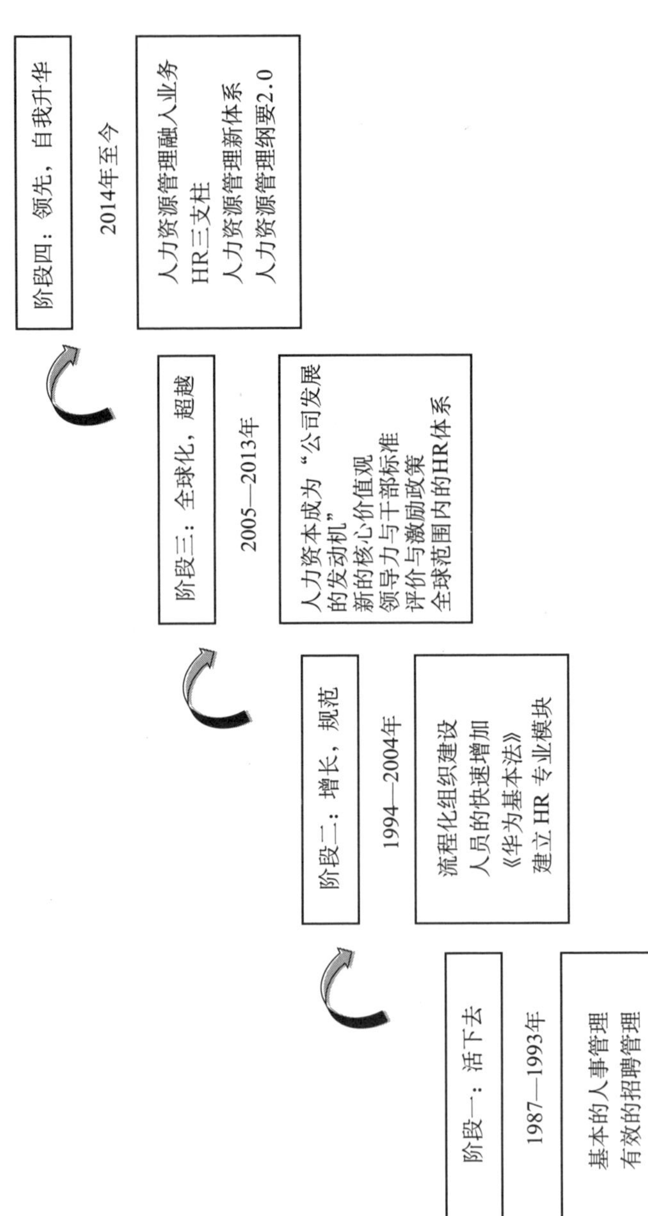

图 4–7　华为的人力资源管理战略发展历程

阶段一：活下去。1987 年，华为从销售代理起步。作为通信设备行业中众多企业之一，“活下去”成为华为的核心目标，基本的人事管理和有效的招聘管理是这一时期华为人力资源管理的主要任务。

阶段二：增长，规范。1994 年，任正非提出“世界通信行业三分天下，华为将占一分”的宏伟目标，清晰的战略愿景加上行之有效的业务策略，华为的主营业务在国内市场快速增长，10 年间销售额从 15 亿元增长到 462 亿元，员工也从 1 200 人增加到了 2.2 万人。具有前瞻意识的华为，早在 1995 年左右就开始着手基于过去和现实对未来成功之路进行探索，历经 3 年，制定了《华为基本法》，对公司的未来发展做出全面的规范。同时，华为积极学习国内外成功的管理实践，从 1997 年开始全面引进世界级管理体系，如 HAY 的职位与薪酬体系、Tower 的股权制度、IBM 的 IPD（集成产品开发）和 ISC（集成供应链）流程化组织建设等，同时在人力资源管理方面建立起专业模块并逐步完善。

阶段三：全球化，超越。2005 年，华为开始走向海外市场。为实现全球化、超越国外产业巨头的目标，华为在人力资源管理方面加大投入，使人力资本成为“公司发展的发动机”。在培育新的核心价值观的基础上，建立领导力与干部标准，完善评价与激励政策，搭建全球范围内的 HR 体系应对全球化挑战。

阶段四：领先，自我升华。2014 年至今，华为从行业的领先位置走到了行业的“无人区”，实现全球化运作，此时其人力资源管理的战略目标是实现领先与自我升华。

实际上，结合人力资源管理领域的变革趋势，早在 2009

年，华为便开启了 HR 三支柱的探索之路。到 2014 年时，华为的 HR 三支柱（见图 4-8）日趋成熟，充分发挥了对公司战略和业务的支撑作用。2018 年 3 月 20 日，华为发布了《华为公司人力资源管理纲要 2.0 总纲（讨论稿）》，继承并发展了《以奋斗者为本：华为公司人力资源管理纲要》（人力资源管理纲要 1.0）的核心理念和框架，基于公司面临的新问题，提出了新的发展方向，并反复强调人力资源管理是公司成功与持续发展的关键驱动因素。

在向 HR 三支柱转型升级之前，处于行业领先位置的华为，面临着更多未知的挑战，组织内外部的变化向人力资源管理提出了新课题。尤里奇主张，“人力资源部的意义不在于做了多少事情，而在于给企业带来了什么成果——帮助业务部门创造了多少价值，为客户、投资者和员工提供了多少增加值”。基于这种理念，华为的人力资源管理变革围绕着“客户满意度、人力资本投资回报、员工价值同步提升”的目标，全面引入 IBM 的 HR 三支柱模式，建立起“增长、效率”导向的 HR 业务管理架构，并致力于成为公司业务部门的伙伴。

区别于过去职能化的人力资源管理架构，华为的 HR 三支柱模式进一步强调了对客户需求和业务需求的关注，通过 HRBP 对业务需求的承接，有效整合并实施人力资源解决方案。COE 的功能更多地在于提供专业化的支撑。SSC 则以服务为导向，致力于实现卓越的 HR 服务交付（见图 4-9）。

将 HR 三支柱与各职能模块综合起来看，实质上，华为的 HR 三支柱体系强调对业务部门的支撑作用。HRBP 扮演核心价值观传承的驱动者、战略伙伴和解决方案集成者等重要角色，

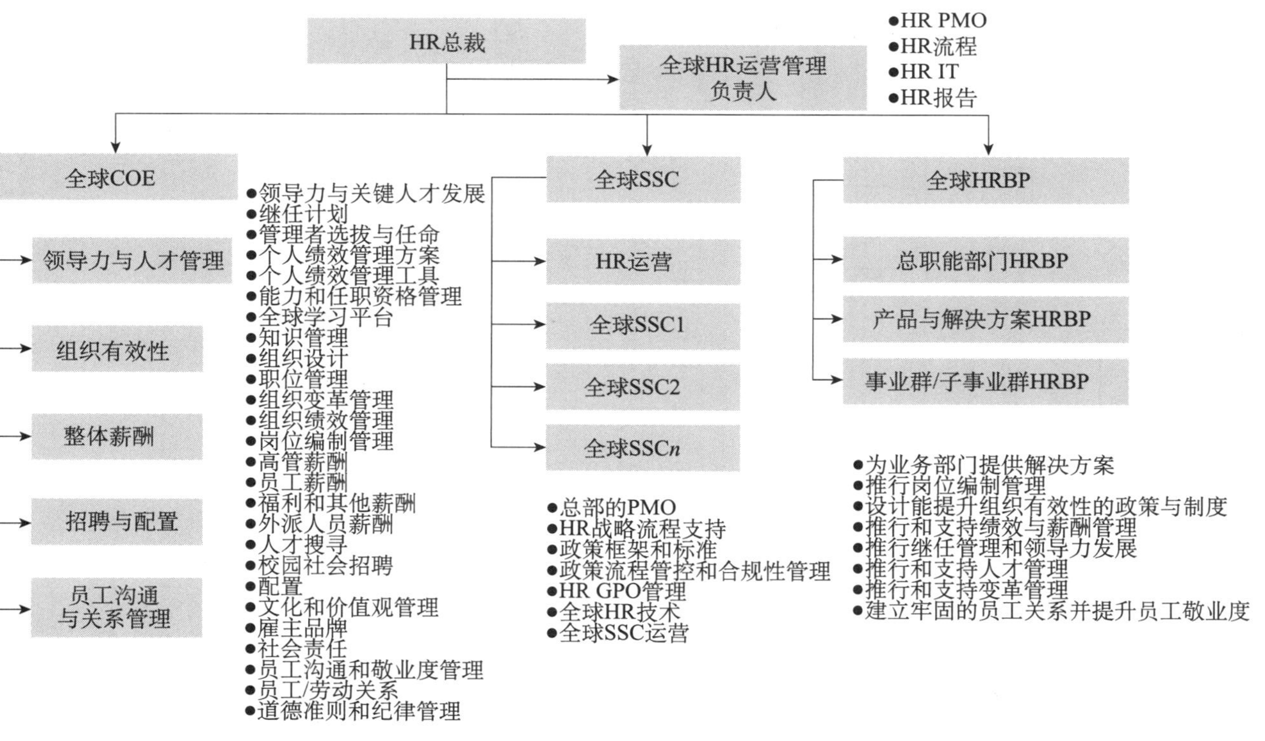

4-8 华为的 HR 三支柱

注：PMO 指项目管理办公室，GPO 指全球流程责任人。

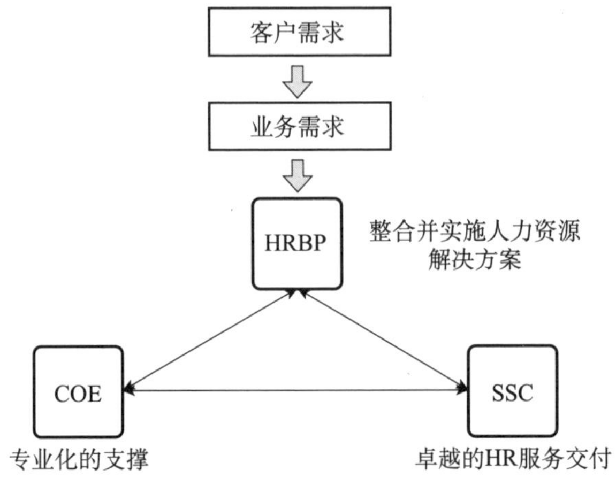

图 4–9　华为 HR 三支柱的特点

针对公司战略、业务痛点和需求，提供包括高绩效组织、领导力、人才供应、激励、企业沟通和全球化支持等六个方面的专业解决方案。

在团队、职能部门、业务模块和公司等不同的层面上，HRBP 关注的焦点和提供的解决方案也不同。以团队为例，HRBP 主要关注团队绩效、人员管理技巧、工作满意度、激励和归属感等问题，相应地，其人力资源解决方案也聚焦在这些方面。越高的层级，关注的焦点越多地体现在组织变革、领导力层面。

在华为 HR 三支柱中，COE 专注于 HR 的核心专业能力，致力于让 HR 成为战略家、人力资源专家和研究者，其价值主要体现在不同的人力资源政策与制度的设计上，具体包括组织有效性、招聘与配置、学习发展与任职管理、整体薪酬、领导力与人才管理、个人绩效管理、员工沟通与关系管理等职能模块。

SSC 的工作内容涵盖运营管理、员工服务受理、HR 流程事务处理三个方面。通过专业化、标准化的高效服务，SSC 能够及时准确地把握需求，支撑业务发展。

在这一体系中，HRBP 发挥了重要的联结作用。作为业务伙伴，HRBP 需要充分理解业务部门的需求，在此基础上整合并实施解决方案。与此同时，HRBP 是华为 HR 三支柱中最贴近业务，最能有效传承和践行华为核心价值观的关键所在。

成长导向的 HR 三支柱

以增长、效率为导向的 HR 业务管理架构，与华为以战略为导向的成长模式有密切的联系。华为的人力资源管理战略与业务战略对齐，指的是 HR 运作模式受业务驱动，HR 战略立足于业务发展的需要。成长导向的 HR 三支柱与以下几个方面息息相关。

1. 支撑业务战略的需要

华为的竞争优势来自其战略导向的成长模式。20 世纪 80 年代后期，作为通信设备行业的企业之一，华为开始从国内市场起步。在业务方向上，华为并不局限于低端产品的代理和仿制，而是更多地进行探索和突破。循着“模仿—创新—替代”的路径，华为在通信设备领域逐渐取得竞争优势，其资本与人力资本也得到了一定的积累。随着经济的发展及市场需求的变化，华为立足客户需求，推动技术持续创新与进步，努力实现最终的交付价值。在这一过程中，华为始终有着清晰的战略愿景和目标，并持续投入关键要素，提升核心技术水平，打造高绩效的人力资源管理体系，使组织能力有效支撑战略发展。因此，在推行 HR 三支柱转型时，华为以成长为导向，采用高投入的成长模式，以充分发挥人力资源管理对业务战略的支撑作用。

2. 高绩效文化落地的客观要求

为客户创造价值是华为存在的唯一价值和理由。华为对公司的运作效率和整体绩效十分关注，其价值主张也一直围绕高绩效展开，高绩效文化是华为企业文化建设的核心。2014 年以来，在内部管理模式上，华为通过业务流程变革，提高组织的运作效率。实质上，华为高绩效文化的落地主要基于组织的简化、流程的简化以及员工的职业化，而这些都离不开人力资源管理的有效支撑。华为的 HR 三支柱中，业务驱动的 HRBP，端到端、结果导向的 COE，以及以服务为导向、卓越运营的 SSC，协同支撑人力资源管理战略目标的实现，确保企业核心价值观的传承和高绩效文化的落地。

3. 人力资源管理价值提升的需要

在搭建 HR 三支柱体系之前，华为内部员工对 HR 的认知反映出原有人力资源管理体系的不足，远离业务、管控导向、缺乏咨询技能和服务效率低是其中几个主要的方面。这些不足与公司业务快速发展和员工规模迅速扩大有关。随着公司规模越来越大，人力资源管理部门如果不及时调整，会离业务部门越来越远。与此同时，大量行政性工作占用了 HR 的大部分时间，大多数员工并没有得到很好的人力资源服务体验。

从 HR 自身看，之所以进行人力资源变革、构建成长导向的 HR 三支柱，主要原因包括两个方面：一方面，随着公司规模的扩大，HR 陷入大量事务性工作中，难以提供高质量的服务。另一方面，公司整体人才管理复杂度提高，人力资源管理系统缺少协同，全球化运行中存在区域差异化问题。因此，成长导向的 HR 三支柱是基于人力资源管理自身发展、推动人力资源管理价值提升的需要。

4. 人力资源全面转型的体现

长期以来，华为高度重视与成长相关的基础性、长期性要素，人力资本亦不例外。在推行 HR 三支柱模式时，很多跨国公司优先推行 SSC，以降低 HR 的运营成本。而华为是在业务快速增长的背景下推行人力资源转型，全面引入 HR 三支柱模式，各中心齐头并进，通过有效的举措实现 HR 向三支柱模式转型升级，充分体现了 HR 三支柱的成长导向。

华为三支柱特色：以需求为牵引

华为对组织核心价值观的描述就四句话，“以客户为中心，以奋斗者为本，长期艰苦奋斗，坚持自我批判”。

在实践中，华为人力资源管理部门的工作始终围绕着这一核心价值观展开，其 HR 三支柱转型升级也充分体现了“以需求为牵引”的特色。从人力资源管理的组织结构来看，新型的人力资源管理体系包括 HRBP、COE 和 SSC 三大支柱，承接组织、人才和业务的需求，实现从基于职能的人力资源管理体系向基于角色的人力资源管理体系转变。

我们对华为 HR 三支柱中的 HRBP 做了进一步的解读，发现其 HRBP 的角色定位呈现战略性、多元化的特征。

HRBP 的角色定位可用 V-CROSS 模型（见图 4-10）来展示，在这个模型中，HRBP 在华为内部扮演了六大角色。

图 4–10　HRBP 的 V-CROSS 模型图

- 核心价值观传承的驱动者：驱动华为“以客户为中心，以奋斗者为本，长期艰苦奋斗，坚持自我批判”核心价值观的传承；
- 战略伙伴：参与战略规划，关注客户需求，将业务战略与 HR 战略联结，基于战略目标设计有力的支持措施，并辅助实施；
- 变革推动者：理解变革需求，提前预见和识别变革过程中在组织、人才、文化等方面存在的阻力和风险；面向未来，辅助管理层推动必要的组织变革；
- 关系管理者：与内外部利益相关者保持密切的沟通，建立良好的关系，引导员工形成积极的正向思维；
- HR 解决方案集成者：理解业务部门的诉求和痛点，集成 COE 专长，打破模块之间的界限，针对业务问题提供完整的解决方案；

• HR 流程运作者：设计 HR 流程，建立有效的运作机制并保持其高效运转。

从以上六大角色的定位和关键职责来看，HR 三支柱尤其是 HRBP 充分强调发挥对组织战略和业务的支撑作用，同时也体现了“以需求为牵引”的特征。与此同时，华为的 HRBP 多数是由优秀的业务主管转型而来，解决了 HRBP 面临的最大挑战——业务敏感度的不足，真正发挥了对业务的支撑作用。

华为人力资源管理面临的挑战

在长期发展过程中，华为的人力资源管理战略与 HR 体系对公司战略和业务发展起到了很大的支撑作用。相对国内大多数企业而言，华为高度重视人力资本的价值，也是率先进行人力资本投资的企业。HR 三支柱实现了 HR 系统化转型升级，贯彻得非常彻底。

但与此同时，未来华为在人力资源管理方面可能面临一些挑战。

一方面，从人力资源管理整体而言，在企业文化上，华为需要更多地探索如何营造更加开放包容的企业文化，使华为成为全球优秀人才共创价值的平台。众所周知，在移动互联网时代，乃至更长远的未来，由于人的个性化凸显，无论是外部客户还是内部员工，对于企业来说，这种个性化、多样性的需求都会带来新的变革和适应过程。当前，华为 20 多万员工中，百分之八九十是知识型员工，这些员工追求工作自主性和个人成就感，追求工作与生活的平衡；同时，00 后员工开始进入劳动力市场，他们追求个性化、自我价值实现，这些对于强调“艰苦奋斗”的华为而言，实质上是一种全新的管理挑战。

另一方面，从华为的 HR 三支柱本身来看，COE 的一把手延续了 HRBP 从业务转型的策略，加上外部高端人才融入难度较大，导致 COE 专业沉淀不足；SSC 定位为“标准服务的提供者”，主要负责运营管理、员工服务受理以及 HR 流程事务处理，基本覆盖员工的事务性需求，但没有使员工感受到很好的服务体验，员工满意度不高；在 HRBP 方面，由于 HR 三支柱转型的主要驱动力是支持业务增长，未来如果业务增长放缓，将导致人员冗余，因此人员在未来可能存在精简空间。

05

第五章

中国企业 HR 三支柱模式与设计理念

在充满不确定性的时代，与获得一两个只能解燃眉之急的答案相比，卓有成效的管理者更倾向于从长远角度思考答案的本质，从而能让企业成功应对更多未知的挑战。HR 三支柱模式的本质是高绩效人力资源管理系统通过组织能力再造，让人力资源管理为组织创造价值增值。西方 HR 三支柱模式帮助中国企业管理者、人力资源管理者厘清了三个基本关系：各部门管理者与人力资源管理者的关系，HR 三支柱与传统人力资源职能模块的关系，以及 HR 三支柱间的协同互动关系。

然而 HR 三支柱模式毕竟诞生于西方，在融入重情感的中国文化背景时，HR 三支柱模式在许多中国企业中出现了“水土不服”的现象。中国标杆企业在进行 HR 三支柱模式实践时，对中国特有的关系信任、传统文化等因素进行了哪些考量，其创新背后共同的设计理念和逻辑又是什么？

谁应该为公司的人力资源管理工作负责？

在大学的课堂上，尤里奇曾对在座的学生做了一个小调查：谁应该为公司的人力资源管理工作负责？他给出了几个选项：A. 各部门管理者；B. 人力资源管理者；C. 各部门管理者和人力资源管理者。

学生们普遍认为这是一个无所谓对错的问题，多数人出于惯性思维和折中思维会选 C。而尤里奇观点鲜明地告诉大家："C 是错误的，正确答案是 A！"

B 选项错在哪里呢？从人力资源管理职能来看，招聘、培训、绩效等职能模块都需要部门管理者的推动。招聘需要业务部门管理者最终"拍板"才能选定候选人。HR 在招聘过程中只能从专业的角度、经验的角度找出候选人的问题并反馈给用人部门。HR 的一项非常重要的职能是绩效管理，绩效管理需要战略推动，也就是说绩效管理要上升到战略的层面，要由高层牵头，HR 设计政策、流程、方法。企业的绩效管理光靠 HR 是推不下去的。部门管理者对绩效管理负责，实际上就是对战略负责。HR 三支柱中的 COE 除了设计政策、流程、方法，还要在企业树立绩效导向的文化方面下功夫。

C 选项错在哪呢？合作往往意味着共同各出力，共同负责。尤里奇认为，各部门管理者对公司的产出和流程负有最大的责任。他们对投资者、客户和员工都要有所交代——为投资者创造经济价值，为客户创造产品或服务价值，为员工创造工作价值。所以，他们顺理成章地应当带头使人力资源部全面融入企业实际工作中。其实，要实现这一点，他们本身就必须成为人力资源部的坚强后盾。真正的人力资源管理转型，将会进一步强化各部门管理者在打造组织能力和人才队伍方面的责任。他们必须意识到，公司的组织能力越出色，就越能在竞争中取得成功。

回到 HR 三支柱模式的设计理念，高层管理者或部门管理者不能把 HR 三支柱模式的转型及落地推给人力资源部来做。因为 HR 三支柱模式不仅是对企业人力资源组织结构的创新，而且是对管理模式的创新。高层管理者、部门经理和人力资源管理者必须结成合作伙伴关系，以便迅速彻底地重新设计和确定 HR 三支柱的职能，从而将一个原本忙于各种活动的部门转变为注重结果的部门。

HR 三支柱间的冲突：健康大混序

HR 三支柱与人力资源管理的职能模块的关系

人力资源专业职能管理一般分为选、育、用、留、出，或者分为招聘、培训与开发、绩效管理、薪酬福利、员工关系、组织发展、企业文化等人力资源管理实践，我们通常称之为人力资源管理的职能模块，它是根据人力资源管理工作的过程划分的。HR 三支柱模式是基于 HR 角色的管理体系，相比重视过程的职能化管理体系，HR 三支柱模式更强调人力资源管理的成果与产出，即人力资源管理能为管理层、业务团队、员工带来哪些组织管理、人员管理上的支持。强调结果并不代表 HR 三支柱模式推翻了人力资源管理职能，事实上，HR 三支柱模式仍然是以人力资源管理的各大职能作为方法论和工具的，并从扮演好不同角色的角度更好地进行人力资源管理活动。

那么 HR 三支柱与人力资源管理各职能模块的关系是怎样

的呢？HR 三支柱模式是一个高绩效的人力资源管理系统，各支柱是一个个子系统，职能模块实际上是嵌入 HR 三支柱的每一个支柱之中的，即每一个支柱都从事与人力资源管理职能相关的招聘、培训与开发、绩效管理、薪酬福利、员工关系等工作，三个支柱在发挥人力资源管理职能时的侧重点有所不同（见表 5-1）。以招聘为例，三个支柱都会涉及与招聘职能相关的工作，但侧重点不同。COE 要负责人才盘点与人才规划，思考雇主品牌建设，思考招聘渠道与资源，促进公司级产学研协同等；HRBP 要基于对业务的了解和业务团队的人员构成，分析各项业务需要具备哪些胜任素质、潜力的人才，组织哪些层级业务人员的面试；SSC 使用 HRBP 提供的招聘关键词，进行简历搜索和评级，SSC 还涉及招聘面试平台的建设。只有 HR 三支柱相互配合才能进一步提升人力资源管理的效能。

表 5-1　HR 三支柱与人力资源管理各职能模块的关系

人力资源管理各职能模块	HR 三支柱		
	COE	SSC	HRBP
招聘	负责人才盘点与人才规划；雇主品牌建设；思考招聘渠道与资源；促进公司级产学研协同	内部招聘供应商（简历搜索、评级）；招聘平台的建设	承接 COE 招聘政策；了解、反映业务侧用人需求
培训与开发	负责培训平台搭建；逐级培训、各专业组培训、领导力培训体系设计；导师制设计；职业发展体系设计	新员工培训；区域共性问题的针对性培训；COE 培训计划承接；职业发展数字化平台搭建	承接 COE 培训计划；业务培训需求挖掘与培训实施

续表

人力资源管理各职能模块	HR 三支柱		
	COE	SSC	HRBP
绩效管理	牵头组织平衡计分卡（BSC）绩效管理；研究业内绩效管理最优实践；设计绩效评估方案	搭建数字化绩效评估平台	参与业务的关键绩效指标（KPI）设定；绩效评估方案的落地实施；定制化绩效评估方案设计
薪酬福利	薪酬调研；薪酬策略；员工固定薪酬与短期激励；长期激励；福利；向业务提供支持；处理 SSC 提交给 COE 的员工咨询	录入计算薪酬的各类数据；发放薪酬；解答员工薪酬问询；负责窗口办事大厅的相关业务	业务定制化薪酬方案落地
员工关系	员工关系政策及常见问题解答（FAQ）；解决 SSC 处理不了的员工咨询；入职、离职、异动流程管理；毕业生 / 实习生接收	员工关系答疑热线；窗口办事大厅；入职、离职、异动办理	承接 COE 的员工关系政策
组织发展	组织设计；干部管理（盘点、任免、评估、培养）；组织变革	对组织变革进行发文通告；根据变革对人事架构图进行修改	通过人才诊断配合组织变革
企业文化	组织文化，各级沟通机制；内刊	员工敬业度、满意度调研平台与工具	承接 COE 文化政策，与业务部门进行沟通；宣传策划；各业务部门的记者为内刊供稿

总之，COE 内部一般仍按职能划分，属于人力资源专才。COE 侧重各职能模块的政策制定与方案设计，对员工的人力资源专业咨询有最终解释权，对其他企业在人力资源管理各职能模块上的优秀实践进行研究。SSC 侧重各职能模块中的基础性、行政性工作，对工作流程中的事务性环节进行处理，对各业务部门的人力资源职能活动中共性的工作进行整合、标准化处理。有些企业在 HRBP 这个支柱下设立职能组和 HRBP 组，职能组强调与 COE 职能的对接；HRBP 组的成员属于人力资源通才，侧重于通过 HR 专业职能素养来发现业务中的管理问题，综合运用人力资源管理方法和工具，为业务部门提供更合适的问题解决方案或设计更合理的工作流程。

HR 三支柱：专业背景同质和目标一致的三套班子

HR 三支柱（COE，HRBP，SSC）各有一套完整的选、育、用、留、出方案，这会不会引起内部矛盾冲突？会不会带来工作内容上的交叉和重叠？实际上，存在于 HR 三支柱中的这种矛盾冲突不属于内耗，而是一种健康大混序。健康大混序带来的作用和好处是：首先，三个支柱从业者的专业背景同质，从业者要么受过科班的人力资源管理相关专业训练，要么有人力资源管理方面的工作经验，个体的知识结构、技能相似。其次，三个支柱的目标是一致的，虽然各自的定位不同，HRBP 基于业务、COE 基于战略、SSC 基于平台和服务，但它们对外都是 HR，最终的目标都是为组织创造价值。最后，混序之后形成简单易行的方案。单从业务的价值链条来说，HR 不是价值链，不产生价值。HR 在业务的价值链里，帮助业务创造附加价值。产生这种附加价值，它最核心的功能不是去扰乱和干扰业务，而是把业务端各种各样的复杂问题在 HR 三支柱内部解决，虽然这个过程中各方可能发生争执，但三个支柱最终要得出一个共识，向业务部门传达的时候要用一个简单的输出，能够让业务部门得到一个肯定的答复，这其实就是 HR 的好处，体现了 HR 的“一张面孔”。这种好处，只靠一套班子去做好选、育、用、留、出是无法实现的。

HR 三支柱：HR“协同问题”的“救世主”

架构搭建：从对立到协同

为什么有些企业虽然实施了 HR 三支柱，但最终还是失败了呢？通过调查我们发现，这些企业的某一个支柱没有建设好甚至根本没有搭建，例如 SSC 做得很弱或根本没有 SSC。这样就有两套 HR 班子在做决策：一套代表战略价值的选择，一套代表业务策略的选择。当他们站在各自视角给出建议时，若没有第三方介入，容易让问题变成两难选择，不利于决策的制定。要同时建好三个支柱，才能从架构上实现协同。

组织流程：从割裂到协同

职能化人力资源管理各模块间缺乏协同，特别是流程上的协同。这将造成重复、多标准，无法从更宏观的视角看问题，各模块都不对最终结果负责，出现问题相互指责。HR 三支柱的三套班子分属职能流程的上、中、下游，并不断产生新的循环。HR 三支柱模式让外界感受到只有一个 HR，而非多个 HR。HR 三支柱模式内有一套达成共识的标准，会使 HR 看问题更宏观、全面、系统。打破了传统的按职能划分的 HR，在面向业务部门时只输出一个决策，三个支柱都要为这一决策负责。一旦决策出现问题，也可以很容易地从流程中找到问题的根源，识别谁的责任更大。

HR 三支柱模式中的 SSC 是组织协同的另一种表现，不同业务单元有共同的事务性工作，可以将它们整合以提高效率，节约 HRBP、COE 的时间，从事更能创造价值的工作。

人才、知识与经验：从分散到协同

HR 三支柱模式有利于组织中人才的协同，共享知识和成功经验，这对于业务间的跨界创新起到支撑作用。在 HR 三支柱模式下，HRBP 更全面地了解业务，可以为业务部门提供所需的人才，HR 也可以将成功的组织诊断、组织变革等经验和知识沉淀下来，复制和推广到其他业务单元或部门。

中国企业 HR 三支柱模式

HR 三支柱理论指出，COE 要紧贴战略，制定政策；HRBP

要以业务为中心，深耕业务需求，满足业务需求；SSC 使分散在各部门的独立运作的业务实现整体运作，提高效率。HR 三支柱经过 20 多年的理论和实践探索，观点逐步完善，模式逐步成型。

当今时代，人力资源管理理念在变，内外部客户的需求在变，甚至一些常识也在变。在这种背景下，人力资源管理如果被动地适应变化，前景堪忧，只有主动求变，在变化中大胆升级，才能生存、发展，创造更大的价值。结合前沿理论，以及华为、腾讯、阿里巴巴等中国企业在 HR 三支柱方面的实践探索，我们提出中国企业的 HR 三支柱模式（见图 5-1）。

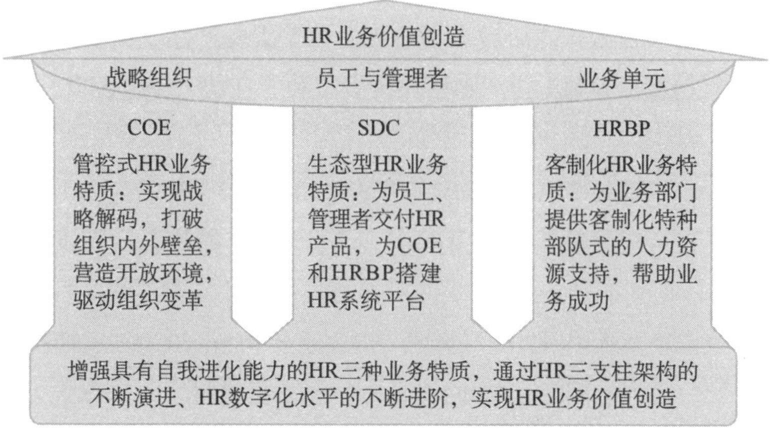

图 5-1　中国企业的 HR 三支柱模式

中国企业 HR 三支柱模式的构成

从整体来看，中国企业 HR 三支柱模式像一个房屋，HR 业务价值创造做房顶，HR 三支柱做三根顶梁柱，人力资源服务的对象战略组织、员工与管理者、业务单元作为房梁，HR 三支柱不断与服务对象达成共识，使体系结构更加稳固。房屋的地基强调了人力资源管理要增强具有自我进化能力的 HR 三种业务特质，通过 HR 三支柱模式的不断演进、HR 数字化水平的不断进阶，最终实现 HR 业务价值的创造（见图 5-1）。

从 HR 三支柱看，COE 通过提供管控式 HR 服务创造战略价值，是人力资源管理的战略指挥部，为组织打破内外壁垒营造开放的环境，驱动组织变革；HRBP 通过提供客制化 HR 业务，创造业务价值，是深入业务部门的“特种部队”，帮助业务部门取得成功；SDC 通过提供生态型 HR 业务创造平台价值，是配置作战资源的后台，通过 HR 共享服务产品交付，为内部客户（COE 和 HRBP）和用户（员工和管理者）创造价值。

从 HR 三支柱的互动关系看：

- COE 与 SDC：COE 作为战略指挥部，对 SDC 的工作起着引领、指导的作用。SDC 要以 COE 制定的战略、制度、政策为依据和准则，将 COE 的工作通过系统化、流程化、精益化的操作来落实和细化。同时，SDC 还要积极向 COE 反馈操作过程中遇到的问题，协助修正人力资源管理制度，提高人力资源管理效率。

- COE 与 HRBP：HRBP 是 COE 制定的公司战略在内部客户中得以落实的重要中介。COE 根据内部客户的需求制定出人力资源管理制度后，HRBP 需根据业务部门的特点对其进行本地化处理，使其更符合该业务部门的情况，促进员工对政策方针的理解和认同。同时，HRBP 也需要向 COE 积极反馈业务部门的需求，帮助 COE 制定更符合业务部门个性化需求的战略和政策。

• HRBP 与 SDC：HRBP 作为深入到业务部门的“特种部队”，需要对业务部门进行人力资源管理需求方面的沟通，从而发现最本质的问题，并提出一个符合业务部门需要的解决方案。而 SDC 需要做的就是通过数字化技术、HR 中台为这些解决方案提供技术与流程上的支持，最终向各个业务部门交付产品化的服务，满足其需求。

COE、HRBP 和 SDC 构成了资源流动、行为互动，有一定制度规范及联结关系的企业内部网络，COE、HRBP 和 SDC 是网络中的三个关键节点。在西方的 HR 三支柱理论和实践中，HR 三支柱重视信息资源的流动，互动频率较小，互惠程度较低，西方 HR 三支柱之间整体呈现弱联系。组织网络权威专家格兰诺维特（Granovetter）指出，弱联系让各节点之间的差异性大增，资源多样化程度提高，信息更为丰富。这种策略在西方讲理性、重事实的工作环境中具有优势。

在重视关系的中国文化背景下，中国企业导入西方讲理性、重事实、轻关系和弱互惠的 HR 三支柱模式，容易出现“水土不服”现象。相比弱联系，强联系的 HR 三支柱模式除重视信息资源的获取，还重视人情资源的获取以及复杂信息的传递。图 5-1 所示的中国企业的 HR 三支柱模式体现了 HR 三支柱之间的相互联系，强联系模式让中国企业的 HR 三支柱间信任感增强，使得 HR 三支柱能够以更低的成本实现资源流动。

从信息传递的角度来看，西方的 HR 三支柱模式将三个节点同等对待，HR 三支柱各自以自身为中心获取、传递信息。选取某个节点作为中心时，该中心具有数据优势，成为其他节点之间的数据桥梁、枢纽。作为人力资源数据的产生者、维护者和分析者，SDC 适合作为信息的中心节点，随着数据规模增大，能成为 HR 三支柱的大数据平台和 HR 业务中台，起到承载 COE、HRBP 的作用。同时，由于对数据高度敏感，SDC 还能从数据中提炼价值与趋势，让 HR 创造更大的价值。

中国企业如何升级传统的 HR 三支柱模式

中国企业 HR 三支柱模式的升级体现在以下几个方面（见图 5-2）。

第一，视角扩展。原来的 HR 三支柱模式仅从组织内部视角强调 HR 三支柱模式的组织架构，而中国企业的 HR 三支柱模式不仅从组织内部进行探究，还从人与环境的视角，强调 HR 三支柱与技术、组织变革、人才的互动关系。视角的扩展促进了中国企业 HR 三支柱模式的突破与创新，为企业组织架构变革注入了新的活力。

第二，平台支撑。从 SSC 升级为 SDC。传统的 SSC 仅仅是将企业集团各业务单元中所有与人力资源有关的事务性工作集中起来，建立一个服务中心。而向 SDC 的升级换代，最突出的特点之一是强调平台化。这里所说的平台化不仅指信息技术的发展提高了 SDC 的产品属性、用户属性、好玩儿属性，还强调 SDC 对于另外两个支柱的大数据决策支撑、HR 业务中台赋能的作用，让 COE、HRBP 都接入共享交付平台，更好地服务于整个公司的价值创造。

第三，对象清晰。原来的 HR 三支柱模式存在服务对象模糊的问题，这导致 HR 三支柱模式难以发挥其应有的作用。而中国企业在实践探索中更加明确了 HR 三支柱模式服务的对象，包括战略组织、人才（管理者和员工）、业务单元。

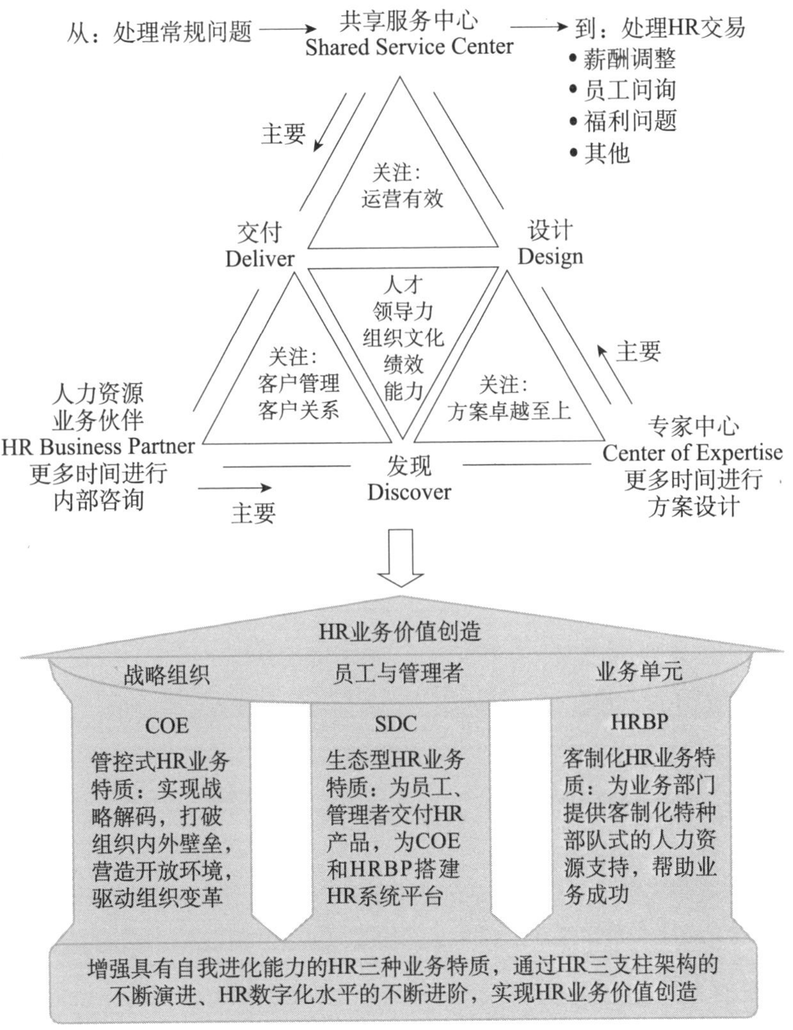

图 5–2　HR 三支柱模式的升级

第四，文化内涵。HR 三支柱的房屋模型融入了中国传统“家”文化的思想精髓。“家”对中国人有着特殊的意义，从家庭到家族，到国家，再到家天下，中国人以“家”为纽带，安身立命、构建社会、管理国家、治理天下，“家”的文化世代传承。时至今日，“家”已不再局限于传统意义上血缘关系构建起来的家庭，人们也将“家”的观念融入公司管理层面。HR 三支柱中的“家”文化表现在三个支柱之间的相互支持、协同发展，共同构建一座坚不可摧的组织大厦。房屋模型强调了 HR 三支柱模式的整体性，三个支柱不是完全独立的分离状态，它们既有侧重地对接组织中的不同层面，同时又相互支持共同支撑起整个组织大厦。少了任何一个支柱，房屋都可能面临崩塌的危险，三支柱缺一不可。

06

第六章

管控战略价值落地：COE 的设计与实践

HR难以为企业提供有价值的战略洞察，这让HR饱受质疑。企业希望HR能分析企业的活力与人才战略。作为战略价值选择者的COE能否为企业提供这些方面的洞见？COE指挥着人力资源管理与战略衔接，对人力资源专业职能进行研究与创新。COE与传统HR有何不同？

COE是HR的战略指挥部

COE即专家中心（Center of Expertise）。顾名思义，COE是指以人力资源顾问、人力资源高级经理为主的专家中心、政策中心。一些大型跨国企业会把几个部门合并称为COE。

人力资源部门要向能创造战略价值的角色进行转型，需要针对内部客户需求，提供咨询服务和解决方案。因此，人力资源部门需要同时精通业务管理及人力资源管理等领域的知识。在这种情况下，专家中心应运而生。

COE的角色

在现阶段的企业内部运作中，COE主要扮演三大角色。

第一，战略家（Strategist）的角色。COE参与制定企业战略，并向员工解读企业战略。COE根据公司战略拟定前瞻性的人力资源战略，制定有战略链接性的、全局性的人力资源政策、制度。

第二，人力资源专家（HR Expert）的角色。COE运用人力资源专业知识设计以业务为导向、创新的人力资源政策、流程和方案。企业中鲜见以COE命名的部门，COE是对人力资源各职能模块，例如，招聘、企业大学、薪酬福利、员工关系等独立部门的统称。企业在开展人力资源活动时仍然离不开职能模块，COE中的职能模块经常在称谓前加上字母“C”，例如招聘叫C招聘，组织发展（OD）叫“COD”，员工关系（ER）叫“CER”。虽然C招聘、COD、CER统称COE，但它们做的事情区别很大，集合了各自职能领域的专家，而非所有职能领域的专家。

第三，研究者(Researcher)的角色。COE对外要了解行业前沿，一方面与专业咨询和研究机构共同切磋，联结战略，引领组织发展。另一方面，对公司的竞争对手的动向，特别是其人力资源战略、政策导向的调整要有敏锐的觉察，做到知彼知己。COE对内要具有发现问题的意识，能够观察到组织活力、团队配置、个人绩效等方面存在的问题。在实践领域，COE回归研究属性的趋势越来越明显。以华为和中兴通讯为例，在华为内部，其人力资源架构中专门设计了一个隶属于COE的研究中心（HR Research Center），聚焦对人力资源领域基础问题的研究，为人力资源政策和方案的制定提供理论依据。基于研究项目的需要，中兴通讯在HR团队构建过程中，积极引进人力资源或心理学专业的博士研究生，力图用科学的理论知识及研究方法指导人力资源管理实践。

戴维·尤里奇教授在 2012 年提出了未来 HR 要扮演的六大角色，即战略定位者、可信赖的活动家、组织能力构建者、变革拥护者、人力资源创新与整合者以及技术支持者。COE 作为传统人力资源管理升级迭代的一种形式，对 HR 的商业洞察力、专业知识的强化更新，以及新技术的整合应用等方面提出了更高的要求。戴维·尤里奇教授提出的未来 HR 的六大角色对 COE 的角色认知具有重要的指导意义。

- 战略定位者。HR 要扮演战略定位者的角色，帮助组织在复杂的经营环境中，对产品、服务、品牌以及文化进行定位。定位不只涉及组织转型，还涉及组织转型过程中，组织怎样抓住未来适合目标市场的发展机会。HR 要帮助组织认清其在商业环境和利益相关者背景下的角色，识别、预测及判定客户的期望，以及推动战略的制定。

- 可信赖的活动家。HR 作为可信赖的活动家通过价值创造、建立信任关系和不断提升组织的角色认知水平来建立自身信誉，帮助他们的组织理解和识别构成商业机会或威胁的外部趋势。HR 是组织内部可信赖的顾问，HR 不仅要关注现有的人力资源实践，还要考虑客户、投资者、其他股东的期望，思考现有的人力资源实践能否满足这些期望。HR 不断在业务领域投入，接触新观点，不断创新，寻找提高人才价值、文化认同感和组织领导力的新思路。

- 组织能力构建者。组织能力说明一个组织的优势所在，如创新、速度、以客户为中心、效率和创新等，这些是组织在绩效方面具有长期竞争优势的保证。HR 通过定义和构建组织能力，为创造、评估并运营好一个高绩效组织提供关键支持。作为组织能力的构建者，HR 应当考虑长远的战略目标与业务发展，构建通用的领导力模型。

• 变革拥护者。变革的速度在不断提升，变革存在于个人和职业生活的每个部分。在技术的推动下，用户需求、信息流动、客户和员工的期望、组织变革都在不断发生。高效的 HR 能够对组织能力进行变革，进而将这些能力转变为具体有效的变革过程和结果产出。HR 要充分把握变革的市场和商业环境，还要勇于面对利益相关者提出的反对意见，最终对变革过程达成共识。为保证变革能持续进行，HR 需要整合必要的资源，包括时间、人员、设备和信息，以及过往成功和失败的经验。

• 人力资源创新与整合者。为了提升人力资源管理的有效性，HR 要能针对关键的业务问题进行人力资源管理的创新和整合。HR 要在开展人力资源实践时进行创新，特别是在人才管理领域。人力资源实践的创新要与组织的能力相匹配。然后，人力资源管理还要能匹配与整合不同的实践，从而形成新的文化。人力资源实践、流程和结构的创新整合将对组织绩效产生直接、全局的影响。

• 技术支持者。HR 需增加两个技术应用的能力即社交网络和数据化决策。社交网络改变了人们联系的方式，HR 借助社交网络协助公司内部员工之间相互联系，以及员工和客户之间的联系。其次，在人力资源管理做得好的企业中，HR 正逐渐加强对数据的应用，例如，将信息转化为知识资产、将数据应用到决策中、将决策有效传达并付诸行动。这些都提高了组织运营效率，为组织创造了价值。

尤里奇对未来 HR 的六大角色的观点加深了我们对 COE 承担角色的理解，COE 要深入研究和理解企业战略，不断提高商业洞察力和市场敏锐度。COE 要充分发挥自身的专业职能，解码高层管理者的战略意图，为企业提供高质量、前瞻性的人力资源规划和咨询方案，并对政策举措的执行效果进行纠偏。面对不断变化的市场环境和客户需求，COE 要赋能业务部门与 HRBP，让业务部门每一次的决策都充满智慧。COE 注定将成为企业中一股凝聚人心的力量，带领企业在变幻莫测的洪流中把握航向、破浪前行，助力企业持续发展壮大。

COE 的职责

COE 的职责主要有以下四点：一是落地集团总部的整体决策，负责企业人力资源管理重大项目的设计、实施和推广，作为集团、各事业部共同推进的某些项目的牵头人；二是对各事业部的管理目标、所需要的管理手段提供全力支持；三是负责相关管理制度和流程的创新、优化和修订；四是发现并总结、推广最佳实践，为各人力资源业务伙伴提供专业性的指导，从而提高整个企业的人力资源管理水平。

对于跨国公司而言，由于地域不同，COE 需要为不同的地域配置专属资源，以确保设计贴近业务需求。其中，总部 COE 负责设计全球统一的战略、政策、流程和方案的指导原则，而地区 COE 则负责结合地区特点进行定制化，从而既保证了统一性，又使得不同地区的业务具备一定的灵活性。

COE 着力于与转型相关的服务，要么有助于战略执行、文化变革，要么设计和推动有利于达成经营目标的人力资源活动。转型工作不同于事务性工作，要由能提供 HR 专业支持的 COE 去完成，而不是并入共享服务中心。COE 涵盖的领域与专业职能如表 6-1 所示。

表 6-1　COE 涵盖的领域与专业职能

领域	专业职能
员工招聘	招聘政策与流程、招聘渠道管理（猎头、社交招聘、校园招聘、内推）、雇主品牌、离职员工管理（校友会）、招聘系统与数据、招聘方法（笔试、面试、评价中心）
人才发展	领导力开发、人才开发的方式（导师制、商业教练、行动学习、个人发展计划）、人才测评、序列级别设计、双通道职业发展、胜任素质模型
绩效管理	绩效管理理念、绩效管理体系（360 度考核法、KPI、BSC、OKR）
薪酬福利	薪酬福利理念、薪酬福利政策、薪酬结构设计、长期激励、即时激励、员工援助计划、员工关怀
组织发展	人力资源规划、编制规划（Headcount）、人才盘点、晋升（高管继任、干部晋升）、组织诊断、组织结构设计、流程再造、轮岗、人才再配置
劳动关系	用工管理、离职管理、合规管理、户政管理、工会、灵活用工
企业文化	企业使命－愿景－价值观建设、组织氛围、文化诊断（敬业度及满意度调研）
人力数字化	人力数据分析、人力信息建设、人力系统开发

COE 的胜任基因：用战略的心做专业的事

COE 的胜任素质

作为 HR 三支柱之一，COE 构成了人力资源管理的新职能、新职业。在外界看来，COE 的工作内容可以用“高端、大气、上档次”来形容，COE 掌握大量的流程、制度和方法。举例来说，COE 组织的培训能精准体现业界的培训动向，共享内部资源，聘请外部培训机构提供采购建议。COE 的招聘能有效拓展招聘渠道，绘制全国甚至全世界的顶尖人才地图。COE 能盘点全集团的干部和高潜力人才，灵活、快速地给出人才配置方案……

人力资源工作内容时刻面临变化，COE 现在从事的高附加值、创新性的工作，今后可能面临不断的迭代升级，当前最需要关注的应该是 COE 工作需要什么样的胜任素质。

通过行为事件访谈、参与式观察，我们得出 COE 的通用胜任素质条目如下。

个人：政策制度、人力资源专业知识、法律政策知识、人力资源咨询经历、创新意识、研究能力、战略思维、逻辑思维、批判性思维、问题分析与解决、问题发现、系统思维、目标导向、成就导向、全局掌控能力、经济管理通用知识、学习能力、自信、专家性权力运用、主导性、主动性、应变能力、国际视野、数据分析能力、抓重点能力、计划能力、降低不确定性、风险意识、底线思维。

团队：资源整合能力、领导力、授权赋能、流程管理能力、合作精神、冲突管理。

组织：组织设计、变革能力、使命愿景导向、战略影响力、目标说服、决断能力。

戴维·尤里奇教授在 HR 六大角色模型中，梳理了每个角色需要的胜任素质（见表 6-2），该模型还基于实证调研，分析出哪些胜任素质对 HR 个人效能和业务成功的影响最大。具体而言，对 HR 个人效能影响最大的三项胜任素质是影响他人并与其建立联系，创造价值、赢得信任，以及提升自我认知能力，且这三项胜任素质都属于“可信赖的活动家”角色维度，可见 HR 专业人员要想给内部客户留下高胜任的印象，就应重点发展和强化这三项胜任素质，着力展现可信赖的活动家角色。对业务成功影响最大的三项胜任素质是通过信息技术联系各方，使战略、文化、实践和行为相匹配以及落实变革。尤里奇教授有关 HR 的胜任素质研究对于理解 COE 的胜任素质具有重要的指导意义。

表 6-2 HR 角色模型对应的胜任素质及其重要性排名

角色	胜任素质	对 HR 个人效能的影响排名	对业务成功的影响排名
战略定位者	解析全球商业背景	14（并列）	17
	解码客户期望	14（并列）	9（并列）
	合作制定战略规划	4	16

续表

角色	胜任素质	对 HR 个人效能的影响排名	对业务成功的影响排名
可信赖的活动家	创造价值、赢得信任	2	19
	影响他人并与其建立联系	1	18
	提升自我认知能力	3	14（并列）
	提高 HR 的专业性	14（并列）	20
组织能力构建者	使组织能力产生效益	7（并列）	7（并列）
	使战略、文化、实践和行为相匹配	9	2
	打造有意义的工作环境	17	9（并列）
变革拥护者	发起变革	7（并列）	13
	落实变革	11（并列）	3
人力资源创新与整合者	通过人力规划与分析优化人力资本	6	4（并列）
	培养人才	18	7（并列）
	塑造组织和沟通实践	5	4（并列）
	驱动绩效	11（并列）	9（并列）
	建立领导力品牌	10	6
技术支持者	通过技术提高人力资源活动的效用	19	12
	善用社交媒体工具	20	14（并列）
	通过信息技术联系各方	13	1

为什么设立 COE？

企业为什么要设立 COE？ COE 的核心作用是什么？到底

是如何为企业创造价值的？我们认为COE通过专业赋能和风险管控两条路径为企业创造价值。

第一，专业赋能。对于一个企业而言，有效的人力资源管理能够提高整体绩效和市场竞争力，是实现企业整体目标的关键因素。而人力资源管理的核心因素在于人，也就是以人为本，比如关注员工的需求和成长，进而促进企业的可持续发展。企业需要建立完整的人力资源管理体系逻辑，在遇到问题或发生变革时能够深入分析产生问题的根本原因，并能结合人力资源管理相关理论与实际经验提出解决方案。这也是企业设立COE的重要原因。COE的第一个核心价值属性，与传统的职能性HR相似，即通过人力资源管理的专业职能（包括招聘、培训与开发、绩效管理、薪酬福利、员工关系等）对企业赋能。对专业赋能有利于企业在人力资源各职能模块内形成规模经济，促进特定人力资源职能充分朝纵深方向发展。而且，COE能够兼顾集团管控和业务服务双重需求，开发一致性的政策、流程、工具和方法，为HRBP和SSC等HR内部客户提供战略导向、政策指引、专家咨询以及定制化的解决方案。

第二，风险管控。风险管控是指COE凭借法律、行业道德风险意识，对组织企业客户进行指导和监督。从微观层面上说，COE从政策、体系、方法、工具和流程等角度对内部客户（例如HRBP和SSC）的方案、特殊案件（Case）、矛盾冲突提出建议。例如，COE时常需要对各业务部门HRBP的人力资源政策导向进行纠偏，为此COE要进行MECE式思考[①]，对HRBP方

① MECE是Mutually Exclusive, Collectively Exhaustive（彼此独立、互无遗漏）的英文缩写，后者指穷尽式地思考问题的所有可能解决方案，前者指尽可能使逻辑框架无重叠、无交叉地囊括这些解决方案。

案中每个细节的合理性提出质疑，有时甚至是“鸡蛋里面挑骨头”，为的是让 HRBP 输出给业务部门的方案是完备的、周密的。又如，COE 对从 SSC 升级上来的特殊案件进行分析处理时，要保证解决方案符合法律规范和行业道德标准。

从宏观层面说，COE 在政策的制定、评估过程中应充分考虑组织与人力资源活动中的潜在风险，例如 COE 在制定海外用人政策时应充分调查当地的劳动法律法规、了解当地文化、考虑为当地创造的就业机会等，为组织规避用工风险，保障组织在人力资源管理方面的合规运行。又如，COE 在制定高管继任、干部晋升等方案时，应关注到女性在中高层职位中的参与度，进而让组织的人事政策匹配公司尊重女性的价值主张。再如，COE 在规划新的专项项目时，应测算项目的碳足迹[①]，判断新项目是否符合组织对外宣称的碳中和行动路线。

总结来看，如果说第一个价值属性——专业赋能就像“油门”，COE 通过专业赋能驱动组织这辆汽车高速前进。第二个价值属性——风险管控则更像“刹车”。COE 的风险管控机制常常被组织与人力资源管理者忽略，究其原因可能是没有认识到风险管控的重要意义。首先，COE 进行风险管控可以让组织更好地授权 HRBP 与 SSC。单纯看 COE 的各项风险管控举措，容易给人留下吹毛求疵、杞人忧天，甚至费力不讨好的印象，然而需要明确的是 COE 进行风险管控的目的不是对 HRBP 和 SSC 等内部客户加以控制，而是基于政策、体系、方法、工具和流程等方面的知识经验拓展内部客户的认知，对其进行赋能，使其在今后的工作中能更独立自主地完成方案设计、特殊事件

① 指个人或企业的温室气体排放总量，以二氧化碳当量来表示。

的处理等。其次，COE 进行风险管控可以使组织放弃一定的短期利益，获得长期价值。COE 考虑组织与人力资源的潜在风险可能会降低组织前进的速度。但这种影响多是短期的，从长期来看 COE 的做法是以退为进的。例如，COE 在政策制定、项目规划时重视碳中和及女性的职业发展有利于长期吸引和保留人才。特别是要想吸引和保留新生代员工，组织和人力资源管理部门必须拥有重视社会责任、重视平等权利等方面的理念和实际行动。

怎么设立 COE？

从 0 到 1：上马 COE 前的利弊权衡与顶层设计

1. COE 的适用条件

HR 三支柱适合开展跨国经营、具有多样化业务、实行矩阵式管理的大企业。COE 是 HR 三支柱之一，组织在搭建包括 COE 在内的各支柱之前，需要考虑 HR 三支柱的适用条件，包括组织的规模、业务的多样化等问题。规模较大的公司的业务体量和员工规模要足够大，比如员工达到万人、营收 10 亿元以上，HR 团队达到百人规模，需要通过更细致的分工来解决管理难题。如果企业规模小，HR 团队人数本来就少，分工过细反而可能带来互相推诿责任的低效率。企业产品线多，采用矩阵式组织架构，例如业务遍及全国和海外，业务流程从研发到销售、客服、物流、仓储等，业务的管理复杂度足够高，这样比较适合设立 COE。

除此之外，COE 还有特殊的适用条件，即 COE 适用于对专家重视度高的公司。要设立 COE，组织应当有尊重专业人才的文化氛围、培养和吸引专家的体制机制。专家既包括企业内部的技术专家、管理专家，也包括企业外部的顾问。如果组织的人力资源管理文化属于企业家的“一言堂”，COE 显然无法发挥预期的作用。如果有些组织抵触专家文化，甚至将专家比作“砖家”，以激励基层创新、鼓励变革。这样的组织在上马 COE 时会遇到困难，即便设立了 COE，COE 制定的政策制度、提出的解决方案也可能被束之高阁。

2. 设立 COE 的征兆

梳理完适用条件，人力资源管理者如何判断组织是否符合上述适用条件？人力资源管理者尽量不要教条式地卡适用条件中的数字，要结合所在组织的实际情况。很多情况下，随着组织的发展，组织会产生各种问题，人力资源管理者不要以行业通病为借口逃避这些问题，因为这些问题很有可能就是需要设立 COE 的征兆。

COE 的设立源自组织对人力资源管理的新需求。第一，管理需要。组织发展到一定阶段时，比如各事业群相对独立，部分管理职能也需要共用以实现资源的协同、流程的协同，创造更大的价值。第二，战略需要。这是出于统一价值观、构建组织文化等战略目的。第三，创新需要。人力资源管理的有效性在业务发展过程中不断受到挑战，COE 需要针对具体情境，不断对现有人力资源服务进行产品化、定制化创新。具体而言：

- 组织规模壮大催生管理需要。随着业务发展，集团和事业部的管理层同时发现，有些管理需求是必须要由人来满足的，这些管理需求对集团来说是共性的；对事业部来说这些需求往往是项目性的、阶段性的（去年不需要，明年又变了，只有今年才需要）同时又需要比较专业的管理能力；这些工作集成起来，在某个事业部专门设置一个岗位，工作量是不饱和的，而且掌握的信息不够，视野也太局限，这样的岗位应该放在集团总部，为整个组织服务，这样就形成了 COE。

• 业务多元化、复杂化催生战略一致性、整合性的需要。并不是在总部的人力资源部门就叫 COE（或者 SSC），COE 是若干职能的集合。这种三角形的人力资源管理体系，三个方面一定是并存的。当组织成长到这样一个阶段：发展阶段不同、管理手段有所区别的事业部逐渐独立开展管理活动，且在管理过程中，在人力资源服务的过程中，沉淀出某些产品，这些产品可以复用；或者是需要开发某种公共产品、流程、体系；或者是需要用统一的语言和行为来维系组织的价值观和文化，这时 COE 就出现了。

• 独立人力资源管理创新的需要。相关研究表明 62% 的组织在劳动力队伍规划方面评价自己为效力不佳，COE 作为提供人力资源服务的方式之一，将人力资本数据、专有的研究和专家咨询相结合，把原先散布于各业务单元的 HR 各领域专家聚集在一起，做好充分的准备，针对企业劳动力队伍生态系统制订最佳的计划，更快速地分享其专业能力。比如，过去强生公司的培训专家遍布 18 个业务单元，通过流程再造，强生成立了员工培训中心，该中心有 12 位培训专家，他们与有需要的业务单元签订合同，提供员工培训服务。

3. 设立 COE 的步骤

找到适宜培育 COE 的土壤，识别出 COE 的种子即将破土萌芽的征兆，下一步就是设立 COE 了。

首先，要厘清 COE 在组织中的战略性定位，COE 的设立务必获得 CEO 或高管团队、董事长或董事会等的重视，力争由这些公司决策者直接牵头，自上而下地推动 COE 的筹建工作。

其次，要梳理 COE 的组织结构，设计 COE 的设置层面与职能划分方式。从 COE 的纵向配置层面来看，组织要决定在哪个层面设立 COE。根据翰威特（现更名为怡安翰威特）早年间的全球调研结果：77% 的全球化公司仅在全球总部或下一级组织（如事业部 / 区域）层面设立 COE，不会在更低的组织层面设立 COE，即 COE 通常设置在总部层面，最多再下沉到几个重要的区域子公司或事业部层面，而不会完全下沉到事业部层面（即在每个事业部均配置 COE）。从 COE 的横向职能划分方式来看，绝大多数的组织在筹建 COE 时选择保留总部的招聘、绩效、薪酬、员工关系等职能部门，这些职能部门统称 COE，并虚线划归为 COE 部门，而非在总部设立一个实体的 COE 部门。

最后，为 COE 配置专家人才。如果 COE 的成员是从总部原有的招聘、绩效、薪酬和员工关系等职能部门划归而来的，那么 COE 沿用原来的班子和人才队伍即可。但由于 COE 成员需要同时精通业务管理与人力资源管理等领域的知识与技能，与传统的集团总部 HR、职能型 HR 有着明显的区别，传统 HR 一时间难以胜任专家角色。事实上，组织在筹建 COE 时普遍存在的问题就是缺乏相应的专家资源。人力资源实践研究者左葆瑜针对这一现实指出，企业在建立 COE 时应该宁缺毋滥，现有的专家人才不足，可尝试用3B[①]的逻辑来化解燃眉之急。[②]购买的逻辑，即通过招募具有丰富行业和专业经验的专家，包括国内外资深的人力资源专家，从事过 HR 三支柱特别是 COE 搭建项目的咨询顾问等，弥补 COE 顶层设计阶段组织内部知识、经验方面的不足。借力的逻辑，即通过项目式合作方式引入外部资源，例如引入一家或多家咨询公司负责 COE 的顶层设计与落地，又如引入外部专家顾问、高校人力资源专家学者与组织内部管理者组成人力资源转型咨询委员会，共同推进 COE 的设立等。内培的逻辑，即从集团人力资源部、业务部人力资源中心选拔精通某项职能的 HR 专业人才，从业务部门抽调有意愿做管理的业务人才，通过对他们进行定向培养来逐步弥补专家资源的不足。

为 COE 的落地保驾护航

COE 的设立是一段历程，在人力资源战略转型过程中，COE 作为技术支持者，是 HRBP 成功运作的重要支撑。腾讯咨询副总经理、怡安翰威特大中华区人力资源转型业务线原咨询总监李晓红认为，企业成功落地 COE，需要注意以下几点：

---

① 3B 是 3 个以 B 开头的单词，即 buy、borrow、build，分别代表购买的逻辑、借力的逻辑和内培的逻辑。

② 左葆瑜 . 漫谈人力资源专家中心（HR COE）. https://www.linkedin.com/pulse/ 漫谈人力资源专家中心 hr-coe- 葆瑜 -frank- 左 /?articleId=6388678058819313664.

第一，COE 沟通交流的加强。加强 HR 三支柱内部沟通交流，把沟通变成习惯，并将几个关键沟通节点流程化，形成闭环。如，在 COE 和 HRBP 之间形成沟通闭环。因为，人力资源政策对公司的影响广泛而深远，如果 COE 和 HRBP 沟通不畅，将无法确保人力资源政策能支持业务部门的发展。COE 可通过以下几种方式与 HRBP 沟通协作：制订年度计划时，和 HRBP 共同完成计划的制订；制订年度计划时，将 HRBP 提出的需求作为重要的输入；实施时，指导 HRBP 进行推广；运作一段时间后，寻求 HRBP 的反馈，从而改进输入。

第二，COE 能力的提升。对于大部分中国企业而言，人力资源团队中通才居多，专才不足。为了快速提升 COE 团队的整体素质，企业可以三管齐下：从业界招募有丰富经验的 COE 专家；与领先的顾问公司合作；选拔有经验的专才加以培养。除了提升能力，COE 还需要在管控、政策、流程、方案及 IT 应用等硬件系统方面进行综合提升。

第三，COE 资源的共享。专家资源往往非常有限，如果在每个业务单元都配备专职 COE 专家，人才需求数量巨大，很难实现。目前，77% 的跨国公司仅在总部或下一级组织设立 COE，而不会在更低层级的组织内设立 COE，因此 COE 资源需要共享。在资源共享的过程中，需要建立透明、高效的汇报机制，使资源利用最大化。

COE 的落地需要打造适配 COE 的文化，还需要改进 HR 政策与流程、IT 系统等软硬件系统，这是一个漫长的过程。

腾讯 COE：聚焦精兵强将与组织活力

COE 作为与公司战略衔接最紧密的人力资源部门，到底以何种组织架构形式承接战略？同样有职能模块，COE 区别于传统 HR 的战略属性、研究属性是如何体现的？在腾讯，COE 是最先成立的 HR 支柱，经过十几年来的探索、变革，腾讯 COE 中的文化、培训、绩效等职能围绕着组织活力、精兵强将等组织与人才的战略导向，很好地支撑了组织战略的落地，其很多人力资源实践更是得到了世界范围的认可。

形散神聚：腾讯 COE 的组织架构

COE 是由人力资源各职能部门构成，包括招聘活水部、组织与人才发展部、薪酬福利部、学习发展部、企业文化部，每个部门又下设很多分支部门。同时，COE 在企业中是对人力资源各职能模块的统称，COE 中的职能模块经常在称谓前加上字母“C”，例如 C 招聘，是指 COE 的招聘职能、COD 是指 COE 的组织发展职能，CER 是指 COE 的员工关系职能。腾讯的 COE 架构如图 6-1 所示。

腾讯最初的人力资源部是按照传统职能的六个模块来划分的。在实施 HR 三支柱以后，几乎所有人力资源的新增部门都是从这个人力资源部衍生出来，相当于对人力资源部这个母体的职能进行了剥离。经过多年的优化调整，腾讯的 COE 形成了

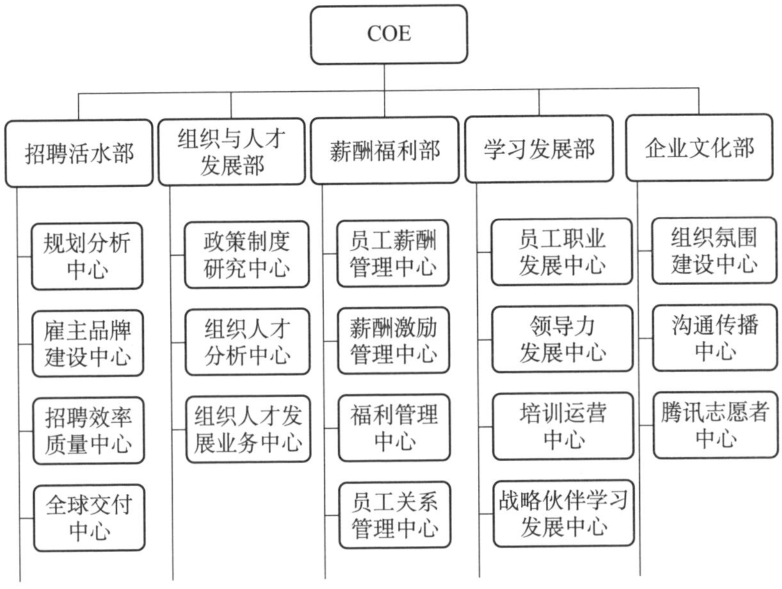

图 6–1　腾讯的 COE 架构

目前这五个部门，当然，这个结构还在动态变化中。

总的来看，这些职能部门凭借本领域精深的专业技能和对领先实践的掌握，设计以业务为导向的、创新的 HR 政策、流程和方案，并为 HRBP 提供适合业务部门的定制化人力资源解决方案。人力资源管理各个职能部门虚线划归为 COE 部门，并不是在总部的人力资源部门就叫 COE，COE 是若干职能部门的集合。COE 肩负着人力资源各个职能部门的政策制定、专业研究等任务。

企业文化：变革有道，沟通有术

麻省理工学院斯隆管理学院的艾德·斯凯恩曾说，了解一个企业的文化可以通过观察它的文化制品或研究群体共同价值观等方式进行。走进腾讯，最主要的文化制品是QQ公仔，人们仿佛来到了企鹅公仔的世界，还有很多绿植、锦旗奖状，这里有多彩的墙面、宽敞的工位，如图6-2所示。

图6-2　腾讯文化剪影（一）

腾讯的价值观是正直、进取、协作、创造。

腾讯员工高度认同公司价值观，根据腾讯内部的满意度调查，认同公司价值观这一指标在41项满意度指标中居第一，高于福利、公司前景等高分项。

在腾讯，企业文化主要由COE下设的企业文化部负责。COE的企业文化部为腾讯打造具有鲜明文化特色和员工关爱特征的企业文化，做出了巨大的贡献。

1. 战略与架构

COE的企业文化与员工关系部在2008年成立之初是一个企业文化委员会，后来逐步演变成企业文化部，企业文化部的使命是打造腾讯文化。在HR三支柱的架构下，企业文化部属于COE的一部分，由宣传平台组和综合项目组构成。

企业文化部的宣传平台组主要负责腾讯的内刊——《腾讯月刊》。此外，该部门还运营腾讯电子期刊《腾飞》《腾讯大家谈》等。综合项目组负责文化基础建设与平台管理、腾讯志愿者，以及其他项目式的文化建设工作。在腾讯引入 HR 三支柱模式后，企业文化部归到 COE 这个支柱，扮演文化宣传专家和“大脑”的角色。

2013 年，隶属于 COE 薪酬福利部的员工关系管理中心合并到 COE 企业文化部。这就不得不提员工关系管理中心的架构及职能。员工关系管理中心隶属于 COE 的薪酬福利部，其架构如图 6-3 所示。

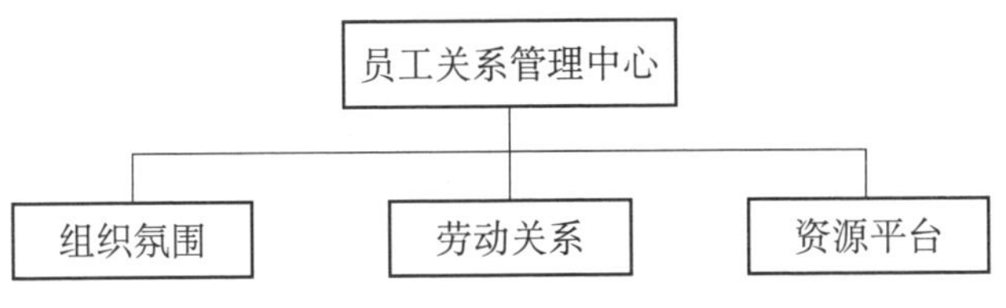

图 6-3　员工关系管理中心的组织架构

员工关系管理中心有三大职能：

第一，组织氛围，包括如下职责：员工沟通体系建设，员工和领导沟通体系建设，总经理办公室（以下简称“总办”）沟通平台管理；重大信息发布机制；荣誉激励体系；员工关怀（身体健康、芬兰健康顾问[①]、特殊时期关怀）；礼金 / 慰问金管理。

第二，劳动关系，包括如下职责：劳动关系体系；用工规范、离职管理、纪律管理、户证管理；连线 HR 热线，其他职能。

第三，资源平台，包括 ER 能力、资源和数据中心。

---

① 芬兰是腾讯的苑芬兰，员工亲切地称呼她为“芬兰阿姨”，她是腾讯的健康顾问，解决员工的头疼脑热等小问题，还为员工提供心理咨询。

可以看出员工关系管理中心承担的与总办、员工的沟通，以及信息发布平台等与企业文化相关的职能有很多共性。COE企业文化部是腾讯整个文化意识形态的“大脑”，而且是一个有知识的大脑、会研究的大脑、会接地气去想问题的大脑，当前“大脑”主要承接组织活力战略，聚焦于推动实施强化员工职业化、加强沟通等的战略。COE企业文化部还起到咨询师的作用，例如，策划整个公司层面的大型文化活动，策划公司文化理念的宣导、影响、氛围营造，诊断、分析并提炼出文化价值等。

2. 变革有道：从家文化到职业竞争文化

在人力资源管理上，最佳做法不是靠人治，也不是靠政策制度，而是靠文化。在腾讯，年轻员工比较多，特别是80后、90后员工。管理这些员工，仅靠领导自上而下的命令是不够的；仅靠冷冰冰的条文，也收效甚微。腾讯的做法是除了提供平台之外，主要还靠文化。腾讯已经打造了阳光、瑞雪、荣誉等职业竞争文化品牌活动，员工参与文化活动的策划和开展过程，对文化有感知进而产生归属感。腾讯文化经历过从家文化向职业竞争文化的变革过程，COE企业文化部牵头进行了这次变革。

对于新员工，腾讯以前重视宣传福利、待遇。比如在福利方面，考虑员工满意度，改善员工不满意的福利，将福利做得更好；在活动感知方面，采取员工喜欢的活动形式，提高员工对活动的感知程度，从而进一步提高员工的满意度和归属感。

以前，腾讯强调家文化，企业对员工格外关照，大领导也像家长一样，对员工的方方面面都很照顾。

COE企业文化部经常要去总办做汇报，从与总办领导的定期沟通中文化部成员体会到，大领导们偏向扁平化的员工沟通方式，希望员工在与领导交流时有像在家里说话一样自然的感觉。

在这种文化理念下，腾讯的福利体系也是很完善的，堪比城市公交网的班车线路、办公位上四处可见的 QQ 公仔（见图 6-4）、加班获得的免费夜宵券，关爱可谓无微不至，真的让员工有家的感觉，大家也以家文化自豪。

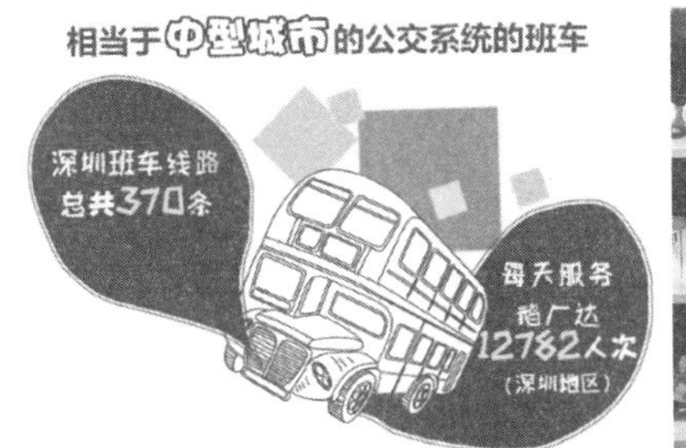

图 6-4 腾讯文化剪影（二）

互联网企业不一样，文化导向也不一样。由于所处的业务领域不同，会有产品、运营、技术等导向，腾讯是一家产品导向的公司。COE 企业文化部在出台政策或主办文化活动时，也会事先做用户调研，把员工当用户，关注员工的体验。腾讯给公司内外都留下了福利好的印象。

随着公司的发展壮大，家文化逐渐出现了问题：由于招聘过于强调福利好、待遇好和一家人，吸引的员工也会格外关心福利待遇。HR 和行政等部门把握总办领导的意图，在工作中以员工满意为使命，员工的一切需求都要尽量去满足，这也让员工对福利、待遇的需求水涨船高，HR 与行政等部门逐年创出福利新花样、新玩法，但员工仍有不满。

为更好地促进公司的发展，腾讯的人力资源管理部门制定了文化变革的战略目标，COE 企业文化部负责设计让目标落地的执行方案。文化的落脚点是员工的思维习惯和行为习惯。为了让员工理解自己在企业中应该承担什么责任、扮演什么角色，对公司的付出展现什么态度，腾讯及 COE 企业文化部也做了很多职业竞争文化的落地尝试。

时任企业文化部副总监张铁军认为，企业首先要让员工意识到自己的职责、责任，认识到企业不是享受安逸、消磨意志的地方，不是让员工找个安乐区舒服度日的地方，而是一个由职业化员工构成的大家庭，这样的家庭是能让人成长的。

在业绩方面，只有给予员工适当的压力、让业务部门承担起必要的义务，才能真正让产品顶破土层、冒出嫩芽。腾讯的各业务部门，自由度很高，这也促进了相互竞争。在苹果和谷歌的应用商店中，一般只有排行榜前 50 的 App 能赚钱，前 10 名才能赚大钱，要进入排行榜前列的唯一办法就是将产品做到极致。在腾讯互动娱乐事业群，各个游戏工作室之间会面临压力巨大的排名竞争，如产品的业绩排名、员工的绩效排名。在这种压力的驱动下，员工为了取得更好的名次，会尽一切努力去做好产品。在同行的竞争方面，在腾讯实行开发战略后，内部产品要与外部产品进行公平竞争，并不会因为自身贴有企鹅的标签就能获得更多的资源和支持。这也就倒逼内部团队不断激发自己的创造力，去打赢与外部竞品之间的“战争”。

在招聘策略方面，校招的宣传导向有了明显改变，以前是对学生讲公司的家文化，如福利好、待遇好。现在在校招时首先明确地告诉候选者，腾讯要招的是“有梦想的实力派”。时任腾讯 COE 企业文化部总监陆文卓认为，家文化是什么样的，要看这个公司宣传单、宣传册上，讲什么样的故事、选什么样的人物做代言人。“有梦想的实力派”在腾讯是指：只要你的实力够强，在腾讯就没有不可能。校招宣传的内容也开始讲腾讯集团的业务发展、各事业群在行业的龙头地位等，主张用事业吸引人才。

在福利方面，以前是人力资源管理部门与行政部门内部竞争，一方想出了一个关于福利的好点子，另一方还要做得更好，两部门都以提高员工满意度为使命。但这样一味地满足员工的各种需求，催生了员工对福利、待遇需求的更多要求。COE 企业文化部也在不断反思为什么会出现这样的情况。

赫茨伯格曾提出双因素理论，双因素是指激励因素和保健因素，他认为保健因素做得不好，员工不满意，而保健因素做好了，员工也不会感到满意，只是“没有不满意”。腾讯原来的家文化强调福利，福利是保健因素。所以公司做得再多，也不会让员工满意，员工只会觉得“没有不满意”，员工对于福利的需求是一个水涨船高的过程。

有些换工作的员工感慨，在腾讯时对企业的福利不以为然，来到其他企业才发现腾讯的福利有多好，非常不适应新的工作环境。过高的福利水平也会对员工的职业发展产生影响。腾讯的文化变革想消除员工对公司的依赖性，强调职业化的文化。近几年，随着文化变革的落地，人力资源管理部门和行政部门做的是如果员工对哪项福利实在抱怨不断、不满意的话，那就干脆不提供这项福利了。例如，员工如果抱怨发的粽子太大，那粽子就不发了，可以让员工选择其他福利。COE 的这种做法不应被误解为不听用户的意见，而是先做好用户的预期管理，HR 不会一味满足员工的所有要求。

腾讯及 COE 企业文化部逐渐从倡导家文化，转向渲染职业竞争文化，减少家文化对于腾讯发展的不利影响。正是这种无处不在的职业化竞争文化，催生了腾讯更多的创造力，取得了更多意想不到的成绩。

3. 沟通有术：全员参与增进信任并提高企业活力

腾讯人力资源管理部门提出了提升组织活力的战略目标，其中重要的一项是强化沟通。在一个 3 万多人的企业里，公司战略、部门业务如何有效传递和准确解读战略是一个关键的问题。

时任 COE 企业文化部总监陆文卓说："COE 企业文化部的一项重要工作就是告诉员工，腾讯的战略如何解读。"

COE 企业文化部负责制定出强化沟通、加强员工对公司的信任度和认同感的部门战略。在战略的落地规划阶段，COE 企业文化部在仔细分析用户价值的基础上，建立了三个层次的沟通体系（见图 6-5）。

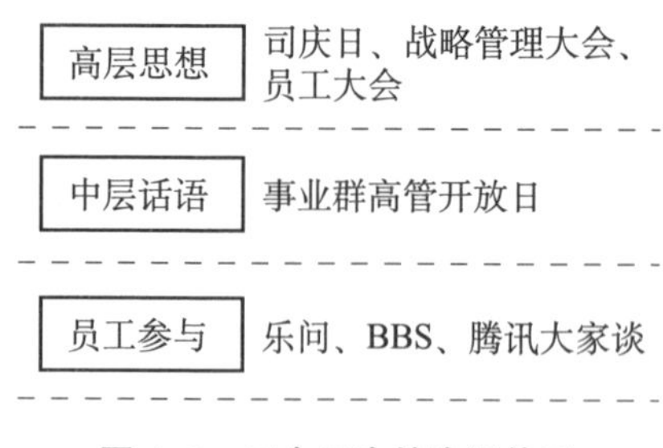

图 6-5　三个层次的沟通体系

高层思想是指通过有效的高层交流活动，让员工充分了解公司的战略和管理意图。中层话语是指通过部门业务及战略沟通，让所属员工充分知晓信息、认同决策，知道业务方向。员工参与是指通过营造透明的氛围、运营沟通平台，让员工敢说话，员工声音得到有效的传递，得到及时反馈和帮助，提升员工的参与感与主人翁意识。

COE 企业文化部除了搭建沟通体系，还要能发现战略落地过程中可能出现的问题，智慧地解决问题。

（1）如何面对不爱演讲的老板与很受伤的员工

俗语说：又说又练，真把式；光练不说，傻把式。在大众看来，腾讯就是光练不说，总在埋头苦干。相比阿里巴巴的马云、华为的任正非，腾讯的马化腾很少对外发声。时任 COE 企业文化部总监陆文卓认为，公司和领导者低调的好处是大家很务实，活儿干好了就行。不好的一点是像文化这类一定要发声的“喉舌”工作，很难找领导出来讲话。COE 在搭建了三个层次的沟通体系后，在高层思想这一层面，高管每个月都要向员工进行一次分享，需要找马化腾等总办领导传达战略业务层面的导向。

分享工作做了一年后马化腾不太愿意做了，他认为：战略很清晰了，我不想月月讲，我跟用户讲也没有什么新东西了。与此同时，新一轮员工满意度结果也让人大跌眼镜，COE 企业文化部提供了高管与员工交流的平台，员工满意度不但没有提升，反而下降了。

COE 企业文化部针对这个问题进行了研究，结果发现，首先，老板不愿意反复讲，员工向马化腾问的问题基本围绕着：领导怎么看待我的业务，未来会不会独立、会不会被卖掉等。其次，COE 企业文化部研究发现高管讲的都是很高大上的内容，这些内容与基层员工的认知跨度较大。老板不停地讲公司战略方向的时候，其实对于一些战略衔接紧密的部门及其员工来说，他们是很开心的，但对于那些离战略比较远的员工，他们会有逐渐被公司边缘化的负面感受。

于是 COE 企业文化部采取的解决方案是一年只请老板出来讲一到两次，届时全体总办人员面向员工做沟通。而针对员工的困惑，时任 COE 企业文化部副总监张铁军认为，应该由各事业群的领导聚焦业务层面，跟各自事业群的员工多沟通。各事业群的领导要能想清楚事业群的产品战略，用你的梦想去激发员工，而不是等着老板来替你讲。老板讲的是公司的大梦想，员工最多觉得这个公司可以来或来对地方了，真正触动一个员工的往往是和他有直接关系的人和团队。

有时业务部门的领导只有 1.0 版本的战略构想，并没有想清楚如何去讲。COE 企业文化部的成员们发现问题，就以项目的形式承担起这个任务，他们向各事业群的领导赋能，引导、驱动中层管理干部想清楚业务战略，向员工呈现、解读业务战略。

（2）抓住员工沟通的关键：营造开放透明的氛围

2015 年 6 月，腾讯员工数量已达到 30 000 人，面面俱到的员工沟通越来越不现实，让每一个员工了解战略方向，及时向每一个员工就热议话题做出回应成了腾讯的难题。COE 企业文化部进行过很多次沟通尝试，发现被动的沟通传播收效甚微，员工的主动参与却能带来意想不到的效果，员工通过参与热点问题互动，就战略方向进行讨论，在关键问题上及时与企业保持信息同步、决策同步。

COE 企业文化部认为，问题的关键在于：营造开放透明的氛围。当员工感觉腾讯沟通氛围不错、信息开放透明，能够很快地了解彼此时，他们就愿意沟通。COE 企业文化部运营着员工沟通平台，如乐问、BBS 等。这是内部非常出名的平台，体现了公开透明的原则。

平台经常会有很热的帖子爆出来，曾有同事吐槽腾讯的财付通，他想买一个微信的相框，用财付通支付，他当时把一系列非常差的体验全部表达了出来。他说财付通这个产品体验太差了，发出后，很多员工都会参与讨论这个产品的问题，大家不会介意指出一个内部产品或者管理方面的问题。这个问题被指出来之后，马化腾回复了那个帖子，他说：财付通是很烂。当时所有人跑到马化腾那里回复留言：老大原来真的在这个论坛上活跃着，并在上面签名留念。在腾讯，更可贵的是问题的抛出总会引来相关责任人的重视，并以最快的速度响应问题，解决漏洞。

这些沟通平台要让员工敢说话，愿意就公司的战略进行研讨，同时员工也可以通过沟通来缓解自己不论是个人成长还是情感生活方面的压力。COE 企业文化部的核心任务是在员工吐槽后，一定要让他得到及时的反馈和帮助。为此他们专门邀请有经验的达人帮助解答问题，尽量将员工普遍关注的问题让高层、业务部门的负责人看到。

（3）COE 企业文化部不断更新学习，占领新的传播渠道

在互联网公司开展工作时，产品和服务需具备好玩儿的属性，只有这样员工参与度才会高。COE 企业文化部在选择沟通渠道时，也会充分考虑这个特点。这就要求 COE 企业文化部不

断充电，跟紧潮流，不断占领新的传播渠道，达到员工积极参与沟通的目的。直播很火时，COE 企业文化部就研究直播。选取员工特别关注的成长话题、婚恋问题、职业发展问题、业务问题，然后邀请相关人员，以聊天的形式探讨一些事情，员工也可以通过线上线下的方式来参与。

培养领军人才的飞龙计划

处于业务高速发展时期的腾讯，在各个业务领域都需要一批后备领军人才，后备领军人才的能力准备度，决定着公司的未来发展。这对现有的后备人才在领导力、商业能力等方面提出了更高的要求。为此，COE 学习发展部设计了飞龙计划。介绍飞龙计划之前，先来了解一下 COE 学习发展部。

COE 学习发展部从架构上分为领导力发展中心、职业发展中心、培训运营中心等多个部分，为腾讯提供干部培训等方面的支持，COE 学习发展部的培训体系如图 6-6 所示。

学习发展部针对不同层次的员工，有选择地进行培养：对基层、中层干部的后备培养，腾讯也有各自的计划。中层干部的后备计划如飞龙计划——从视野开拓（组织他们走出去，到行业最优秀的企业去交流），到岗位实践（将公司在战略、产品和管理方面最需要解决的课题交给他们），并为这些人配备优秀导师，每个项目的完成情况要定期汇报，总裁参会。基层干部的后备计划如潜龙计划，高层后备干部也有专门的培养计划。每到年底，公司会做全体干部的盘点，根据情况制订改进计划。

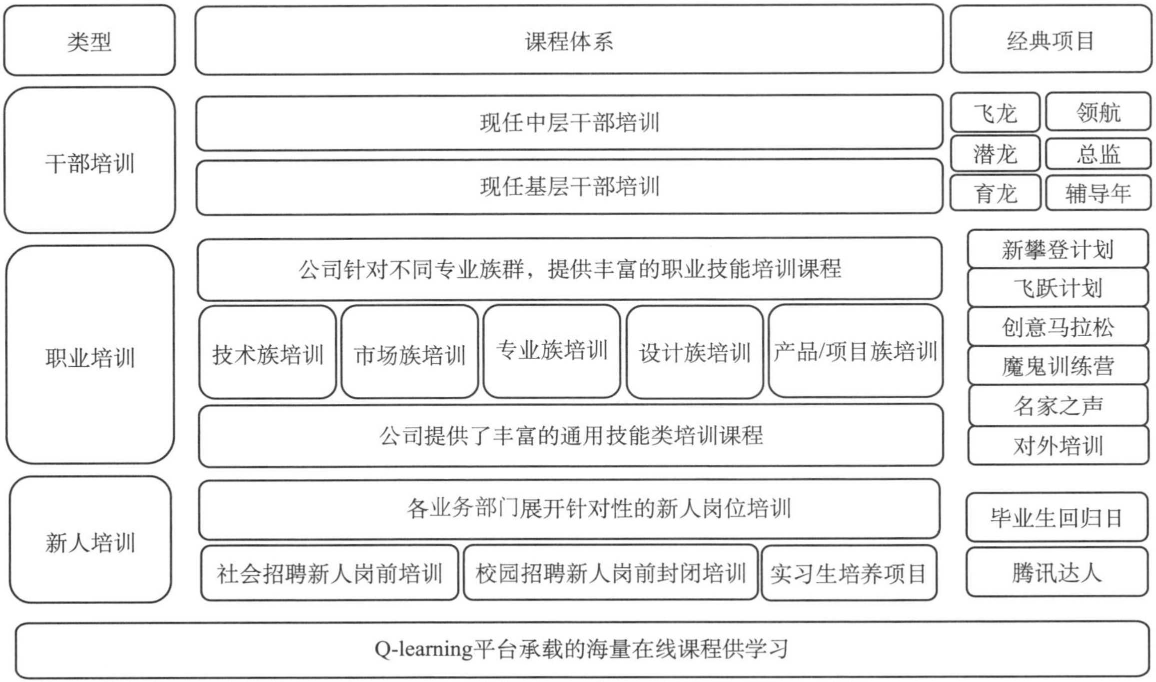

类型
课程体系
经典项目

干部培训
现任中层干部培训
现任基层干部培训
飞龙
领航
潜龙
总监
育龙
辅导年

职业培训
公司针对不同专业族群，提供丰富的职业技能培训课程
技术族培训
市场族培训
专业族培训
设计族培训
产品/项目族培训
公司提供了丰富的通用技能类培训课程
新攀登计划
飞跃计划
创意马拉松
魔鬼训练营
名家之声
对外培训

新人培训
各业务部门展开针对性的新人岗位培训
社会招聘新人岗前培训
校园招聘新人岗前封闭培训
实习生培养项目
毕业生回归日
腾讯达人

Q-learning平台承载的海量在线课程供学习

图 6–6　COE 学习发展部培训体系总览图

资料来源：马永武．腾讯学院：我们是这样搭建互联网行业的人才培养体系的．http: //www.cstd.cn/web/trainingTrendsDetails?id:1150.

此外，学习发展部还推出新攀登计划，这是针对专业技术人员晋升专家的后备培养计划，与管理人才培养形成双通道。腾讯还有产品领军人物培养计划。从青葱小白到攀登计划中的腾讯达人，再到提升领导力的“育龙”“潜龙”“飞龙”，腾讯学堂为腾讯人提供了近300门面授通用课程和专业能力课程，内容涵盖职场各个阶段的能力提升。

回到飞龙计划，飞龙计划有一套严谨的课程体系，课程内容每半年循环一次。首先，最核心环节是三次集中的模块学习，模块学习以面授课程和沙龙分享为主。其次，为保证核心环节的效果，学习发展部运用了行动学习、评鉴中心和产品体验等业内前沿的培训与效果评估形式。腾讯富有校园文化、书卷气息，COE腾讯学堂充分地领悟到了这一点，在飞龙计划结束后，会为学员举办结业典礼，深化学习成果，建立飞龙学员关系。最后，COE学习发展部飞龙项目组进行复盘，邀请相关业务部门一同总结目标完成情况及培训效果，并优化下一期飞龙计划。

历经10年打磨沉淀，飞龙计划搭建了包含国际顶级专家和商业领袖的师资队伍，开发了具有国际视野的领军人才培养体系。培训界最有影响力的组织ATD，该机构每年评选培训界的相关奖项，其中“卓越实践奖”堪称国际培训界的“奥斯卡奖”，在业内极具含金量。2015年ATD将年度“卓越实践奖”颁给COE腾讯学堂的飞龙计划。另有数据显示，飞龙计划培养出了300多名核心管理干部，参加该计划是腾讯内部干部晋升的必备条件，公司内部70%以上的中层管理者都参加过飞龙计划，COE学习发展部为公司的高速发展提供了充足的领军人才储备。

1. COE 学习发展部的战略行动

首先，COE 学习发展部承接人力资源战略。腾讯 HR 三支柱承接公司业务发展战略，提出“保持人才攻防的绝对优势”和“提升组织活力”的目标。COE 学习发展部通过绘制部门的战略地图与平衡计分卡，对人力资源战略进行分解，强调通过干部管理能力的提升，强化后备领军人才的能力准备度，提升干部管理的有效性，培养和造就一支有主人翁精神的干部团队。

其次，COE 学习发展部紧密联结产品战略。飞龙计划的产品体验环节——产品 PK 赛，是第三次集中学习的重要环节。COE 腾讯学堂设计的这个环节具有实战性质，能辅助业务部门推进产品迭代优化战略。产品 PK 赛环节要选择三款公司或投资公司的产品，让飞龙学员体验并进行头脑风暴：“假如我是产品负责人，我将怎样迭代、优化这个产品？”

COE 学习发展部在挑选产品时，进行了三大方面的业务战略考量：第一，选择代表公司未来业务方向的产品类型，例如近两年更偏重手游产品、安全产品等。第二，由于学员均为业务方面的专家，因此，选择的产品也可以是专业性强，具有口碑和品质提升空间的产品，这对学员和产品都有更大的价值。第三，选择的产品在市场上最好具有相同量级的竞品，如阿里巴巴、百度、奇虎 360、网易等公司推出的同类产品。

每组学员体验完产品后，需要出具附有改进建议的报告，分析产品的定位、优点与不足，并进行竞品分析，最终给出产品的优化建议。

在产品 PK 赛的汇报环节，COE 学习发展部会邀请体验产品的第一负责人来到现场，聆听学员的“找茬”，吸收有价值的建议，并对学员分析中的不足之处给予反馈和建议。同时，产品负责人也会提出自己的困扰，现场学员再次进行头脑风暴，提出具体的解决方案或建议。每年，在这个环节结束后，学习发展部也会回访产品负责人，大部分产品负责人对这种学习方式非常认可，也感谢学员对产品提出的优化建议。

最后，COE 学习发展部设计与高层的战略沟通。总办的飞龙计划希望让学员有更多机会接触高层，从而对战略有更深刻的理解和思考。在每期计划开班时，项目组都会安排“总办面对面”的环节，让学员与高层进行 2 小时左右的坦诚沟通。

沟通现场不乏很尖锐的问题，例如学员会提问：“我不是很理解这一项决策，总办是不是没有考虑到可能带来的问题？能不能请您为我们讲解做出这个决策的原因？”这样的对话，不仅能让学员真正了解战略决策背后的思考，也能帮助学员站在公司层面而不是单个业务层面来看问题。此外，在行动学习环节，高层也会与学员深入探讨和沟通。

2. COE 学习发展部的专业实践

首先，COE 目标导向的培训设计。COE 学习发展部在飞龙计划的课程设计方面采取的是目标导向，在每一个环节提升领军人才的哪项胜任素质上有清晰的规划与设计，如表 6-3 所示。

表 6-3　COE 腾讯学堂目标导向的飞龙课程设计

飞龙计划环节	培养目标
第一次集中模块学习	全面认识自己，提升战略决策意识、商业意识等
第二次集中模块学习	加强学员的团队管理、变革管理能力等
第三次集中模块学习	提升产品设计能力、拓宽视野等

续表

飞龙计划环节	培养目标
电商战电脑模拟环节	市场营销、用户分析、经营决策、财务等知识的吸收和沉淀
行动学习环节	提升领军人才的跨界思考、前瞻性分析、解决复杂问题三大能力
沙龙分享环节	提高风险管理意识、掌握危机应对技巧

飞龙计划第一次集中模块学习以帮助学员全面地认识自己，提升战略决策意识、商业意识等为目标。飞龙计划的第二次集中模块学习以加强学员的团队管理、变革管理能力等为目标。第三次集中模块学习以提升产品设计能力、拓宽视野等为目标。飞龙计划的电商战电脑模拟环节，以市场营销、用户分析、经营决策和财务等知识的吸收和沉淀为目标。飞龙计划的行动学习环节，以提升领军人才的跨界思考、前瞻性分析、解决复杂问题三大能力为目标。飞龙计划的沙龙分享环节以提高风险管理意识、掌握危机应对技巧为目标。

以第一次集中模块学习为例，飞龙计划的评鉴中心采取公文筐、团队会议和下属辅导三种测评工具相结合的方式，在一天的时间内迅速诊断学员在综合管理、战略决策和前瞻性思考等方面的能力水平。

为贴合腾讯本身偏于前瞻、“软硬件”结合的业务性质，飞龙计划选用了高科技企业的背景案例，提供了一份非常详细的企业情况说明，将学员置于尽可能真实的模拟企业环境中。这份企业情况说明包含企业规模、经营理念、文化价值观、核心业务、行业地位、主要竞争对手，以及各细分业务领域的经营数据等详细信息。在阅读完企业情况说明后，学员将迎来公文筐、团队会议和下属辅导三项任务。

第一项是公文筐任务，主要是模拟日常管理决策的场景，要求学员在 2 小时内，阅读 10 封邮件并解决其中的问题，邮件中所描述的场景浓缩了团队与人才问题、跨部门合作、供应商问题、商业机会等各类企业常见的经营问题。

第二项是团队会议任务。4～5 名同一级别的学员，在阅读了更详细的企业经营核心数据后，要拟定企业未来 3 年的战略目标，以及未来 1 年最重要的工作内容。每位学员须陈述自己的观点，然后进入团队讨论阶段，最终找到适合企业未来发展的战略目标与重点工作内容。

第三项是下属辅导任务，侧重考察学员的下属辅导能力。在这个场景中，学员扮演新上任的管理者，收到很多关于下属问题的不同方面的反馈和投诉，包括下属在跨团队合作、团队管理中的问题。学员需要在 45 分钟的沟通过程中帮助下属认识到自己的问题，并找到应对目前挑战的方法。

特别值得一提的是，飞龙计划的评鉴中心已经完全内化，COE 学习发展部不仅培养了一批内部的测评师、演员和工作人员，还实现了测评报告的内部撰写，是企业内部的咨询方案提供者。这些由内部的中层管理者和专家组成的测评师队伍，因为更了解腾讯的工作方式、管理风格和业务挑战，所以给出的学员测评反馈和测评报告也更有针对性，对学员未来的工作和发展具有更大的价值。

其次，COE 立足专业基础，探索前沿理论。COE 要想让培训更有效果，为组织创造更大的价值，深厚的专业功底必不可少。COE 学习发展部的成员熟练掌握人力资源基础知识，与此同时他们还主动探索能提升培训效果的前沿理论。

COE 学习发展部在飞龙计划中引入了当前培训领域前沿的行动学习、领导力教练等理念和方法。飞龙计划至少每两周进行一次行动学习。由各组学员自行制定研讨任务，分配课后作业，最终输出完整的解决方案。在行动学习过程中，COE 学习发展部的成员结合了领导力教练技术，为行动学习小组搭建“行动学习教练团队”。团队成员有三个不同的角色：资深顾问（Sponsor）是跟研究话题最相关的高管，他们会跟学员沟通该课题的研究背景、对公司的价值，以及研究成果的建议方向，并起到问责人的作用，推动行动学习方案的落地实施；战略辅导员通常为战略发展部的专家，他们最了解该领域目前的成果、参与者，存在的挑战和机会，确保学员在研究领域内找到比较合理的解决方法；团队教练通常是 COE 学习发展部为每组学员配备的一名资深的 HR 同事，团队教练强调进程大于结果。他的职责是提供准确的行动学习流程、工具，把握行动学习的氛围、节奏，这样学习效果会在一种自然的状态下产生。

由于飞龙计划是面向各业务领域的中层管理干部，他们面对的管理问题不单单是人力资源管理问题，还要从经营环境、竞争战略、组织文化、组织架构、市场营销等多方面分析，因此 COE 腾讯学堂的人才为了设计更贴合客户需要的培训场景、素材，还需掌握经济管理类的知识。

最后，不断突破、创新为学员创造价值。为了提升学员的培训体验和培训效果，COE 学习发展部的飞龙计划在 10 年内不断创新。无论是结合移动化、AR/VR 技术，还是跨界引入体育活动，都反映出 COE 学习发展部对设计思维的重视。通过引入棒球、橄榄球等体验式学习活动，学习发展部希望学员活动之余能提高团队配合、策略制定，甚至分析竞争对手战术和对策等意识。学员也能通过活动反思很多日常工作中的不足并进行优化性思考。体验式学习不仅能更好地促进学员间的相互了解和团队合作，也能让学员意识到自己的不足，并自然地发生改变。

07

第七章

保障业务价值创造：HRBP 的设计与实践

在推动业务战略落地、促进员工创造更多价值的过程中，HRBP 扮演着政委的角色，从事着特种部队的工作。HRBP 关注员工的需求，并基于工作需要帮助他们获取资源，从而有效促进业务部门目标的达成。做一名优秀的 HRBP 需要具备哪些过人之处？ HRBP 要对哪些工具、方法论了如指掌？中国企业在 HRBP 方面有哪些创新实践？

HRBP 是 HR 的特种部队

HRBP 与传统 HR 的区别：什么是 HRBP？

随着社会的发展，企业对人的认识和管理的方法在不断地变化。HRBP 的理念源自戴维·尤里奇于 1997 年提出的 HR 三支柱模式。如今 HRBP 已经成为业界热词，走向了时代前沿，昭示着人力资源管理的重大转型。那么 HRBP 与传统 HR 到底有什么不同呢？

从字面意思来看，相对于传统 HR，HRBP 增加了 BP（Business Partner，业务伙伴）这一部分，HRBP 与传统 HR 最重要的区别是 HRBP 身处业务部门当中，把业务单元当成自己的首要客户，要对业务有深入的了解，协助业务部门制订人力资源计划，在精通人力资源知识和技能的前提下，帮助组织分析业务与人才发展等方面的问题，提出解决方案及落实举措，推动方案的实施。总的来说，作为组织战略的业务伙伴，HRBP不是为了HR管理工作而工作，而是为了业务的发展去开展工作。①

具体来讲，HRBP与传统HR存在以下几个方面的区别。

1. 从HR个人角度讲

首先，对传统HR人员的素质要求是基于事务性工作提出的，要求理论基础扎实，具备良好的沟通能力、逻辑思维能力和学习能力。其次，传统HR习惯按业务模块分工，主要处理任务型工作，倾向于单打独斗，在职能部门做事务性工作，习惯了内部约束条件，很难去突破岗位和职责的边界。以上这些特点也导致了传统HR发展的局限性，由于跨专业存在壁垒，因此传统HR职业天花板的现象明显。

而HRBP在胜任素质上，首先，要对业务有深入的了解，甚至有很多的HRBP就是从一线业务人员转型而来的。其次，HRBP是HR通才，熟练应用HR各模块的知识和工具。HRBP对团队协作能力的要求比传统HR更高，与业务搭档紧密合作，与员工抱团，与业务共成长。HRBP还需要洞察行业、产品和客户的发展趋势与变化，能策略性地调整HR举措以满足业务部门的动态需求。最后，HRBP以目标为导向，工作具有很强的突破性。以上这些特点也决定了HRBP具有良好的发展空间，HR领域与业务领域交织，扩大了职业晋升的范围。

---

① 徐升华．解密HRBP发展与体系构建．北京：企业管理出版社．2015.

2. 从 HR 组织角度讲

从组织形态来看，首先，传统 HR 与业务部门分离，彼此之间相互独立，因此传统 HR 参与业务部门的工作需要跨部门，走各种流程，速度很慢。其次，从功能定位来讲，传统 HR 往往属于成本控制型，以最少的成本来做更多的事情。最后，从组织灵活性上来讲，传统 HR 自己“生产”HR 内容并将其输送到业务线，决策主要是自上而下制定的，导致组织灵活性较差。

而 HRBP 在组织形态上与业务部门融为一体，因此 HRBP 参与业务部门的工作不需要跨部门，响应快、速度感强。在功能定位上，HRBP 属于增长导向型，坚持投入以帮助业务部门解决问题，促进组织发展。此外 HRBP 融入业务部门，很多时候决策权下放到最贴近业务一线的基层，因此形成了一个自下而上的、自我驱动的机制，提高了组织的灵活性。

3. 从 HR 服务角度讲

首先，传统 HR 提供的服务多为功能性的、基础性的，以满足共性服务需求。其次，传统 HR 与业务部门分离，导致其提供的服务缺乏针对性，还会有延迟和滞后。最后，从服务交互性来看，传统 HR 对业务的渗透不够，服务传递通常是单向的，缺乏反馈机制。

而 HRBP 提供的服务首先是多样性的、社交性的，以满足个性化、精细化的服务需求。其次由于 HRBP 与业务部门的相互融入，其提供的人力资源服务更为直观，体验感更佳。最后，HRBP 可以及时得到服务反馈，较强的服务交互性促使其形成良性循环。

HRBP的价值需求：为什么需要HRBP？

随着企业规模的扩大、业务走向多元化，传统HR部门逐渐暴露出官僚主义的问题。一方面，在企业规模、人员规模不断扩大的过程中，传统人力资源部门因其战略性职能有限，因而人员编制少、部门扩大的空间有限，难以支撑业务的高速扩张。随着HR要服务的员工数量激增，事务性工作繁重，严重影响了HR的办事效率。长此以往，HR自身的敬业度、满意度下降，员工服务意识也变弱，表现为办事拖拉、遇事推诿。另一方面，随着企业业务走向多元化，HR部门遇到了新的挑战。由于各业务部门相对独立且各具特色，传统的HR部门在向业务部门弘扬组织文化时往往因"一刀切"而受到阻碍。又由于传统HR设在总部，与业务部门分离，HR无法深入了解业务部门的特殊诉求。当业务部门遇到难题时，HR不主观臆断地瞎指挥已是幸事，很难针对业务部门问题的特殊性提供咨询服务和解决方案。所以组织迫切需要一种能与业务部门实现人员规模柔性匹配、有效向各业务部门弘扬组织文化，以及为业务部门的个性化需求提供解决方案的HR队伍。为此，HRBP应运而生。

相对于传统HR，HRBP扮演了几个新的角色。

戴维·尤里奇在《人力资源转型：为组织创造价值和达成成果》一书中认为，HR要成为业务伙伴一般需要具备四大角色：推动组织战略目标实现的战略合作伙伴角色，制定高效工作流程的HR效率专家角色，提高员工职业能力和敬业度的员工支持者角色，推动组织不断进化、增强组织能力、赢得竞争优势的变革推动者角色。[①] 徐升华在《解密 HRBP 发展与体系构建》一书中认为，HRBP 在企业中应该扮演好自我颠覆者、信用构建者、战略执行者、关系协调员、能力打造匠和变革催化师这六大角色。[②]

本书认为，HRBP 之所以能发挥价值，是因为其扮演了以下四大角色（见图 7-1）。

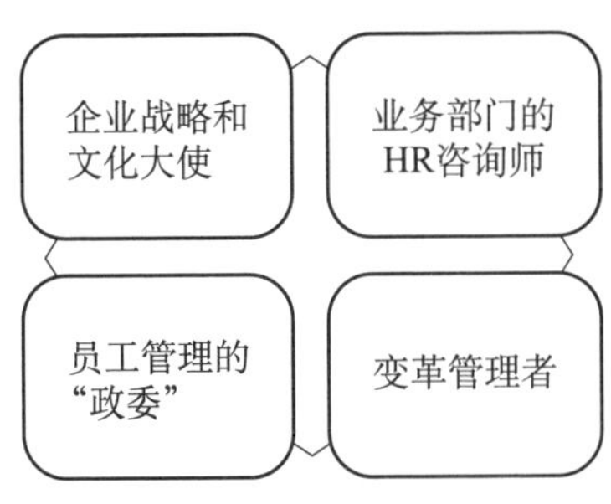

图 7-1 HRBP 扮演的四大角色

1. 企业战略和文化大使

设立 HRBP 的初衷是有效地传达企业战略和文化，使一线员工也能深刻认识到企业的核心价值，清晰地了解企业对自己的行为和绩效的期望。HRBP 要深刻理解企业战略和文化，通过融入业务部门，使得企业战略和文化通过人力资源管理落地。企业战略和文化对业务的发展起到牵引的作用。

2. 业务部门的 HR 咨询师

HRBP 作为一类复合型人才，首先要具备两类知识，既要懂人力又要通业务。同时要树立起对业务部门内部客户的服务

---

① 戴维·尤里奇 . 人力资源转型：为组织创造价值和达成成果 . 北京：电子工业出版社 . 2015.

② 徐升华 . 解密 HRBP 发展与体系构建 . 北京：企业管理出版社 . 2015.

意识，深入挖掘业务部门的管理需求，发现业务部门存在的问题，切实解决其发展难题和瓶颈，为业务部门的发展提供有效的解决方案。总的来说，HRBP 要通过提供人事管理咨询来支持业务部门的战略实现。

3. 员工管理的“政委”

HRBP 身处一线，要多与员工进行沟通与交流，一方面协调关系、化解纠纷，另一方面要倾听员工的心声、了解员工的需求、解决他们的问题，通过员工承诺、员工个人能力提升来确保员工对企业的高贡献度。

4. 变革管理者

随着数字化时代的到来，科技不断创新，企业的外部环境也发生了日新月异的变化。赢家和输家的主要区别不是变革速度，而是响应变革的能力。身处一线的 HRBP 仿佛是接受市场刺激的神经末梢，要有敏锐的嗅觉与洞察力，与时俱进地察觉变革趋势，推动变革进程，做好组织的变革管理。

HRBP 背后的逻辑：HRBP 的工作到底如何落地?

尽管越来越多的企业开始设置 HRBP 这一职务，但是许多公司的 HRBP 工作做得不到位，甚至形同虚设。目前我国企业 HRBP 实践中主要有以下几个问题：

- HRBP 的角色定位不清晰。很多企业设置了 HRBP 这一职务，但是没有完善的制度来确定 HRBP 的具体职能、权责关系、汇报关系、薪酬考核等，加上共享服务平台尚不成型，导致 HRBP 仍需要处理许多事务性工作，使员工和内外部客户产生转型无效的感觉。

• HRBP 没有被充分授权。在很多企业，HRBP 并没有得到总部 HR 的充分授权，以致于当 HRBP 被派到业务部门之后，仍要承接总部 HR 各职能条块的工作，如招聘、培训、考核等，成了总部 HR 在各业务部门的延伸和附属。HRBP 如果无法打通 HR 的六大模块，就难以向业务部门提供系统性的解决方案，HRBP 也就无法发挥其作为“通才”的优势。

• HRBP 的能力有待提升。知识储备方面，HRBP 要既懂人力又懂业务。HRBP 还要具有优秀的人际沟通能力、敏锐的市场洞察力、良好的个人信誉等。因此 HRBP 对从业者个人的要求比较高。很多单位虽然设置了 HRBP 这一职位，但是缺乏相关培训，HRBP 能力不足，发挥不了业务伙伴的作用。

HRBP 到底如何落地、如何发挥其应有的价值是个重要而又复杂的管理命题。针对以上问题，本书认为可以从组织层面和个人层面来着手解决。

1. 从组织层面来讲

设置与 HRBP 这一角色相适应的 HR 架构，明确 HRBP 本身的定位和职能。HRBP 承担以下职能：

• 从 HR 视角出发参与业务部门的管理工作；

• 联动 COE 和 SSC，向业务部门输出有效的 HR 解决方案；

• 向 COE 和 SSC 反馈 HR 政策、HR 项目和 HR 进程实施的有效性；

• 制订并执行业务部门 HR 年度工作计划；

• 运作适用于所在业务部门的 HR 战略和执行方案；

• 参与所在业务部门的领导力发展和人才发展通道建设；

- 协调员工关系，调查培训需求；
- 支持企业文化变革并参与变革行动；
- 建立所在业务部门的人力资源管理体系等。

随后，在企业内部进行人力资源管理流程设计，还要在管理权责、汇报关系、薪酬考核等方面进行制度设计。

组织内部加大对HRBP的专项培训投入，培养出更多专业知识与业务能力突出，可以胜任工作的HRBP。同时，人力资源部门要与业务部门合作，对HRBP的能力素质要求进行细化，使HRBP明确自身的发展方向。

2. 从个人层面来讲

- 打破传统HR思维。HRBP首先要转变理念，不断颠覆陈旧的认知、知识和技能，将业务部门当作自己的客户，从服务的视角向业务部门提出建议、推动变革。HRBP要从管理者化身为服务者。

- 加强个人学习，扩大自身影响力。HRBP要积极参与培训，不仅要精通人力资源专业知识，而且要有战略性的超前意识，能够用业务语言阐述和解决HR相关问题，了解行业最新趋势，提升沟通协调能力。同时要注重个人品牌建设，以可靠的人品和公正的行事风格来赢得大家的信任，扩大自己的影响力。

- 用业绩来说话。当参与业务时，HRBP一定要能够解决实际问题，为业务部门达成目标做出贡献。在实际工作中帮业务部门达成目标，同时也在业务部门站稳脚跟，这样才更有话语权，利于今后工作的开展。

当HRBP真正管理好企业内外部客户心中的形象定位，从“琐事部门、监督部门、考核部门”转变为企业战略和文化大使、业务部门的 HR 咨询师、员工管理政委、变革管理者这四大角色的时候，HRBP 的工作就真正落地并发挥出其应有的价值了。

HRBP 的胜任基因：长着猫的身体、操着老虎的心

HRBP 的胜任素质

依据 HRBP 四角色模型可以将 HRBP 的职能归纳如下：精准理解组织的战略目标，将目标分解，制订并执行 HRBP 工作计划。深刻体悟部门的文化和价值观，并将其有效地传递给一线员工。对业务部门人员的结构、配置、考核、激励给予建设性意见，参与业务部门的领导力发展和人才发展通道建设。与员工进行沟通交流，协调与员工的关系，提高其工作能力与工作满意度。与人力资源专家、人力资源共享服务中心合作实现 HR 项目落地并给予有效性反馈。面向未来，与高层领导团队合作，辅助推动必要的组织变革。在明确职能后，HRBP 需要具备哪些胜任素质（又称胜任力）呢？图 7-2 为我们提供了很好的答案。

HRBP 的胜任力并不是一个新话题，学界、业界的相关讨论很多。中国人民大学劳动人事学院的刘松博教授等采用实证研究的方法探索了我国 HRBP 的胜任力构成，最终得出了四大维度、十一项胜任力词条。四大维度包括商业服务意识、HR 专业性、人际沟通、业务敏锐度；十一项胜任力词条包括客户服

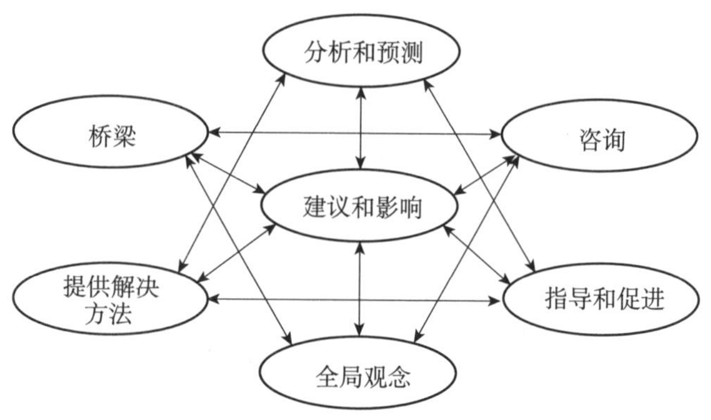

图 7–2　HRBP 的胜任素质

务导向、需求管理、资源整合能力、团队融入能力、HR 专业知识和技能、行业业务知识、亲和力、人际理解力、与人连接性、业务洞察力、业务前瞻性。[①] 原 BLU Products 亚太区人力资源总监徐升华提出了“钉子”模型，认为 HRBP 作为复合型人才，既要有专业的深度还要有非专业的宽度。深度维度包括个人技能、个人思维、企业战略、企业文化、组织设计、学习发展、团队特征；宽度维度包括技术变革、经济发展形势、全球化、人口、客户。[②] 南昌大学经济与管理学院院长何筠等通过对招聘广告内关于 HRBP 任职资格和基本能力要求的分析，从学历、专业、能力、个人特性、知识以及经历六个方面构建了 HRBP 的胜任力模型。[③] 学者李海燕总结出 HRBP 的七项胜任力，分别为聚焦客户、理解业务、澄清问题、建立关系、结果导向、

① 刘松博，裴珊珊，梁爽 . 我国 HRBP 胜任力研究 . 中国人力资源开发，2016(6):34-39.

② 徐升华 . 揭秘 HRBP 发展与体系构建 . 北京：企业管理出版社，2015.

③ 何筠，王萌 . 基于互联网招聘的 HRBP 岗位职责和胜任力研究 . 企业经济，2016(8):117-121.

有效创新、专业能力。[①] 学者张琳在分析如何将 HRBP 胜任力转化为管理效能时，认为 HRBP 的胜任力包括理解业务、聚焦客户、专业、创新、建立关系。[②]

国内 HRBP 胜任素质模型比较如表 7-1 所示。

表 7-1 国内 HRBP 胜任素质模型比较

模型	年份	作者	维度	胜任素质
一维度模型	2015	李海燕	—	聚焦客户、理解业务、澄清问题、建立关系、结果导向、有效创新、专业能力
一维度模型	2014	张琳	—	理解业务、聚焦客户、专业、创新、建立关系
两维度模型	2015	徐升华	深度	个人技能、个人思维、企业战略、企业文化、组织设计、学习发展、团队特征
			宽度	技术变革、经济发展形势、全球化、人口、客户
四维度模型	2016	刘松博等	商业服务意识	客户服务导向、需求管理、资源整合能力
			HR 专业性	团队融入能力、HR 专业知识和技能、行业业务知识
			人际沟通	亲和力、人际理解力、与人连接性
			业务敏锐度	业务洞察力、业务前瞻性

① 李海燕 . 你具备 HRBP 的“胜任力”吗 ?. 中外管理 , 2015(11):84-86.

② 张琳 . 如何将 HRBP 胜任力转化为管理效能 . 中国人力资源开发 , 2014(2):68-75.

续表

模型	年份	作者	维度	胜任素质
六维度模型	2016	何筠等	学历	硕士、本科、大专
			专业	人力资源管理、其他管理学、心理学等
			能力	沟通、协调、组织、抗压、领导、分析、表达、执行、学习
			个人特性	责任心强、有团队合作精神、积极主动、正直、亲和力强、踏实稳重、认真、严谨
			知识	熟练操作人力资源六大模块、熟悉劳动法律法规、熟练操作办公软件、了解业务特点、熟练操作人力资源管理软件
			经历	相关行业工作经验、HRBP 工作经验、大型企业工作经验、人力资源管理工作年限

资料来源：本书作者研究整理。

在实践操作过程中，由于每个企业的具体情况不同，HRBP 在不同的企业内扮演的角色也存在差异，相应的胜任力也会有所侧重。本书采用行为事件访谈法[①]来研究 HRBP 的胜任素质。

行为事件访谈法的主要目的是希望从绩效水平不同的两组任职者身上收集行为信息，然后通过统计分析，找出哪些胜任素质可以区分出两组绩效水平不同的 HRBP，这些素质即为 HRBP 的鉴别性胜任素质。

① 行为事件访谈法（Behavioral Event Interview, BEI），是一种开放式的行为回顾式探索技术，是分析胜任素质的主要工具。

1. 互联网企业 HRBP 胜任素质

选取 10 家互联网企业，并从这些企业的不同事业群 / 部中选取 30 名 HRBP 进行行为事件访谈。

研究首先得出 52 项胜任素质，并建立胜任素质词典。通过编码素质频次及排名，分析哪些素质是 HRBP 在日常工作行为中出现频次最高的，将排名前 20 的素质作为 HRBP 的通用胜任素质，统计结果如表 7-2 所示。

表 7-2　排名前 20 的 HRBP 的通用胜任素质

胜任素质	排名	胜任素质	排名
问题分析与解决	1	抗压适应能力	11
沟通协调能力	2	调研能力	12
人力资源知识	3	成就导向	13
逻辑思维能力	4	批判思维	14
业务知识	5	责任心	15
表达能力	6	方案策划能力	16
组织角色认知	7	资源整合能力	17
组织诊断	8	总结归纳能力	18
团队建设能力	9	关系建立能力	19
战略思维	10	人际理解力	20

（1）HRBP 通用性胜任素质模型

将这 20 个通用胜任素质按照个人、团队、组织三大维度进行划分，就形成了 HRBP 通用性胜任素质模型。

个人：问题分析与解决能力、人力资源知识、逻辑思维能力、业务知识、表达能力、战略思维、抗压适应能力、调研能力、成就导向、批判思维、责任心、方案策划能力、总结归纳能力。

团队：沟通协调能力、团队建设能力、资源整合能力、关系建立能力、人际理解力。

组织：组织角色认知、组织诊断。

（2）HRBP 鉴别性胜任素质模型

对绩优组和一般组对应项胜任素质的平均值的差异进行显著性检验，从而找出差异显著的指标。

我们可以看到以下五个胜任素质的差异是显著的：沟通协调能力、亲和力、灵活性、战略思维、组织诊断。

（3）鉴别性胜任素质与通用性胜任素质的关系

鉴别性胜任素质与通用性胜任素质是什么关系？根据 20/80 原则，鉴别性胜任素质虽然只占很小的一部分，但可以带来关键绩效（见图 7-3）。

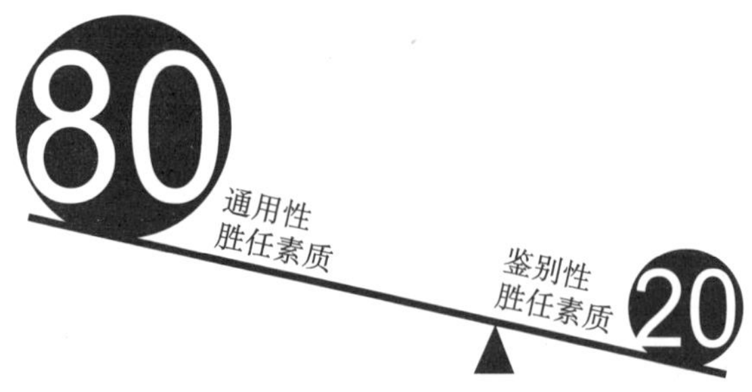

图 7–3　鉴别性胜任素质与通用性胜任素质的关系

鉴别性胜任素质是能够区分绩优员工与一般员工的胜任素质。前面提到的五个差异显著的胜任素质的含义如下：

- 沟通协调能力。重视且乐于沟通，重视信息的分享，能够妥善处理与上级、平级以及下级之间的关系，促进相互理解，通过协调人际关系和协调工作来调动内外部人员的积极性，获得人、财、物方面的资源支持与配合的能力。

• 亲和力。在人际交往过程中，能够充分考虑他人的感受，善于调动气氛，通过平和、耐心、主动、热情的态度以及诚恳、正直的人格面貌赢得他人的尊重和信赖，从而打造良好的人际交往氛围。

• 灵活性。具有适应不同环境、不同个性或不同人群并有效工作的能力。灵活性需要对一件事情的不同甚至相反的看法表现出理解与欣赏，使自己的方法适应环境的变化，并体现出自己对公司或工作要求的一致性或开放态度。

• 战略思维。深刻理解组织的战略目标，理解组织中局部与整体、长期利益与短期利益的关系，以及其他各关键因素在实现组织战略中的作用，从组织整体和长期的角度，制定决策、开展工作，保证组织健康发展。

• 组织诊断。理解和了解组织自身或其他组织内部的权力关系，能确认谁是真正的决策者、谁具有影响决策者的能力，能预见某一新事件或新情况将如何影响组织中的某些人、某些部门。

尤里奇在《人力资源转型：为组织创造价值和达成成果》一书中提出了人力资源业务伙伴的四角色模型，认为人力资源部应该充当战略伙伴、变革先锋、效率专家和员工后盾四个角色。战略合作者需要有很强的战略思维，变革推动者需要具有组织诊断的能力和一定的灵活性，管理专家需要极强的沟通协调能力，员工支持者要有亲和力。本研究得出的五个鉴别性胜任素质与这四个角色具有很高的匹配性。

2. 典型企业 HRBP 的胜任基因

（1）阿里巴巴：价值观导向的政委胜任素质

阿里政委是阿里巴巴派驻到各业务线的人力资源管理者和价值观管理者，与业务经理一起做好所在团队的组织管理、员工发展、人才培养等方面的工作。阿里政委承担了公司文化的推动和践行的责任，政委将企业文化、价值观和行为方式用标准化的形式呈现出来，作为人才选、育、用、留、出的原则和基准。政委既要解决组织和人的问题，也要推动实现人才开发和增值，是企业文化的贯彻者和诠释者。[①]那么阿里政委需要什么样的素质才能够胜任呢？

图 7-4 是阿里政委的岗位说明书（精简版）。

一、工作描述

1．能够进行组织诊断、了解需求

2．能够确定策略、执行计划

3．能够建立渠道、传承文化

4．能够推动变革、解决问题

二、任职条件

1．工作5年以上

2．精通HR各模块

3．有管理经验者优先

图 7-4　阿里政委的岗位说明书（精简版）

---

① 刘颖．从 HR 到业务合作伙伴：浅谈人力资源管理变革中的 HRBP 胜任力构建与发展．办公室业务，2016(15)：134-136.

从以上岗位说明书可以概括出阿里政委的四大核心能力。

第一，战略衔接能力。首先，能够重构需求、识别战略性合作机会，实施企业战略性合作项目。其次，能够将人力资源工作的战略规划和业务规划紧密结合起来。并且，有能力激励和推动组织中的成员接受变革和拥抱变化。最后，有能力发现本部门与其他部门之间的关联，并识别出关键人物、关键环节和关键联系。

第二，人力资源管理专业能力。首先，能够对人力资源管理工作进行专业化整合与表达，实现显性化业务交融。其次，能将人力资源开发业务和所处的环境和业务需求结合起来。再次，能够把握人员、流程和信息等确保企业成功的关键因素，并能使其为企业创造价值。最后，掌握人力资源开发与管理的专业知识，并不断显性化。

第三，业务洞察能力。首先，具备对业务价值链的深刻洞察力，能够引导员工开拓性地发挥能力，创造性地完成工作。其次，要洞察他人及其兴趣点，说服并影响他人，组织大家齐心协作完成任务。最后，要主动发现问题，发现机遇和可能，并创造性地解决问题。

第四，个人领导力。首先，具有能够承受多重压力并带领团队走向成功的潜质。其次，具有很强的成就动机，追求完美，注重细节。再次，具有很强的探究动机，有天生的好奇心和想去了解他人和当前事物的渴望。最后，敢于并勇于说出自己认为正确的话、做自己认为正确的事。

由此本书提炼出阿里政委的胜任素质模型（见表 7-3）。

表 7-3 阿里政委的胜任素质模型

专业化	技术能力：Office 软件应用能力、数据分析能力 专业能力：劳动人事相关法律法规、薪酬、选人技能、团队构建、员工咨询				
职业化	人际敏感沟通协调	说服力影响力	分析和解决问题	危机管理	学习能力自我管理
品质特征	正直客观	积极正面	爱与关怀	责任心	严谨、抗压

（2）华为：业务导向的 V-CROSS 模型

华为的业务运营以项目为中心。为加强项目管理，公司专门设立了 HRBP 的职能角色，旨在强化对一线项目团队的人力资源管理。华为在转型过程中，提炼出了 HRBP 的角色模型：V-CROSS。在这个模型中，华为 HRBP 在公司扮演六大角色（见图 7-5）。

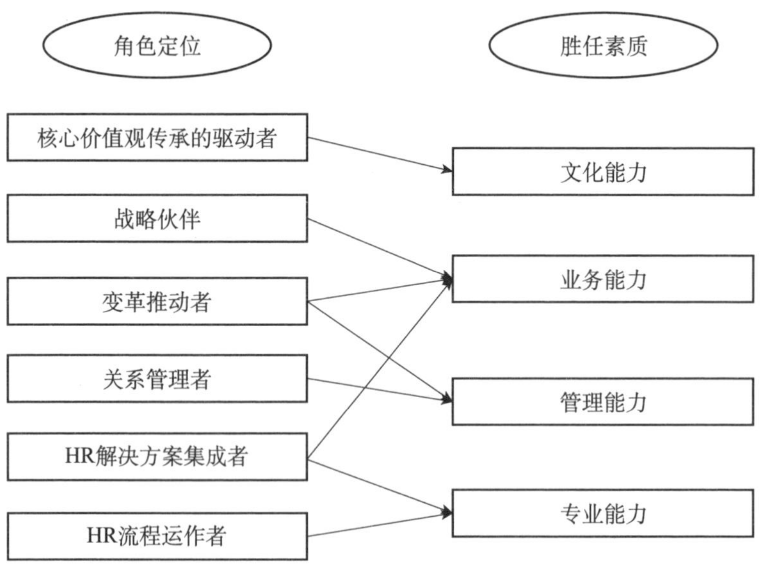

图 7-5 华为 HRBP 的六大角色与四项胜任素质

- 核心价值观传承的驱动者：驱动华为“以客户为中心、以奋斗者为本，长期艰苦奋斗，坚持自我批判”核心价值观的传承；
- 战略伙伴：基于战略目标设计有力的支持措施，并辅助实施；
- 变革推动者：面向未来，辅助管理层推动必要的组织变革；
- 关系管理者：与内外部利益相关者保持紧密的沟通，建立良好的关系；
- HR 解决方案集成者：打破模块的界限，针对业务问题提供完整的解决方案；
- HR 流程运作者：设计 HR 流程并保持其高效运转。

相应地，对 HRBP 的能力也有了新的要求。由传统的绩效管理、招聘、学习与发展等，进一步发展成更为深入和全面地提供人力资源解决方案的技能：战略管理、诊断辅导、人才管理等。

华为 HRBP 的胜任素质及其含义见表 7-4。

表 7-4 华为 HRBP 的胜任素质及其含义

胜任素质	子项	含义
文化能力	核心价值观传递能力	向项目团队成员有效宣传与传递公司的核心价值观
业务能力	业务战略解决能力	理解公司所处的商业环境及其对公司业务的影响，并能正确解读业务战略
	HR 战略思维能力与连接能力	根据业务战略制定有针对性的 HR 战略，并将业务问题与 HR 实践紧密结合，推动业务战略和年度业务计划的执行

续表

胜任素质	子项	含义
管理能力	项目管理能力	定义项目目标，协调项目团队资源，有效分配任务，协助监控项目进度、质量和预算，确保项目目标的达成
	团队管理能力	激励与发展团队，激发团队斗志，发挥成员优势，形成团队合力
专业能力	人力资源政策理解能力	理解公司的人力资源政策、理念
	人力资源管理技能	具备人才管理（人才的选、育、用、留、出）和组织管理(组织设计、组织有效性提升)等方面的 HR 专业技能

HRBP 的工具箱

一个导向：业务导向

HRBP 必须从职能导向转向业务导向，将人力资源管理和其自身的价值内嵌到各业务单元的战略目标中，成为业务发展的驱动力。[①] 以业务为导向的 HRBP，首先要做的是分析、识别业务需求，并提出相应的 HR 解决方案。然而，多数企业的 HRBP，并不是从业务需求出发，而是从人力资源管理各模块出发，根据标准化、常规化的人力资源管理工具，建立相应的人

① 刘颖．从 HR 到业务合作伙伴：浅谈人力资源管理变革中的 HRBP 胜任力构建与发展．办公室业务，2016（15）：134-136.

力资源管理体系。

以职能为导向的人力资源管理存在四个方面的问题：其一，HR 往往从职能角度，提出标准化的解决方案，不了解业务目标和实际需求。其二，即使是从业务出发，也往往是直接将业务部门的要求作为业务需求，未深入分析达成业务目标的实际需求。其三，HR 解决方案过于单一，没有全方位解决业务部门面临的问题，解决了表面问题，未解决深层次问题。其四，HR 解决方案的实施由 HR 来主导，业务部门仅作为参与者，导致方案落地困难，实施效果不理想。此外，HR 还存在着只从 HR 角度编制计划和总结，对于业务目标的达成关注太少等问题。最终结果是，HR 并未满足业务部门的需求，因而没有获得业务部门的认可。

因此，HRBP 首先要颠覆思维，以业务为导向设定 HRBP 工作目标，以业务为导向编制 HRBP 工作计划与总结，帮助企业实现战略目标，解决业务部门的实际问题，成为真正的业务伙伴。

两类知识

HRBP 的岗位特性要求任职者具备复合型人才特质，不仅具有人力资源管理的相关知识，还要对所处业务部门的发展规划和业务内容有深刻理解，这样才能实现 HRBP 的支撑作用。

1. HR 基础知识

HR 基础知识是指人力资源管理各个专业模块的基础知识，是 HR 的立足之本，也是业务部门所欠缺的。过硬的专业素养是 HRBP 产生专业影响力、体现职位价值的基础。

2. 业务知识

HRBP 是一个衔接业务部门的角色，透过数据化思维，向业务部门传达总部或者集团的业务战略、人才战略。HRBP 要对业务知识有一定的了解，要了解行业业务的知识体系，包括业务特点、业务周期、业务运作模式等，形成对业务的敏锐度。HRBP 要能够用业务语言来解决 HR 问题。HRBP 的本质是了解业务部门发展的方向和重点，能够从 HR 的专业角度为业务部门解决问题。HRBP 作为战略伙伴，更要有前瞻性，要在认知和判断的基础上，及时发现新的业务战略机遇并通过人力资源方案提供战略支持。HRBP 的专业水平，要争取获得业务部门和行业的认可。

三板斧

斧，金属砍削工具，在冷兵器时代，平时可以砍柴，战时则是杀场利器，往往为猛将所用，舞动时有劈山开岭、气吞山河之势。“三板斧”典故，相传源自程咬金，他在梦中遇到贵人，只学到了三招，三招说法很多，无非下劈、横抹、斜挑等关键动作，简单而实用，威力无比。三板斧的引申含义为解决问题的方法不需要太多，把最简单的招式练到极致，每一招都是绝招。

HRBP 的三板斧为感知、诊断、推动。

1. 感知

作为业务伙伴处在业务团队中，HRBP 要善于感知组织冷暖、体察员工状态、了解业务需求。团队的氛围对于最终业务绩效的创造有着很大的影响，因此 HRBP 首先要能够感受到整个团队的氛围如何，需要及时解决团队中的问题，也许是沟通问题，也许是支持问题。同时要善于与员工交流，了解他们的工作状态、遇到的问题、需要的支持等，以提升员工满意度，进而促进高绩效的产生。并且，HRBP 要清晰了解业务部门的目标，深入分析如何满足业务部门的实际需求，最终提出切实的解决方案。

2. 诊断

在业务环节中，业务人员对业务的判断是否正确，业务进行过程中是否存在人员配置、团队活力等问题，都需要借助 HRBP 的判断。业务人员大多关注短期目标的实现，所以在实践操作中，可能出现一系列问题，尤其是在业务变革过程中。作为业务部门的 HR 咨询师，HRBP 要凭借敏锐的业务洞察力、前瞻性的思维方式、长远的眼光以及扎实的专业知识来诊断业务环节中出现的问题，并提出可操作的解决方法。HRBP 空有专业素养是不够的，必须能解决实际问题，为业务部门达成目标贡献力量，帮助公司和业务部门建立持续竞争优势。

3. 推动

当今时代，随着技术的不断更新，企业外部环境也发生了翻天覆地的变化，所以变革能力对一个企业的生存发展来说是至关重要的。当外部环境发生变化的时候，HRBP 要在业务部门还没有做好准备的时候，就和公司管理层配合，提前做好准备，以更好地推动组织变革。

四种思维方式

相对于传统 HR，HRBP 要具有四种思维方式。

1. 贯通思维

所谓贯通思维，是指基于业务痛点和 HRBP 角色定位，主动打通 HR 模块之间、公司各部门之间、各流程之间的壁垒。

沟通、协调、合作都是非常重要的，HRBP 每天都会接触各种各样的人员并处理工作中的各种衔接关系。HRBP 的工作内容比起传统 HR，更有策略性、突破性以及交互性等特点，每一个特点都要求 HRBP 具有贯通思维。

总之，HRBP 要主动从客户需求出发，积极地以满足业务部门个性化、多样化的需求为服务目标。

2. 杠杆思维

杠杆最初出现在物理学中，其含义可以引申为以小博大。杠杆思维是指，找准支点和选好杠杆，用少量资源撬动更多的资源。在 HRBP 的具体工作中，借助杠杆，以成本最小、效益最佳、对业务健康发展最有利的方式去完成业务部门的任务，就是杠杆思维的运用。

HRBP 以业务伙伴的身份加入业务部门，了解业务部门的绩效、业务、管理、沟通健康度，目的就是寻找支点，发现业务痛点，协助业务部门完成业绩。阿里政委扮演的角色，如太阳、军大衣、知心姐姐等都是根据痛点，寻找支点，撬动杠杆，起到四两拨千斤的效果。

3. 前瞻性思维

所谓前瞻性思维是一种实践性的思维方式，可定义为：根据已知条件，人的主观认知对客观发展趋势的确定性判断[①]，其实质是一种理性思维，是在深入调查研究、统筹兼顾的基础上超前预见、超前谋划、超前决断的一种科学思维。

HRBP 身处业务部门，与业务经理搭班，业务部门在制定年度绩效目标时常常过度关注短期目标而忽视了长远发展，所以 HRBP 要具有长远的眼光、综合的视角，能够感知组织状况，对于组织存在的问题及时提出意见，以促进组织可持续发展。尤其在组织变革期，为了推动组织变革，HRBP 的前瞻性思维显得格外重要。

4. 服务思维

相比传统的 HR，HRBP 应具备一种服务思维，即把业务部门的人员当作自己的客户，努力为其提供优质服务，提升客户体验。

首先，HRBP 要在客户中建立共识、取得信任。一是有可靠的人品和公正的行事风格。二是有过硬的专业素质，不仅要精通人力资源管理专业知识，而且要有超前意识，能用业务语言阐述和解决 HR 问题。三是发展和相关负责人共同的志趣、建立个人感情。

其次，要创造实绩。HRBP 空有专业素质是不够的，必须能解决实际问题，为业务部门的目标达成做出切实的贡献，特别是在人才吸引、团队建设、干部培养、考核评价等重大人力资源管理问题上取得突破，为公司和业务部门建立持续竞争优势，这样才能让客户满意。

---

① 王建伟 . 解析前瞻性思维的本质规定及其特征 . 天津社会科学，2006，4（4）：37-39.

五大模型

本部分介绍HRBP工作中可以具体运用的五个模型，分别是用于培训需求分析的GAPS模型、用于人才盘点的九宫格模型、用于提高员工满意度的狩猎模型、用于组织诊断的六盒模型，以及用于战略规划的业务领先模型。读者可结合自身工作需要加以借鉴和运用，这些模型对提升工作中的系统思维大有裨益。

1. 培训需求分析工具：GAPS 模型

松下幸之助曾说："培训是现代社会的'撒手锏'，拥有了它，就预示着成功。只有傻瓜或自愿把自己的企业推向悬崖的人才会对培训置若罔闻。"培训的重要性不言而喻。然而，培训因人力资本投资收益难以准确评估、COE培训与发展专家从集团层面设计的培训政策、思路、工具未必适合业务部门的实际需求等原因而饱受业务部门的诟病。特别是近些年，由于对未来经济增速放缓的担忧，业务部门纷纷"勒紧裤腰带"，降本增效重新成为业务部门及人力资源管理部门关注的重点，当HRBP试图从培训角度解决业务问题时可能会遇到来自业务部门负责人的重重阻力。在这种情况下，如何分析业务部门的培训需求，如何从业务部门真正需要什么的角度，而非从"我擅长讲什么""我们有哪些认证""我组织过哪些方面的培训"等专业职能的角度，提供培训以帮助业务部门解决实际问题，是每一位HRBP都需要认真考虑的。GAPS模型可以引导我们去分析这些问题。

GAPS模型源于美国变革合作伙伴公司Robinson，旨在帮助企业培训部门对业务需求进行深入分析，通过诊断找出绩效问题，并据此设计培训项目，确保学习活动与业务绩效提升相匹配（见图 7-6）。

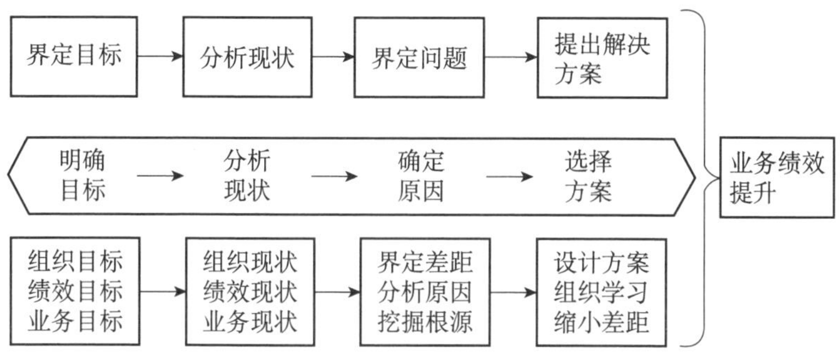

图 7-6　GAPS 模型

企业培训与业务相脱节的主要原因在于：培训需求分析阶段，关注的是岗位任务和岗位胜任能力的发展。基于这两个需求设计的培训项目，只能保证员工通过培训胜任相应岗位的工作。但是员工完成了岗位任务并不一定就能满足组织的业务需求。不关注业务需求的培训项目，只能依赖组织对工作岗位、工作任务本身的设计，间接被动地实现对业务目标的支撑。而关注业务需求的培训项目，主动思考哪些行为能支撑业务需求，与组织管理、绩效管理形成合力。

GAPS 模型的实施步骤：

- 明确目标：业务目标、绩效目标等；
- 分析现状：业务现状、绩效现状等；
- 确定原因：界定差距、分析原因、挖掘根源；
- 选择方案：当目标与绩效差距的具体原因清晰后，HRBP 可通过选择相应的方案来解决绩效问题。

2. 人才盘点工具：九宫格模型

知识经济时代，人才的价值愈发突出，人力资源部门也越来越重视人才供应链的打造。然而，多数业务部门对人才的评价仅关注业绩，要么缺乏对价值观的关注，导致内部人才业绩与领导力的发展不均衡；要么缺乏对潜力的关注，导致人才梯队难以形成，埋下“青黄不接”的隐患。HRBP 如果不能及时发现和干预这种人才评价导向的单一化与短视化，业务部门可能会对人才的内部供应缺乏足够的信心与耐心，那么当业务部门下次再出现人才缺口、领导力不足等问题时，业务部门会优先想到从外部招聘、挖猎等手段，这更不利于业务部门内部人才的成长与业务人才的内部培养。HRBP 在面对内部晋升中各级业务部门负责人领导力不足，“新老交替”过程中现有人才梯队欠科学、不合理等问题时，九宫格模型可以提供解决这类问题的策略与思路。

（1）九宫格概述

九宫格是 HR 从事人才盘点工作的重要工具，HRBP 可以通过九宫格使业务部门负责人在业务部门内或各业务间，通过多维度思考对自己的员工进行分类和排序，了解团队中的人才现状，以针对下一个阶段的业务发展目标调整人才开发与管理策略。在伊梅尔特执掌 GE 时期，GE 开发了由绩效和成长性价值观两个维度构成的“GE 九宫格”，其细化员工类型、进行差异化人才开发与管理的理念对 GE 绩效管理的变革起到了至关重要的作用。在国内，阿里巴巴和京东较早采用并从战略上较为重视人才盘点。阿里巴巴的一位高管也在公开场合强调人才盘点会议是阿里巴巴每年最重要的两个会议之一，另一个是战略会议。阿里巴巴开发了从绩效和价值观两个维度出发的四宫格（即 2×2 矩阵）。阿里巴巴的四宫格促使管理者认识到什么样的人可以跟得上企业的发展步伐。京东从绩效和潜力两个维度开发了九宫格，并在集团上下的开门和闭门人才盘点中广泛应用。在京东，九宫格帮助集团规范人才分类的标准，继而构建了针对不同业绩和潜力水平人才的开发与管理策略体系。

HRBP 结合所掌握的人才测评和人才发展技术，辅助业务部门运用九宫格对人才进行盘点，理解所在业务部门的总体状况，以及各业务团队的人才现状和问题，从而更好地为业务负责人提供人才方面有价值的洞察和定制化的解决方案。

- 原理。九宫格本质上是一个 3×3 矩阵，矩阵有横纵两轴，每个坐标轴反映一个评价人才的维度，坐标轴通过三等分的方式来反映在该维度上组织期待与员工实际的匹配程度。九宫格的原理是按照一定的人才评价标准对人才的特点、表现进行分类和排序。九宫格可以根据需要灵活变化为四宫格、十六宫格等。不论格数多少，只要保证在个体层面能对人才进行合理区分，在群体层面，例如业务层面、团队层面，便于呈现各类人才的分布，就可以保证人才盘点的有效性。
- 使用策略。根据对过往绩效及员工综合能力的评估可将员工划入九宫格（见图 7-7），这样就能够比较清楚地展现“谁是组织最重要的、最值得发展和关注的、最值得资源投入的人才”，对于不同的人群，HRBP 要采取不同的对策。

对处于 9 号格的员工来说，他们是绩效高、综合能力强的超级明星，可以为其设计多种快速提升及岗位轮换的职业通道，提供更好的发展平台和机会，并且还要提供令其满意的薪酬。

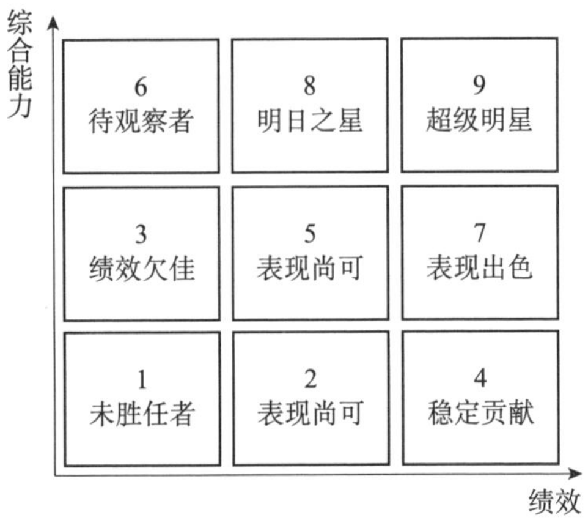

图 7–7 九宫格模型

对处于 8 号格的员工来说，他们虽然综合能力很强，但绩效处于中游，那么应该谨慎为其规划下一个岗位，同时多给予工作上的指导与帮助，但也要确保其薪酬的竞争力。

对处于 7 号格的员工来说，他们绩效一流，但综合能力一般，此时着重提高其综合能力，可以尝试提供可促进其发展的岗位或职责，并确保其薪酬的竞争力。

对处于 6 号格的员工来说，虽然他们综合能力一流，但绩效偏低，此时我们应该认真分析，到底是因为动机不足，还是人岗不匹配。同时，也要提出警告，使其明确绩效目标。

对处于 5 号格的员工来说，他们是最常见的一类人，综合能力与绩效都处于中游，此时我们应该对其进行重点培养与开发，综合能力与绩效的提高并重。

对处于 4 号格的员工来说，他们绩效一流，但综合能力较差，此时思考如何让其始终保持工作积极性是下一步工作的重点，因此要多给予认可，并尝试让其挑战新任务。

对处于 3 号格的员工来说，要对他们进行警告，并分析其问题所在，提供相应的绩效辅导，如还不迅速改进，则应该尽快将其从组织中剥离或降级使用。

对处于 2 号格的员工来说，应该让他们保持在原地原级，并相应减少管理职责，必要时考虑从组织中剥离。

对处于 1 号格的员工来说，应该考虑尽快将其从组织中剥离。

因此，对于处在九宫格不同位置的员工，我们需要采取不同的应对策略。九宫格既可用于人才盘点，又是接下来为业务部门建立人才发展体系或提供用人决策的重要依据。

- 维度。九宫格常见的维度有绩效、能力 / 潜力、价值观等。

绩效是人才所具备的知识、技能、能力等的综合作用的结果。绩效具有相对稳定性，因此对当期（通常是过去一年）绩效的评估结果被视为预测员工未来绩效表现的不二之选。各类九宫格中，绩效都是必有的维度之一。

能力反映了人才完成工作目标或者任务时体现出的综合素质，而潜力则反映了人才能力发展的可能性。能力 / 潜力本身不易观测，需要 HRBP 借助一些技术工具来测量，例如 360 度考核法、评价中心技术等。

价值观反映了企业在追求成功过程中所推崇的基本信念和奉行的目标，是企业文化的核心。价值观同样难以直接观测，需要 HRBP 将企业价值观行为化，即明确哪种行为是企业所推崇的、鼓励员工践行的，而哪些行为是企业反对的，员工不应该做的。由此，价值观也是企业建立行为规范制度的基础。

最常见的三类九宫格就是由这些维度组合而成的。例如绩效－能力/潜力九宫格（例如京东的高潜九宫格），以及绩效－价值观九宫格（例如 GE 九宫格、阿里巴巴四宫格）。

（2）采用九宫格进行人才盘点的步骤

• 筹划与准备：明确人才盘点目的，设计人才盘点方案。人才盘点开展周期不一、形式不同、侧重点各异。例如，业务处于快速扩张期相比平稳发展期，更适合根据具体问题不定期开展人才盘点。HRBP 要能与业务部门负责人就人才盘点的目的达成共识，有针对性地提供盘点方案。HRBP 还应做好人才盘点的整体规划，包括明确关键会议的时间节点、召集评估专家，以及准备参与人员信息等。

• 进行人才评估：收集真实数据，进行人才初步分类。根据人才盘点的目的和拟采用的九宫格类型，选用恰当的评估方法，收集评估数据，依据数据结果绘制九宫格以将人才初步分类。在协助收集数据时，HRBP 要尽可能确保数据的真实性，例如运用多种评估方法验证结果的有效性，又如请团队领导的上级评价团队绩效，而非让团队领导自评团队绩效。

• 组织校准会：集中讨论，完成人才最终分类。校准会是对人才评估结果进行深度讨论，并在业务部门内部达成共识。基于九宫格的人才校准会，预期达成的共识是人才在九宫格中的最终分类。HRBP 需要做好校准会的组织保障工作，例如提前向与会领导、专家报送校准材料，提前收集对人才初步分类的疑问使校准会上的讨论有的放矢，以及根据实际需要做好会议主持、会议纪要等工作。

• 结果应用：沟通反馈，分类管理。HRBP 将盘点结果向业务部门各级领导及每位成员进行沟通与反馈。根据九宫格的使用策略，HRBP 协助业务部门负责人对处于不同格子里的员工采取人员晋升、岗位调整，以及薪酬激励等方面的举措，并有针对性地向员工提供培训及职业发展规划，赋能业务部门负责人对部门人才进行分类管理与开发。

3. 提高员工满意度的工具：狩猎模型

组织中有一种不可忽视的力量，那就是组织文化，诸如"狼性文化""咖啡文化"，文化对于组织而言是前进方向、是一种价值认同。如果把文化看作组织自上而下产生的力量，那么还有一种自下而上涌现的力量，即氛围，小到一个团队，大到一个业务部门、一个组织，都有各自的氛围。业务部门的氛围反映的是业务部门员工整体的状态，部门氛围会影响业务的推进。HRBP 要能够通过敬业度与满意度调查等工具快速把脉和诊断业务团队、业务部门的氛围，并辅之以相应的管理工作，进而让业务部门的员工更有士气。

狩猎模型（见图 7-8）是由日本学者狩野纪昭（Noritaki

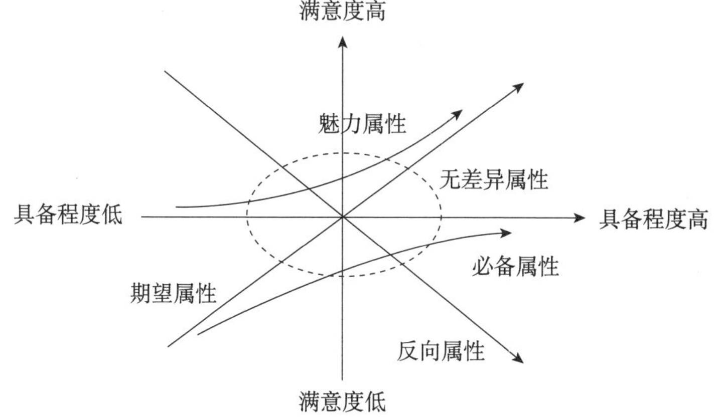

图 7-8　狩猎模型

Kano）提出的，他当初的灵感来自赫茨伯格的双因素理论。狩猎模型研究的是用户需求和用户满意度，在互联网产品界广受好评。HRBP 一方面要洞察和挖掘业务部门的需求，另一方面要向员工快速交付 HR 产品和服务，故该模型对 HRBP 有指导意义。

- 魅力属性：HRBP 的服务能给用户带来意想不到的惊喜，如果不提供此服务，用户满意度不会降低；提供此服务时，用户满意度会有很大提升。
- 期望属性：提供此服务，用户满意度会提升；不提供此服务，用户满意度会降低。
- 必备属性：提供此服务，用户满意度不会提升；不提供此服务，用户满意度会大幅降低。
- 无差异属性：提供或不提供此服务，用户满意度都不会改变，用户根本不在意这项服务。
- 反向属性：用户根本没有对此类服务的需求，提供后用户满意度会下降。

狩猎模型并不是直接用来测量用户满意度的，而是通过对用户的不同需求进行差异化处理，帮助产品找出提高用户满意度的切入点。

狩猎模型认为，忙于事务型工作的 HR 提供的满足基本需求的服务，可能不会让用户满意，但一旦失败一次，就会让用户不满意。因此，还得加强对事务型工作的维护及支持，不至于降低已有用户的满意度。而对于 HRBP，狩猎模型对他们提出了更多的期许，HRBP 要对环境变化保持足够的敏感，并需要更多元化的判断能力，尽量避免满足“反向需求”，更多地满足“期望需求”和“魅力需求”。

应用狩猎模型的步骤见图 7-9。

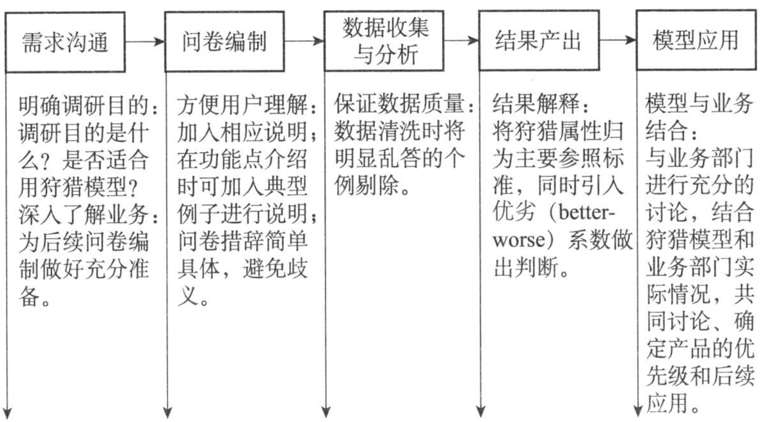

图 7-9　应用狩猎模型的五个步骤

4. 组织诊断工具：六盒模型

随着商业环境的剧烈变化，公司业务调整愈发频繁，业务部门层面的组织变革也时有发生。面对业务部门的组织调整需求，HR 经常需要快速应对，而这种做法只是解决了一时的问题，忽视了对业务部门问题的根本原因、组织架构调整目的等方面的实质性思考，存在“头痛医头、脚痛医脚”的问题。为此，HRBP 要更有问题意识，寻找业务部门的真问题，并直击问题本质，这样才能更符合业务部门健康发展的理念，即从支撑业务部门商业模式成功的各项组织能力的角度发现并弥补关键漏洞与缺失，最终承载、强化业务部门商业模式的成功。当然，HRBP 可以借助可靠的工具来识别业务部门的真问题，就像灯塔为船只指引方向。韦斯伯德提出的六盒模型（见图 7-10）作为系统化的组织诊断工具，能帮助 HRBP 对业务部门的组织调整需求进行系统的分析，进而制定应对策略，采取相应的管理措施，为业务部门创造价值。

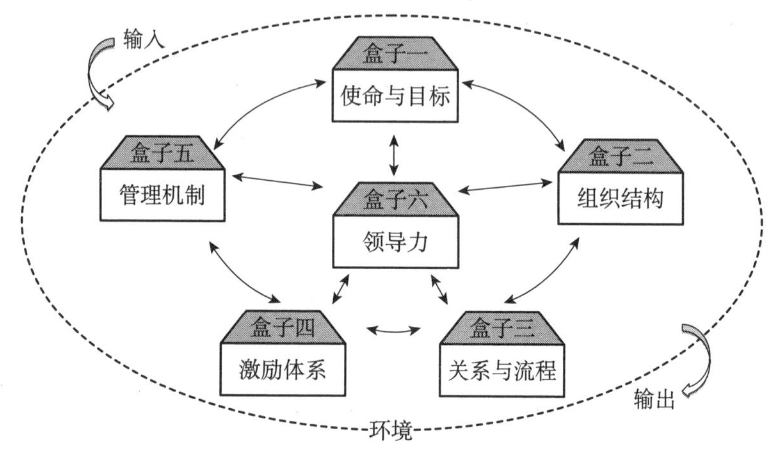

图 7–10　韦斯伯德的六盒模型

（1）六盒模型的构成

根据韦斯伯德的理论，盒子一关注的是组织的使命与目标。使命是组织存在的理由，即回答组织为什么存在。使命为组织确立了经营的指导思想、原则和方向等。使命往往是笼统的、抽象的，需要一系列具体的目标来实现。组织的使命与目标要在“我们想做什么”（内因）和“为了生存我们必须做什么”（外因）之间进行权衡，权衡的成果是形成战略优先级（priorities）。战略优先级将引导组织认清自己的用户是谁、打造什么产品以及开展什么项目等。使用盒子对组织的使命与目标进行诊断时，最核心的两个要素是目标的清晰性和一致性，二者缺一不可。不明确的目标会影响组织和客户之间的信任关系；组织内部各级人员无法就优先级达成共识时，会产生内耗或冲突。这两点会共同削弱组织的竞争力。

盒子二关注的是组织结构。组织在明确了使命与目标后，还需使其使命与目标在组织和管理上得以有效的传递与落实，这就涉及组织结构的选择，即企业采用什么样的组织结构类型。现代企业中比较有代表性的组织结构有直线职能制、事业部制、矩阵式，以及在互联网时代兴起并逐步成为主流的平台式。

在直线职能制中，组织从上至下按照相同的职能将各种活动组合起来，例如按产品、研发、设计等划分部门。直线职能制可以不断优化和提升组织内部的效率，促进专业化分工。这种组织结构的缺点也十分明显，例如易催生官僚主义，对外部变化反应较慢，部门间缺少横向协作。

事业部制结构，有时也称为产品部制结构或战略经营单位。这种结构针对单个产品、服务、产品组合、地理分布、商务或利润中心等来组织事业部。对于外部用户而言，由于事业部制一切以最终的产品和服务为中心，有助于提高用户满意度。然而这种组织结构并不鼓励专业化分工，这使得组织中的人才难以在各自的专业通道中深耕细作。

矩阵式结构是直线职能制结构和事业部制结构 (纵向和横向) 的结合。矩阵式结构的特点是产品经理和职能经理在组织中拥有同样的职权，员工需同时向二者汇报。当环境一方面要求专业技术知识，另一方面又要求每个产品线能快速做出变化时，组织适合采用矩阵式结构。然而这种模式中的双重职权注定带来高（金钱、时间）成本，例如双重的预算线、双重的奖励制度、倍增的会议量和冲突管理。

平台式结构是通过对组织机制和形式进行巧妙的组合而形成的一种结构，主要由平台和临时性项目团队或多功能团队组成。其中，平台是平台式组织的一种基本的形式结构，一般仅发生周期性变革；临时性项目团队或多功能团队则易发生高频的、难以预测的变革甚至重组。平台式组织不仅责任下沉、权力下放，更重要的是战略上采用生态布局，平台上采用数据驱动。然而商业模式的构思、战略的持续迭代、组织的频繁调整让很多平台式组织的忠实拥护者望而却步。

对盒子二的诊断除了简单分析当前组织结构的优缺点，还要联动盒子一的使命与目标来，例如，当前选择的组织结构能否支持业务部门获得成功，更新后的使命与目标最适合采用什么样的组织结构，以及在不影响使命与目标落地的前提下，有无更简化、更低成本的组织结构等。对于人力资源，HRBP 寻求使命目标和组织结构之间的匹配，并推动组织结构的落地，例如绘制组织架构图、维护更新汇报关系，以及确保分工的合理性等。

盒子三关注关系与流程。韦斯伯德介绍了三种重要的工作关系：人与人之间的关系，例如同事关系，领导与员工的关系等；不同事业部之间的关系；人与技术（即系统或设备）的关系。HRBP 应根据完成工作所需的相互依赖程度来诊断内外部协作关系。盒子三经常被诊断出“症状”，如该项任务需要员工彼此协作，但实际未做到位；又如该项任务用不到员工协作，员工却因各种原因被要求以协作的方式完成，例如，以实现人际和谐之名，或仅因为组织认为员工理应如此。HRBP 不是控制症状，而是要找到症状背后的原因，通常要仔细分析流程存在的问题，流程中是否存在冲突和不明确的地方。

盒子四关注的是激励体系。尽管大多数组织都有成熟的激励体系，但这并不能确保员工实际上获得激励。激励理论从不同角度对此现象提供了解释。例如马斯洛的需求层次理论指出某项激励措施一旦使需求（例如，安全需求、社交需求）得到满足，就不再具有激励效果。赫茨伯格的双因素理论将组织激励体系中的各项激励措施归为两类。一类是保健因素，例如薪酬、工作环境、领导与员工的关系等；另一类是激励因素，例如成长发展、自主工作、成就认可等。赫茨伯格认为只有激励因素可以带来员工满意度进而是绩效的提升，保健因素做得再好也只能让员工感受不到“不满意”，例如挑不出毛病，而非带来满意，因而起不到激励作用。自我决定理论一反常规地指出外部奖励，例如薪酬，会削弱员工的工作动机，理由是外部奖励让员工认为自己从事当前工作是不得已而为之，而非出于自愿。HRBP 既要理清组织和业务现有的激励体系，诊断激励体系是否适合业务部门的发展，是否清晰透明，又要将激励理论的洞见迁移到业务部门的实践中，评估各项激励措施在实际工作中能否对员工起到预期的激励效果，即激励的有效性。

盒子五是关于组织中的管理机制。机制一词最早源于希腊语，原指机器的构造和工作原理。其中，构造是指机器由哪些部分组成，各个部分的存在是机制存在的前提。工作原理是指机器是怎样工作和为什么这样工作，这是机制的本质。把机制引入不同的领域，就产生了不同的机制。引入管理领域就产生了管理机制，管理机制是指在正视管理系统中各个部分存在的前提下，协调各部分的关系以使组织更好地提高运作效率的原理。管理系统中的各个部分包括，组织、制度（劳动制度、人事制度和分配制度等）、流程、领导力、管理工具（例如，周例会、数字化协同办公系统以及 Office 办公套件等），是管理机制的前提，管理机制的本质包括牵引机制、激励机制、评价约束机制和竞争淘汰机制。

首先，HRBP 要厘清业务部门有哪些管理机制，并对这些机制的有效性进行诊断，评估组织模式、流程、工具等的实际效果。如果 HRBP 诊断出管理机制本身出了问题，通常有两种解决思路。第一，调整机制的盒子。例如业务的战略分析会，作为管理机制的重要构成部分，地位很重要，然而会议频率太高容易导致战略执行不到位。HRBP 可以建议业务部门调整会议频率。第二，向前诊断问题诱因，调整问题源头的盒子。以业务周会为例，HRBP 观察到业务部门领导在上面讲，而底下员工在各忙各的，周会效果欠佳。在判断周会的内容形式与会议的组织没有异常后，HRBP 可以往前进行诊断，问题可能出在盒子一，例如领导确定的组织目标未得到成员的一致认可；或者是出在盒子二组织结构的汇报链不清晰，导致下级不配合。

其次，由于管理机制与所有其他盒子的内容紧密相关，HRBP 进一步诊断导致前面盒子出现问题的机制层面的原因。例如，面对业务部门难以就组织目标达成共识的问题，HRBP 考虑牵引机制是否存在问题，并从组织的使命与目标牵引、绩效考核、团队沟通渠道等 HR 职能工作方面探索牵引机制可能存在的具体问题。

盒子六关注的是领导力。领导力是影响一个团队实现愿景或目标的能力。根据现代管理理论，一位具有变革精神的管理者往往具有以下四个特点：第一，具备领导力，即领导者能为整个团队提供使命和目标，灌输集体荣誉感，能够赢得团队成员的尊重与拥护。第二，具有感召力，即管理者能以多种方式激发团队士气，能以通俗的方式传达重要精神。第三，激发智力，即管理者能够激发团队成员进行逻辑思考、发散思考，并培养成员解决问题的能力。第四，个性化关怀，即管理者能够关爱员工，根据员工特点“因材施教”，为员工提供指导和建议。各企业通常也会结合自身的特点建立领导力模型。HRBP 结合管理者应具备的优秀品质或公司的领导力模型对业务部门的管理团队进行评估。

HRBP 还应认识到业务部门的管理者是业务部门人力资源管理的第一责任人，他们顺理成章地负起扫描、监测六个盒子“雷达屏”的责任，诊断到雷达屏幕上的“亮点”后下定纠正决心和采取纠正行动的人也应该是管理者。因为只有当业务部门负责人认可了业务部门的痛点，并下决心解决问题，此时 HR 提出解决方案才名正言顺，也更容易落地。HRBP 要审视领导团队在六个盒子上做得如何，例如在确定组织使命与目标的过程中做得如何，在组织结构和使命与目标的匹配上做得如何，以及在化解关系冲突和激励方面做得如何等，向业务部门负责人建言献策，起到向业务部门管理者赋能的作用。

（2）使用六盒模型的经典步骤

• 使命与目标——组织是否有清晰的使命与目标？员工是否理解并认同组织的使命与目标？

• 组织结构——组织内部的工作是如何分配的？考虑到组织使命，人才的配置是否合理？

• 关系与流程——组织内各单元是怎样协调的？缺乏协调是否会引起矛盾？

• 激励体系——所有需要完成的任务是否都有相对应的激励措施？激励措施是支持还是阻碍了任务的完成？

• 管理机制——支持组织高效运作的管理机制是怎样的？

• 领导力——观察其他五个盒子是否存在异常事件或意外结果？其他五个盒子是否处于均衡状态？若失衡时要采取怎样的行动及时纠正？

（3）一种调整诊断步骤的新思路

关于六盒模型有一句口诀：“不管业务和组织架构怎么变，六个盒子跑一遍。”这句话讲述了按经典理论中的步骤使用六盒模型就可以实现既定的组织诊断效果，体现了六盒模型经典步骤的简易性和实用性。

业务部门区别于职能部门的一个显著特点是以服务客户为业务主流程。HRBP 使用六盒模型对业务部门进行组织诊断时，可以考虑先关系与流程（盒子三）后组织结构（盒子二）的顺序，使组织设计随业务主流程的需要进行灵活调整。

在字节跳动某业务销售团队中，HRBP 在进行组织诊断时通常会以一个需要多个团队协作完成的客户服务流程为切入点，HRBP 先和业务部门共同梳理工作串联的相关内容。客户服务具体流程分为三个核心阶段：对于新开发的客户，先进行电话销售沟通；有意向后转入面对面的销售流程；签署意向后流转到增值团队进行客户的长期跟踪与维护，确认客户是否会持续购买服务。在确定好工作流程后，业务部门指定在流程上下游之间配合的接口人，在跨团队协作的同时确保合作部门资源能够及时配置，实现上下游合作的畅通，支撑各核心阶段客户价值的创造与交付。HRBP 在与业务负责同事厘清该项业务流程后，再为业务设计出更有利于团队协同，进而快速响应客户在各阶段需求的组织结构。这个过程展示了一个“先关系与流程、后组织结构”的六盒模型使用策略。

5. 战略规划工具：业务领先模型

HRBP 角色设计的初衷是让 HR 融入业务，深度参与业务部门的战略制定，进行客户导向的 HR 战略规划，为业务部门创造价值。然而在如此美好的愿景下，每一位 HRBP 都绕不开一个问题，那就是如何先在业务部门站稳脚跟。早期华为在制定战略时，HR 也是不被邀请的。有时业务战略里需要补充 1～2 页有关人力资源规划的内容，“完形填空”就成了 HR 少有的参与业务战略制定的机会。应用业务领先模型（Bussiness Leadership Model，BLM）让业务部门认识到单靠商业模式的成功是不够的，与商业模式成功相配套的业务战略与人力资源战略同样不可或缺。自此，HR 在华为的业务部门中不再是可有可无的角色，HRBP 会深度参与业务战略中关于人力资源管理方面的制定与落地执行这样一个闭环。同时，BLM 也让 HR 与业务部门的连接更加紧密。

BLM 是一个完整的战略规划方法论。这套方法是 IBM 在 2003 年研发出来的。这个方法后来成为 IBM 从公司层面到各个业务部门共同使用的统一的战略规划方法。在国内，华为 2005 年率先引入 BLM，开始仅在销售服务体系应用，后来逐步推广到研发和其他体系。如今，华为的各个业务部门在制定业务战略时，仍在沿用 BLM，例如业务部门在做 2021 年度规划的时候，内容上就有业务战略和人力资源战略两个部分，形式上也有了例行的机制。BLM 使 HRBP 能更好地理解业务，为业务部门提出有针对性的、切实可行的人力资源解决方案。

（1）BLM 的构成

BLM 分为四部分（见图 7-11），最上面是领导力，公司的转型和发展归根结底在内部是由管理者的领导力来驱动。最下面是价值观，这是底盘。中间的两部分分别为战略和执行。好的战略还要有非常好的执行，没有好的执行，再好的战略也会落空。

BLM 保证人力资源管理与业务管理紧密关联，比如华为运用 BLM 之后，在战略执行环节，HRBP 是业务引导员，成为主力。人力资源管理和业务管理不再是割裂的两张皮，HR 不再可有可无。

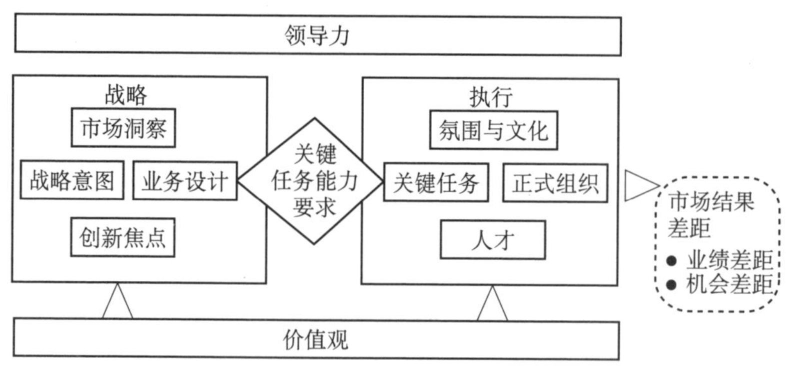

图 7-11　业务领先模型（BLM）

BLM 属于迈克尔 · 波特竞争力学派的战略分析模型，该学派认为战略制定的本质在公司外部，与公司所处的环境密切相关。由此分析业务目标与当前市场结果的差距是 BLM 的逻辑起点。市场结果差距又分为业绩差距和机会差距两类。

BLM 中，企业的战略制定包括四个方面。

第一，战略意图。战略意图指的是公司、部门的方向和希望实现的目标，或者说想做成什么事，达成一个什么样的结果。通常战略意图可以是对未来 3～5 年的描述，而战略目标一般是分年度的对具体目标的陈述。好的战略规划，始于好的对战略意图和战略目标的陈述，这是战略规划的第一步。

第二，市场洞察。市场洞察指的是要对影响业绩的关键外部因素进行清楚的了解，不仅了解现状，还要努力预见未来的发展。这包括客户需求、竞争者状况、技术发展趋势、市场结构乃至经济结构的发展。市场洞察决定了战略思考的深度，其目的是清晰地知道未来的机遇和企业可能碰到的挑战与风险，理解和解释市场上正在发生什么以及其对公司未来的影响。

第三，创新焦点。创新焦点是指如何在一个战略设计里，运用创新的方法捕捉更多创新的思路和经验。在新的战略设计中，为企业的竞争力和差异化商业模式带来新的增值点。把创新作为战略思考的焦点，其目的是捕获更多的思路和经验。好的创新体系是企业与市场进行同步的探索和实验，而不是独立于市场之外的闭门造车。

第四，业务设计。一个好的业务设计要包含六个方面的要素，包括选择客户、价值主张、价值获取、活动范围、价值持续增值和风险控制。战略思考要归结到业务设计中，即要判断如何利用企业内部现有的资源，创造可持续的战略控制点。好的业务设计要回答两个基本的问题：新的业务设计是否建立在现有能力的基础上？企业能否获得所需要的新能力？

企业的战略执行也包括四个方面：

第一，关键任务。关键任务给出了执行的关键任务事项和时间节点，并且对企业的流程改造、流程重建提出了具体要求。关键任务统领执行的细节，是连接战略与执行的轴线点，给出了执行的关键任务事项和时间节点，并对企业的流程改造提出了具体要求。

第二，正式组织。正式组织指的是为了确保关键任务和流程能够有效地推进和执行，需要建立相应的组织结构、管理制度、管理系统以及考核标准。正式组织是执行的保障。在开展新业务的时候，一定要舍得投入人力和资源。同时要建立相应的组织结构、管理制度、管理系统以及考核标准，否则执行结果往往会大打折扣。

第三，人才。人才是指重要岗位上具备相应的技能，能出色完成业绩的人员。当组织结构等确定之后我们要考虑的自然就是组织内的人才了。人才要有相应的技能去执行战略。组织要有关于技能的描述，以及获得、培养、激励和保留人才的措施。

第四，氛围与文化。氛围是指与企业战略执行相关的管理氛围，文化是员工默认的行为准则，氛围与文化和企业价值观有很大的关系。常见的管理氛围包括手把手教学的教师式、身先士卒的英雄式、激发意愿的教练式和员工自驱动的放权式。在知识经济时代，大多数成功转型的企业，最终都逐渐形成了开放、授权、共享的氛围与文化。

BLM 的关键点在于识别市场结果差距产生的根本原因并治本，不能只是治标。

（2）使用 BLM 的步骤

- 弄清差距：我们是否都同意、理解并能齐心协力地面对差距？

- 直觉调查（头脑风暴）：为什么会产生差距？我们的弱点在哪里？
- 挑战根本原因的每一种假设：为什么？
- 将答案分别归类到 BLM 模型的不同部分中去；
- 核对假设的事实和数据，看是否涵盖了所有部分；
- 检查模型的一致性，识别每一部分中最重要的问题；
- 制订行动计划来解决最重要的问题。

通常情况下，差距是由错误的战略造成的，例如战略制定四个方面中一个或多个方面不协调，或战略执行各方面之间不协调。

HRBP 掌握这五个模型是否可以"一招鲜，吃遍天"，满足业务部门提出的一切人力资源管理需求？答案自然是否定的，因为 HR 的工具方法论不计其数、层出不穷，业务部门的需求也在因时而变。HRBP 如何在实践工作中选择和运用这些模型？回顾这五个模型，GAPS 模型、九宫格模型属于 HRBP 进行人才开发与管理方面的工具，狩猎模型属于 HRBP 感知、营造业务部门文化与氛围方面的工具，六盒模型属于 HRBP 赋能业务部门进行组织诊断方面的工具，业务领先模型属于能使 HRBP 理解、融入，并深度参与业务部门战略制定的工具。这五个模型就好比选拔一位优秀的 HRBP 时的公文筐测试，是 HRBP 的 TCOB 核心业务范围的一个缩影。HRBP 的核心业务范围包括人才（Talent）、文化（Culture）、组织（Organization）、业务（Business），用这些词的首字母遣词造句，可以形成 To Cultivate Our Business（即赋能业务）来形象化记忆。掌握了 HRBP 的 TCOB 赋能业务框架，相当于了解了 HRBP 的核心业务范围与工作边界，HRBP 从业者可以将各类 HR 工具方法论“收入囊中”、分门别类，构建自己的 HRBP 工具箱，在面对业务部门的人力资源管理需求时灵活处理、统合综效。

阿里政委是 HRBP 的变体吗?

“阿里政委”属于阿里 HR 的一种，阿里 HR 有职能型 HR 和业务型 HR，前者负责 HR 领域的政策制定、工具研发，后者则为政委。政委其实是公司派驻到各业务线的人力资源管理者和价值观管理者，与业务经理一起做好所在团队的组织管理、员工发展、人才培养等方面的工作。政委是既懂人力资源管理，又了解业务需求的 HR 通才。

政委和 HRBP 的区别是：HRBP 从理论到实践均源自国外，属于 HR 三支柱理论体系下的概念。而政委体系土生土长在阿里巴巴。它们的共性是基于企业发展和业务需求倒逼、突破传统六大模块的人力资源管理创新。

阿里巴巴政委体系发展导图

阿里巴巴政委体系发展导图见图 7-12。

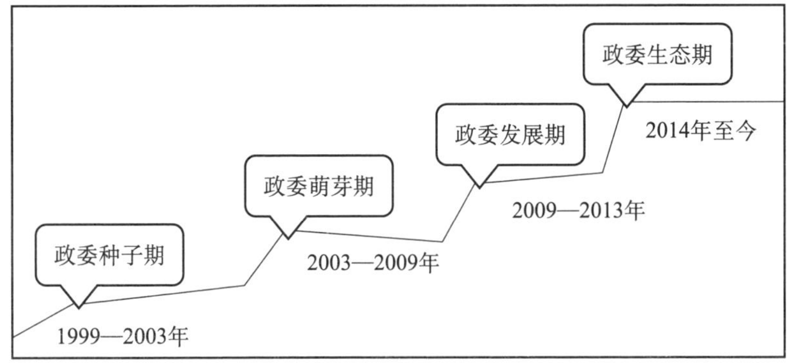

图 7-12　阿里巴巴政委体系发展导图

阿里巴巴政委体系的发展分为四个阶段，与阿里巴巴的业务发展状态是紧密相关的。

政委种子期：1999—2003 年是阿里巴巴政委体系的种子期（简称政委种子期），最关键的是 1999 年，阿里巴巴 B2B 有一个核心产品——中国供应商，中国供应商直销衍生出“中供铁军”，“铁军文化”衍生“政委”几乎是水到渠成的。

当时阿里巴巴一直在思考：如何保证在企业层级增多、跨区域发展成为趋势的情况下，在一线员工中保证文化、价值观的传承，同时对业务和人力资源培养提供更快捷的支持。政委体系是一个很好的文化管控的载体。

政委萌芽期：阿里巴巴的政委体系起源于 2004—2005 年，灵感来自当时两部热播的军事题材连续剧《历史的天空》和《亮剑》。2004 年后，阿里巴巴 B2B 业务高速成长，高速成长行业的特点是人才低位高用。从人力资源配置角度来说，机会多、工作多，但人员不足。阿里巴巴就有必要配置另外一条线，让一个有知识、有阅历，对于组织建设有经验的人辅助业务经理，帮业务经理管好队伍、建好队伍。如果说阿里巴巴此前集中运营 B2B，那么，随着淘宝的诞生，客户端市场被激活，B2C 和 C2C 的市场反推网商和电商的发展，除了在“中供”有这个政委体系，淘宝、支付宝也陆续在内部将政委体系铺开。

政委发展期：到了 2009 年另外一个大的节日腾空出世——“双 11”，这一天从光棍节变成了购物节，天猫、蚂蚁金服、阿里云从那之后慢慢成长壮大。阿里巴巴的商业模式如支付、物流、云服务全面开花。为了配合不断扩张的业务，阿里政委体系进入了一个高速发展期。

政委生态期：2014 年，阿里巴巴进入大数据时代，之前只是把很多业务做到平台化，如电子商务的平台化。而今天电子商务只是阿里巴巴的一个端，阿里云可接万端。于是阿里巴巴做金融、生活、音乐、体育、医疗、健康等业务，所触及领域都已生态化，阿里巴巴的政委体系也随之生态化。“生态化”主要包括三点：阿里巴巴业务的生态化、阿里巴巴文化的生态化和阿里巴巴人员的生态化。“生态政委”一强调链接，二强调赋能。

阿里巴巴政委体系的两大特点

阿里巴巴的政委体系最大的两个特点分别是灵活性和自下而上。

- 灵活性：灵活性是阿里政委 KPI 的特征之一。一方面，相对于传统的职能化 HR，政委处在业务部门中，与业务紧密贴合，而业务指标会随时根据各种情况进行调整，那么 HR 的人员编制、各种计划都需要调整，灵活性就显得格外重要。另一方面，随着科技的进步，企业外部市场发生了翻天覆地的变化，HRBP 要具有敏锐的市场洞察力，及时应对各种变化，并且随时为变革做好准备，以更好地推动组织变革。

- 自下而上：在阿里巴巴的业务部门，更多的时候，决策权在下面，下级部门不是等着上面的指令，这样就形成了一个高效的工作网络，这个网络中的节点是由每一个小的战斗单位构成的，他们拥有充分的决策权。这也就形成了一个自下而上的、自我驱动的机制。

阿里政委的三大能力

- 业务把控能力：政委要能够做出业务判断和组织判断，能够了解竞争对手是谁。政委必须能够跳出企业，主动去了解企业的竞争对手。之前业务部门天天跟竞争对手较量，然后快速成长。阿里政委也要找到自己的竞争对手。如果 HR 没有竞争意识，只是满足于做内部服务，往往会被边缘化或者被外包化。阿里政委之所以叫生态政委，其实就是要放眼生态圈，看哪些竞争对手的业务做得好，马上去学习，哪个竞争对手的 HR 有创新，相互赋能，这样能保证阿里巴巴能够持续往前走。

- 赋能 / 授权能力：赋能，顾名思义，赋予能力。阿里巴巴曾认为政委太强大，以至于所有的选人、团队管理、裁人都要政委参与。这样业务部门负责人的管理能力出现了“真空”。这与政委这种机制在设计时要实现与业务部门负责人站在一起看问题、解决问题的目标发生了偏离。政委要发挥授权与赋能的能力，让业务部门负责人具有管理人、管理组织的能力，而非政委帮助业务部门负责人管理人、管理组织。

- 影响力：政委需要打造个人的影响力，要与业务部门建立共识并取得信任。政委要不断学习和掌握行业最新趋势、扩大自己的影响圈、培育自身品牌，从影响一个人开始，逐步去影响更多的人。

阿里政委的四大角色

阿里政委扮演的四大角色见图 7-13。

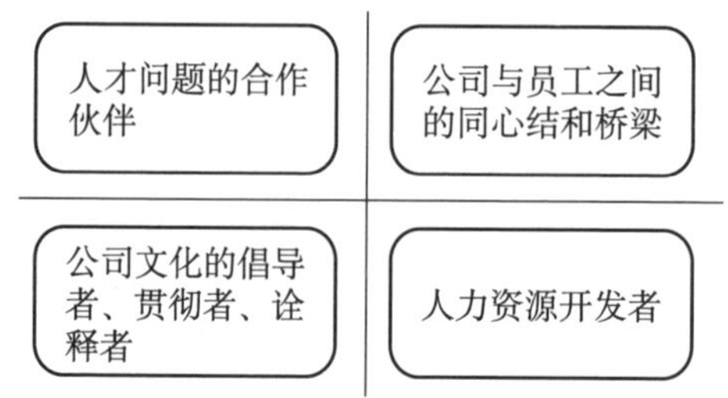

图 7–13　阿里政委的四大角色

1. 人才问题的合作伙伴

政委要善于与员工沟通，了解其生活、工作的状态，清楚其目前遇到的问题，并帮助员工解决问题。

2. 公司与员工之间的同心结和桥梁

政委作为公司与员工之间的桥梁，起着承上启下的作用，要善于将上层的战略、决策等向员工解释，同时也要将员工的问题及时向上反馈。

3. 公司文化的倡导者、贯彻者、诠释者

阿里巴巴是一个十分重视价值观的企业，政委扮演的一个很重要的角色就是“文化大使”。政委要在充分理解企业文化、价值观的基础上，不断地向一线员工传播企业文化、价值观。并以身作则，作为文化贯彻者来影响身边的员工。

4. 人力资源开发者

政委通过解决员工的问题、提升员工满意度，来不断地促进员工能力、技能水平的提升，实现人力资源管理的价值增值。

阿里政委的五大特色工作

阿里政委的特色工作包括“闻味道”“感受温度”“照镜子”“揪头发”“搭场子”。

1.“闻味道”

所谓“闻味道”，是指政委要感知组织冷暖和体察员工状态。任何一个团队的氛围，其实就是管理者自我味道的一种体现与放大。一个管理者的味道，就是一个团队的空气，无形无影但无时无刻不在影响每一个人思考和做事的方式，尤其影响团队内部的协作以及跨团队之间的协作。每个组织都有自己的气场，管理者既要有敏感度和判断力，又要懂得望、闻、问、切。闻味道的基本方法包括：反复观察与综合诊断。什么是闻味道，说得通俗一点，就是反反复复地去观察，作为政委要会观察，还要有悟性，如果不会观察人的话，一定做不好政委。深层次的闻味道即是综合诊断，政委要能够判断某个员工的工作风格与阿里巴巴的主流文化是否一致，团队的氛围是否融洽，是否需要及时做出调整等。

2.“感受温度”

所谓“感受温度”是指政委要善于和团队深度交流，需要及时感知这个团队的状况，团队士气是否过于低落，需要设法振奋一下，团队士气是否“高烧不退”，需要降温。作为政委，需要及时解决团队中的问题，也许是沟通问题，也许是支持问题。

3.“照镜子”

通过“照镜子”来修炼一个管理者的胸怀。因为政委需要通过上传下达来推进企业与组织的发展，以自己为镜，做别人的镜子，以别人为镜子，完善自我。

政委需要主动去和三种人交流：上级、平级、下属。在阿里巴巴，有一个说法“对待上级要有胆量，对待平级要有肺腑，对待下属要有心肝”，每个层级所重视的内容不一样，上级关注你的思维和价值观，平级关注你的沟通方式与胸怀，而下属关注你的能力和对他们的关爱。

以别人为镜子，政委需要创造一个简单信任的团队氛围。政委团队流传着一句话：“你对我不满意，就来找我，可以骂，可以批。但如果你不对我说，而是在背后说，那么请你离开。”一个团队有了信任，才有可能产生协作的土壤和机会。

4.“揪头发”

通过“揪头发”锻炼一个管理者的眼界，培养向上思考、全面思考和系统思考的能力，杜绝“屁股决定脑袋”和“小团队”，从更大的空间范围和更长的时间跨度来考虑组织中出现的问题。在业务部门发生变化的时候，政委要在业务部门还没有做好准备的时候，就和公司管理层配合，提前做好准备。政委要站在更高的地方去思考和解决问题。

5. “搭场子”

“搭场子”是指政委要善于建立渠道，让冲突得到妥善的解决。其核心是搭建沟通的渠道，搭建员工之间、员工与主管之间、员工与经理之间、经理与主管之间、主管和主管之间、HR和所有人之间的真实有效的沟通渠道。

“搭场子”有两个动作，一个是给“鲜花”，另一个就是给“拳头”。给“鲜花”，其实就是学会欣赏，欣赏非常重要，作为政委，要学会欣赏业务团队，欣赏之余要发现问题，然后再给他们一些“拳头”，点出他们的痛处。所有这些，都需要政委在前面做很多了解工作。

HRBP 内也有一个 HR 三支柱：俄罗斯套娃版本

所谓“俄罗斯套娃”是指在 HRBP 的内部又分出来一个 HR 三支柱，以腾讯为例，我们来看看其 HRBP 的分工（见图 7-14）。

如图 7-14 所示，腾讯事业群 HRBP 分为三大块：Function 组、BP 组和助理组。其中，Function 组主要与 COE 对接，一方面保证政策落地，另一方面驱动 COE 完成任务。BP 组是传统意义上的 HRBP，参与到业务当中，打破模块的界限，针对业务问题提供完整的解决方案。助理组与 SDC 对接，主要处理

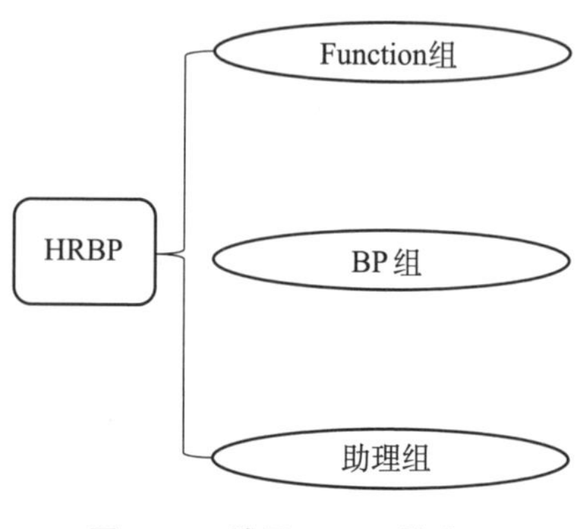

图 7–14　腾讯 HRBP 的分工

一些事务性工作，一个助理要对接多个 HRBP。

HRBP 内部的 HR 三支柱互相协作，高效地处理着腾讯事业群 HR 中心的工作，与 COE 和 SDC 妥善对接。举个例子，当 COE 出了一个 40 页的政策，与其对接的 Function 组可以把这 40 页的政策文件给 BP 组，BP 组要对这 40 页政策进行深入理解，然后根据业务部门的实际情况提炼出政策最有效的部分（最多 5 页），最后提交给业务部门。

腾讯 HRBP 驱动组织变革，提升组织活力

2012 年 5 月 18 日腾讯进行了有史以来最大的一次组织变革，腾讯人称之为"5・18 变革"。变革中，腾讯启动了移动互联网事业群（MIG）架构调整。主要变动是：手机 QQ 和超级 QQ 业务调至社交网络事业群，手机游戏对外合作部门调至互动娱乐事业群。此外，原 MIG 总裁刘成敏将以"退休"的名义从

腾讯离职。“5·18 变革”将核心产品从 MIG 分离了出去。

当核心产品被分离出去后，留给 MIG 的只剩下手机安全、浏览器，那个时候应用宝刚刚进入市场，还是一个雏形期的产品。MIG 的员工认为手机安全生存不过三个月，浏览器比不过竞争对手，所以那个时候大家对 MIG 的未来普遍缺乏信心。

产品不断碰撞磨合的过程是痛苦的。专业背景不同、业务能力都很强的团队成员难免会坚持自己的判断。在产品的更新迭代过程中，管理团队充分意识到小团队作战的灵活优势，于是决定从组织架构上采用 FT 模式对整个团队进行大刀阔斧的改革。

FT 是 Feature Team（特性团队）的简称，是由多个角色一起，以用户为中心的产品特性为最终的交付价值，完成端到端的产品特性长期固定的团队。FT 是由具有多种技能的人员组成的跨职能、学习型、长期存在的团队。FT 小组模糊角色概念，倡导团队共同完成特性从而实现端对端（而不仅是某个组件中间）的价值交付。

管理层将 150 个人的大团队分成 10 个 FT，每个 FT 都配齐各种岗位，研发、运营、设计，这样每个功能都有责任人，权责利更加清晰。以前的项目经理成了 FTO，FTO 相当于创业公司的 CEO，员工一下有了主人翁意识。通过这样的形式重燃团队的活力。

在这次组织架构的变革中，HRBP 发挥了重要作用，HRBP 提供组织变革的方法与工具、设计 FT 团队的绩效考核方案、积极与员工沟通交流以诠释变革的意义。HRBP 相当于变革的催化剂，驱动了整个团队的组织变革，最终提升了 MIG 的活力。

2015年，是MIG丰收的一年，手机安全、手机浏览器、应用宝三个产品登上了腾讯的最高荣誉宝殿——名品堂。

虽然不能说是HRBP驱动的FT模式让业务部门取得了今天的成绩，但HRBP的确为业务部门探索出一条合适的运营管理之路，让人心涣散的MIG重新有了活力，每一个小团队的成员都充满了自主的创客精神，敢于主动去尝试技术和应用创新，从而在一定程度上避免了大公司病。

海尔"融入HR"助力小微成长

HRBP在海尔被称作融入HR，仲娜是海尔洗衣机的人力资源负责人同时也是免清洗小微①的融入HR，她的经历就是海尔小微融入HR角色的过程。仲娜通过在小微中扮演的四种角色，不断助力小微成长。

仲娜扮演的第一个角色是组织变革催化剂。海尔的小微机制事实上是深刻的组织变革。在互联网时代，为了快速应对用户需求的变化和加快对市场的反应，海尔将企业以小微的形式细分。可以说海尔整个组织变革的历程，就是一个小微落地的过程。

海尔整个架构分成许多用户小微、节点小微等等。在组织变革前，企业的流程是串联的，首先是设计，之后是制造、销售、售后服务。组织架构也相应地是直线串联的组织，各节点

① 免清洗小微是海尔平台上孵化出来的众多独立运营的创业团队之一，该团队主要负责开发洗衣机的免清洗功能。

分工明确，职责界限明确，部门内效率高，但各节点之间较难形成全局观，整体响应速度慢。

2014 年，海尔集团推进互联网战略组织转型，紧扣用户最佳体验，利用与用户零距离的组织，通过全流程并联协同及利益共享、风险共担机制，实现相关利益者价值最大化。

仲娜作为洗涤人力的接口人，积极推动这次组织变革，通过与各节点的负责人及平台主沟通，梳理组织的定位及职责。

仲娜在这个过程中充当人力资源管理者的引领者，一方面推动组织改变，另一方面推动架构变化，承接网络化模式下的并联交互引领目标，通过全流程用户零距离最佳体验，实现企业平台化、员工创客化、用户个性化。

仲娜扮演的第二个角色是员工沟通师。面对这种重大变革，每个人的看法肯定不一样，甚至有人会存在抵触心理。这就需要沟通，而这项工作的主要完成者就是仲娜。她频繁地向每个小微成员解释变革的意义。免清洗小微成员小李原来是开发部的一位企划工程师，负责一二级市场型号企划，在组织变革启动沟通会后，她找到仲娜表达了自己的困惑：原来的组织节点已有很多，跨部门沟通很费事，现在再成立一个用户小微跟各节点小微对接，效率肯定很低，甚至成为各节点推诿、不作为的借口，这样用户小微每天就只能充当法官的角色了，所以她不想加入用户小微，希望能保留原来企划组织的岗位现状。

员工有困惑不要紧，怕的是有困惑没有解决方案。仲娜向小李说明了用户小微的定位：用户小微是以用户体验最佳为目标、为不同细分用户群提供智慧生活最佳解决方案、与全流程节点小微同一目标对赌、共创用户价值且相关利益者共享价值的并联组织。用户小微的设立就是为了解决全流程并联的问题。通过一次次的沟通，小李终于领会了用户小微这个组织的定位与价值，积极报名抢单，最终成功进入免清洗用户小微组织中，她主动与免清洗小微主一起和全流程各个节点小微签订了并联对赌契约，明确了全流程节点同一目标引领的“单”，最终开发节点协同资源，提前保障了样机的到位时间，市场节点小微如期开展了营销活动。小李深深地体会到：同一目标是各并联组织必须遵循的，为了满足用户需求，各节点小微应该主动抢单创造最佳的用户体验。

第三个角色是倡导者。小微布局的结算来源于抢单，没有单就没有项目，也就没有资金。或者说，亏损的项目或者用户不接受的项目也会影响收入。现在海尔的小微模式不按技术划分，所有的小微都可以抢项目。抢的单越多，薪酬也会越高。从薪酬的角度而言，从给员工发工资，变成员工挣工资。而最终都是按照用户需求也就是用户来付员工的薪酬。用户小微组织布局调整后，仲娜作为洗涤人力资源接口人，积极推动用户小微、节点小微、生态圈小微的组织交易结算关系并推动用户付薪小微机制落地。仲娜为了推进用户付薪机制的落地，开展了多次员工意见调研，并召集了多次小微互动沟通会。

在这个过程中，首先，仲娜就什么是用户付薪和员工做了互动讨论。大家对非用户付薪能有大体的判断，例如组织包薪、按岗付薪、吃大数、非用户交互……对什么是用户付薪还是比较模糊。通过现场沟通会，大家进行头脑风暴式的讨论，对用户付薪进行了如下总结：用户付薪就是每个人都面对用户，明确自己的单，各节点的薪酬来自同一目标用户价值的共赢共享、共担风险。用户付薪的原则是薪酬来源于用户，创造的用户价值越大，用户付酬越多。用户不付酬，小微、个人就无薪酬，无薪酬的就解约、解散。

其次，仲娜又对为什么推进用户付薪进行了现场互动。通过用户付薪能实现与用户零距离接触，快速满足用户需求，实现用户最佳体验；驱动资源开放，吸引共赢共享的利益资源方；基于同一目标，实现向平台化企业的转型；推动人人创客，促进个人价值的实现。

用户付薪的模式在小微推广落地后，驱动了互联工厂提前并联，免清洗的市场效果很显著。

仲娜的第四个角色是激励水平的设定者。以免清洗为例，最开始定的目标是销售量达到 5 万台。目标论证是小微最头疼的一件事，小微大多会保存实力，不敢抢大单，怕完不成。在与免清洗小微确定销量目标的时候也遇到了这个问题。一开始，免清洗小微依据市场容量确定了 2014 年 5 万台的销量目标。仲娜了解到这一情况后，经过多方调研、沟通互动，最终确定了免清洗全流程同一目标对赌及超利分享的机制，针对不同的拐点目标有不同的激励方案，比如达到 5 万台，有一种激励，达到 10 万台、20 万台，激励水平各不一样，超出利润目标的话还可以进行超利分享，小微主在这个机制的驱动下主动抢了免清洗 20 万台的目标，并跟全流程节点小微签订了对赌契约。利用确定了拐点的机制，海尔充分调动了员工的积极性。

08

第八章

实现平台价值突破：SDC 的设计与实践

起初，SSC 的理念是将人力资源管理中大量重复性、事务性的工作整合处理，提升企业管理效率，让 HR 能更聚焦于创造价值的工作。在移动互联网时代，SSC 不仅要提高效率，还要满足员工、管理者的个性化需求，于是中国企业将 SSC 升级为共享交付中心（SDC），其核心是用服务推管控、用产品绑用户、用交付显价值。

SSC 是 HR 配置作战资源的后台

SSC 不止共享这么简单

SSC 是成本驱动下不得不共享的过程。每当提及人力资源部，人们最先想到的是招聘、薪酬、绩效考核等传统职能。但随着移动互联网时代的到来，人力资源部已不再只是发挥支持性的作用，它被赋予了更多的战略性职能，需要为企业提供相较之前有更高附加价值的服务，参与更多的一线工作。同时，它也被赋予提供更多创新方法和解决方案的职能。

人力资源管理已开始转变为战略性人力资源。随之而来的是企业对人力资源部更高的要求：要将人力资源部从传统的事务性工作中解放出来，将更多的精力投入到战略性工作中去。在这样的背景下，SSC 作为一种有效的资源整合模式，开始进入管理者的视野。

SSC 的概念起源于 20 世纪 80 年代的美国，其原理是将企业原本分散在不同业务单元的事务性工作或者需要充分发挥专业性的工作（如财务、人力资源管理、IT 和法律等），从原来的业务单元中剥离出来，交给专门的部门运作。SSC 通过与内部业务客户签订合同，形成企业内部的市场化契约关系，为内部客户提供高质量、低成本的标准化和专业化的服务，提升运营效率和服务质量。在人力资源管理领域，SSC 实现了事务性工作（如员工招聘、薪酬福利核算与发放、人事档案管理、人事信息服务管理、劳动合同管理、新员工培训、咨询与专家服务等）的集中化，使得 HRBP、COE 能够从事务性工作中脱身，更加专注于战略性工作。

SSC 中共享是形式、集成是手段、价值场景交付是目的、成本和服务效率是检验标准。企业通过建构 SSC 可以有效结合各业务单元的需求，重新定位人力资源部，减少各级人力资源管理部门的从业人员数量，优化组织机构设置，整合事务性工作，完成流程梳理和流程再造，实现工作标准统一、服务标准一致的目标。目前，我国许多企业设立了 SSC。事实证明，SSC 已为我国众多企业解决了人力资源管理问题，并达到了整合后“1+1>2”的效果。

随着时代的发展，SSC 已成为企业 HR 数字化转型的重要驱动力，其价值创造的方式早已不仅仅局限于通过标准化来节约成本和提升效率。在 SSC 的基础上，SDC 的概念应运而生，

SDC 不仅继承了 SSC 的标准化承载属性，还拓展出交付属性、链接属性，以及中台搭建能力，即“3+1”的价值创造属性，成为当代企业数字化人力资源组织结构中不可或缺的一部分。作为企业内部客户（COE，HRBP）的效率专家与内部用户（员工和管理者）的后盾，SDC 推动着企业 HR 创造更大的生态价值。

第一，SDC 的交付属性强调对企业中 HR 专业职能的承接和落地，而 HR 专业职能的底层逻辑、政策举措主要由 COE 设计，由此不难看出，交付属性主要是指对 COE 在专业职能方面的承接。因交付属性对系统、平台等有较高的要求，SDC 自然成为企业的“不二之选”，SDC 通过服务交付来完成对 COE 的承接。而对于没有 SSC 的企业，通过采购第三方服务也可以实现对 COE 在专业职能方面的承接。

总之，交付本身是 HR 创造价值的一个重要来源。SDC 的交付属性包括提供系统平台、流程优化等方面的支持，确保 COE 在各专业职能领域的策略、政策能够被贯彻执行，具体的 HR 实践、举措能够有效落地。

第二，SDC 的链接属性体现为它可以作为与内部用户沟通的桥梁。SDC 通过技术平台实现了信息的高效流通和知识共享，从而让每位员工可以即时访问 HR 产品、服务，使员工与 HR“全天候”“零距离”互动成为可能。此外，SDC 产品、服务的设计也越来越强调人际交叉与网络化，例如将促进上下级、同事间的沟通，以及业务间的互通体现在产品、服务的设计上。这些不仅增强了员工、管理者等 HR 内部用户与 HR 的交互，而且激发了用户的自管理与主动参与管理，从而提高了组织的管理效能。

在 SDC 建立的这种与用户高度互联的实体（例如，服务窗口）和虚拟平台（例如，PC 端、移动端）上，员工和管理者可以即时、便捷地触达所需要的 HR 产品、服务，这提升了个人和团队的管理效率，有助于激发个人贡献和团队合作。同时，链接过程产生出来的大量的信息数据又是一座巨大的宝藏，可以提供给 COE、HRBP，以及公司的决策者，发挥数据的价值。

第三，SDC 的标准化承载属性指的是对 HR 事务性工作的执行标准和流程进行规范，确保不同业务单元和地区在开展事务性工作时执行标准和流程的一致性。这种统一的做法不仅提高了工作效率，还有助于减少操作错误、提升服务质量，强化 HR 业务的可靠性。标准化流程也方便进行持续的服务质量监控和改进，从而提高内部客户的满意度。此外，标准化还强调数据安全和合规性，确保所有业务活动遵守相关法规和公司政策。标准化承载属性是 SDC 实现高效、一致性服务的基石。

第四，SDC 的中台搭建能力是上述三种属性的基础支撑力。中台是能力复用平台，以 HR 业务中台为例，能力复用即过往开发的 HR 软件系统（例如，HR 招聘系统）中，有一些软件组件可以抽象保存，下次开发 HR 用工平台，再下次开发 HR 评估系统时，可以高效地调取前期沉淀的软件组件，从而节约软件开发成本，并能够快速支持 HR 业务开展。中台是为前台而生的平台，其存在的唯一目的就是更好地服务前台的规模化创新，使后台资源顺畅流向用户，进而更好地响应用户、引领服务，使企业真正做到将自身能力与用户需求持续对接。

HR 中台搭建能力突出了 HR 产品和服务的模块化和灵活配置等特点，使 SDC 能够根据 HR 用户、客户的服务需求快速配置

HR 业务、数据以及技术资源。作为 SDC 的基础支撑力，中台搭建能力通过系统、产品、数据、运营、服务，使承接 COE 的实践举措落地、搭建 HR 门户并链接广大员工，在标准化内容建设与标准管理等方面，既敏捷，又稳健。HR 中台的自身价值还在这个过程中持续提升，使企业具备管理方面的核心竞争优势。

SDC 通过交付属性、链接属性、标准化承载和中台搭建能力，不断推动人力资源部从传统的事务型角色转变为更具战略型和创新型角色。SDC 的存在和发展，不仅为企业用户和客户提供了更为高效、灵活、生态化的服务平台，也为内部用户和客户应对快速变化的市场环境提供了强大的中台支撑。随着企业进一步向数字化和智能化转型，SDC 将继续发挥其在交付、链接、标准化承载，以及中台搭建方面的关键作用，成为企业打造可持续竞争优势的重要保障。

SSC 适用于什么样的组织？

美世咨询公司的两位顾问奥兰（Peter Horan）和弗农（Philip Vernon）在其研究中把组织按照结构分成了三类：分散型组织、联盟型组织、集中型组织。[①] 他们认为由于组织规模、特征和相关人力资源实践的差异，并不是所有的组织都适合构建 SSC。

对应地，在分散型组织中建立 SSC 没有太大的必要。由于组织本身的自主管理特质，仅有非常有限的资源是被共享的。相关人力资源实践在这种组织中起着指导性作用，大部分人力资源

① HORAN, P, VERNON, P. Expanding HR's global potential: shared service centers in multi-country regions. Compensation & Benefits Review, 2003, 35(5): 45-53.

从业者还是来自企业内部，很少有人力资源相关业务外包出去。

而对于联盟型组织来说，它们往往会更多地关注企业的战略性发展，鼓励联盟中业务单元在流程和模式上具有一致性，人力资源流程和模式需以组织共同的指导方针为基础进行设计、规划，部分流程为联盟共有，且业务单元间有较多的合作计划。[①]在这种组织特征下，企业存在着一定的重叠的人力资源业务，为了节省成本、提高工作效率，企业可以支持一些服务的共享，将一些业务转移至 SSC。

奥兰和弗农认为具有导入 SSC 最佳条件的企业是集中型组织。对于集中型组织，组织对业务单元有着强大的牵制力。尽管仍存在着因个别单位的需求产生的差异化，但是企业整体的人力资源管理流程和模式高度相似，人力资源管理人员配置上倾向于集中管理，企业内可共享的人力资源服务普遍存在。因此，构建 SSC 无疑是一个明智的选择。

可见，并非所有的企业都适合导入 SSC。企业在正式导入 SSC 前，不可盲目追随潮流，应慎重分析组织规模、特征和相关人力资源实践是否适宜构建 SSC，还需为处理今后由人事调整、工作整合引发的阵痛做足准备。

从金字塔到倒三角的运营模式

尤里奇在 1995 年曾经提出：SSC 来源于企业内部资源共享整合的组织变革过程。

① 王发波．人力资源共享服务文献综述．北京：中国人民大学，2008.

传统人力资源管理中，80% 的时间投入只产生了 20% 的价值产出，而且标准不一，效率低下。人力资源通才与专才在管理层面呈金字塔状。日常事务性工作占据了多数人力资源从业者的主要工作时间，政策执行、战略分析等核心工作由于员工精力的有限性，很难被触及。然而从附加价值角度来看，日常事务性工作产生的附加价值是最小的，战略分析产生的附加价值则是最大的。这种金字塔状的职责分配模式不仅束缚了人力资源从业者的创造性与工作积极性，在很大程度上也阻碍了企业发展的速度与规模。

此外，企业内不同区域的人力资源管理者分别进行事务性工作，各个部门内部也存在人力资源相关工作的重合。在这样的管理模式下，既增加了企业的人力成本，又产生了各地各部门人力资源相关服务标准不统一的问题，降低了相关工作的服务效率和专业性。

SSC 通过人力资源管理“云转型”，重新整合人力资源管理者的工作职责，使得企业运营模式呈倒三角形，如图 8-1 所示。

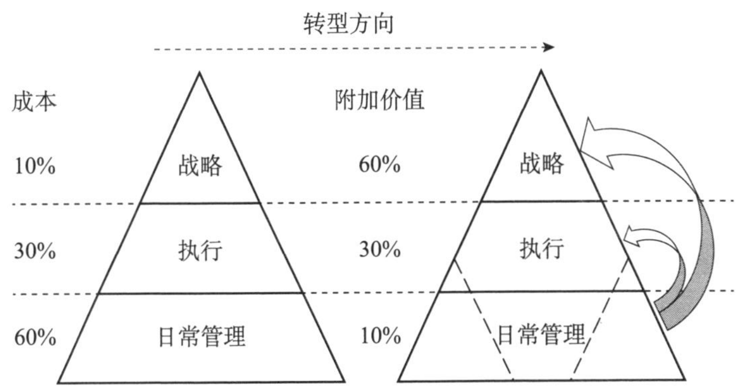

图 8-1　人力资源管理组织变革模式

SSC将原本分散在组织内各业务单元的传统人力资源角色、职责、过程等内容聚集起来，全部交由SSC人员进行标准化统一处理。在这种人力资源管理格局下，原本被事务性工作束缚的人力资源管理者得以解放，转移一部分集权，将日常事务性工作和执行工作交予SSC进行标准规范化操作。这使得人力资源管理者有更多的时间和精力投入战略分析、宏观管理，真正做到为企业产生更多的附加价值。

除了对人力资源管理者个体的影响，SSC对于提高整个人力资源部门结构的灵活性也有十分重大的贡献。SSC释放了人力资源部的传统事务性工作，让整个部门更专注于战略性人力资源管理。人力资源部门不再仅仅局限于员工的招聘、培训等传统职能，作为一个战略贡献者，把更多的精力集中在业务和组织的改进上，逐步聚焦员工能力的提升、团队建设的发展和战略绩效的落实等方面。

对于业务部门而言，SSC的建立意味着业务部门可以享受到更专业化和标准化的服务。SSC通过集中服务，建立起统一的服务标准和流程，通过专业化分工打造专业化的队伍。这样避免了以前由于各业务部门人力资源工作交付标准的不统一造成的不公平，以及执行标准不一致造成的偏差。此外，SSC是管理支持部门。SSC通过与业务部门之间的有效沟通，深入了解业务部门的需求，及时解决业务部门的当务之急。这样不仅提高了员工的满意度，也推动了业务部门更安心地投入业务工作，无后顾之忧。

共享服务还综合考虑了企业集中化管理和分散化管理模式各自的特点，取其精华，去其糟粕，成功创建了一种集中式的服务功能，开辟了一条人力资源管理新道路。

在业务分散化人力资源管理模式中，存在着人力成本高、人力资源服务标准多样、管控环境不同、各业务部门人力资源相关工作重复等问题。而在企业集中化的管理模式下，问题依旧不少，如难以灵活地响应各业务部门的不同需求，对业务需求应答缺乏弹性，与业务部门接触少导致对业务不熟悉等。

而有着效率专家之称的 SSC 将两种管理模式进行了重新整合，提高了服务的优质率。通过有效地整合专业的人力资源管理，形成规模效应，消除重复性工作，并且通过合并相应的标准化、自动化流程来达到从规模中实现效益，降低企业的运营成本，提高企业的运作效率。

高价值与高风险同在：如何建立 SSC？

在中国企业中，SSC 的概念不断得到实践和发展。SSC 为企业创造的竞争优势十分显著，无论是在降低成本、提高服务质量，还是在流程简化、知识转移、资源共享方面，SSC 都发挥了重要作用。然而，建立 SSC 并非易事，统计数据表明企业自建 SSC 的夭折率接近 70%，即便成功建立并正常运转，平均耗时也在 5～6 年。[①] 企业建立 SSC 不仅需要适合的组织规模和结构，还面临着观念改变、权力迁移、结构调整等一系列内部挑战。

那么，如何在高风险状况下成功建立一个运转良好的 SSC 呢？

首先，需要思考企业是否适合建立 SSC。企业在决定建立

① 王发波 . 人力资源共享服务文献综述 . 北京：中国人民大学，2008.

SSC之前，应思考企业是否处于不断发展及变革的过程中，是否因组织业务的需求急需人力资源转型？企业内是否存在资源分散和配置不均的现象，需要资源的共享与整合以提高效率、降低成本？这些问题的答案决定了企业是否急需以及是否适合建立SSC。

其次，需要有一个准确的核心价值定位。从企业的角度出发，企业需对SSC的存在价值有清晰的认识，三个HR支柱的发展应得到同等的重视，三者互相支撑、共同发展，不能因只着重发展某一支柱而致使HR三支柱成为“一条腿”。从HR管理者的角度出发，应明确以业务需求为导向的自我定位。人力资源部门不应局限于从自身角度衡量SSC的模式与定位，应积极主动地了解业务部门的具体需求，报以真诚的态度站在业务部门的角度考虑问题，将业务部门所需建立在共享服务的运营模式中，从而更好地服务于业务部门，为企业创造更大的附加价值。

构建SSC离不开强大的技术支持。这里就包括信息技术的提升、SSC的内容设计、交付模型的设计三个方面。

信息技术支持SSC的平台运营、数据分析。SSC的一个主要任务是为全公司的人力资源政策的制定提供数据和信息，以及通过电话中心或内部网络与直线经理和员工互动。[①]在进行这些大量的、标准化的或者可以复制的工作时，就必须用到远程信息技术。[②]而这些信息技术的应用都依赖组织信息技术的提升。

① REILLY P, WILLIAMS T. How to get the best value from HR：the shared service option. London：Gower Publishing Ltd, 2003.

② COOKE F C. Modeling an HR shared services center: experience of an MNC in the United Kingdom. Human Resource Management, 2006, 45(2):211-227.

SSC 的内容设计决定了 SSC 是否能有效地解决公司的效率问题。人力资源部门通常向企业其他业务单位提供三类服务：事务性服务、专业性服务、战略性服务。其中，事务性服务主要指那些大量的、理性的、规模敏感的服务（如工资计算、福利管理、档案管理等），而专业性服务或战略性服务则要根据具体业务部门的情况来设计（如绩效考核方案的设计）。[①]除了根据工作内容进行服务分类，许多跨国企业还将地域层级因素作为分类的标准。之所以要进行服务分类，是为了分析当前人力资源部门内部资源与时间的分配情况，如哪些资源是被众多部门共享的，哪些工作是重复性高的、可批量处理的。企业需根据自身的情况，设计共享服务内容，切不可盲目模仿，直接照搬别的企业的模式。

SSC 的交付模型决定了整个 SSC 是否能有效地运行。目前最受青睐的共享服务交付模型是分层服务模型，由莱利（Reilly）和威廉姆斯（Williams）提出，它把人力资源从业者的工作角色分成三个层次：第一层是人力资源前台办公人员和呼叫中心客服代表，这一层的员工直接与客户接触；第二层是人力资源顾问，负责提供关于特定职能规则的更详细的解答；第三层是人力资源专家，负责解释更复杂的政策和战略层次的问题。[②]在该模型中，人力资源从业者大部分的日常事务性工作可以通过第一层得到解决，而第二层和第三层的 SSC 员工则负责政策规划及战略性活动如薪酬福利的规划等等。各个企业可

① 刁婧文，张正堂．企业构建人力资源共享服务中心的关键要素：COST 模型．中国人力资源开发，2016(12)：26-33.

② REILLY P, WILLIAMS T. How to get the best value from HR: the shared service option. London：Gower Publishing Ltd, 2003.

以根据自身的实际情况来设计共享服务交付模型，这个模型不仅决定了未来 SSC 员工的工作方式，也明确了每个层级员工的能力要求。

SSC 在中国的实践探索

人力资源智享会于 2012 年、2013 年、2016 年分别开展了中国人力资源共享服务中心调查工作，调查了不同行业、不同性质的企业在中国建立 SSC 的情况，从普及率、服务内容、服务职责、运营管理等多个方面对中国 SSC 的实践情况进行了分析。

从调查结果可以看出 SSC 在中国的普及率比较高（见图 8–2）。2012 年人力资源智享会开展第一次调查时，仅有 23% 的参调企业建立了 SSC，到 2013 年普及率上升到 35%，而 2016 年的调查数据显示，超过 30% 的企业在中国拥有 SSC。根据历次调研，该比例会进一步提升，2024 年预计达到 66%。由此可见，中国 SSC 的搭建虽然并不是十分普遍，但是已有越来越多的企业给予了更多的关注。

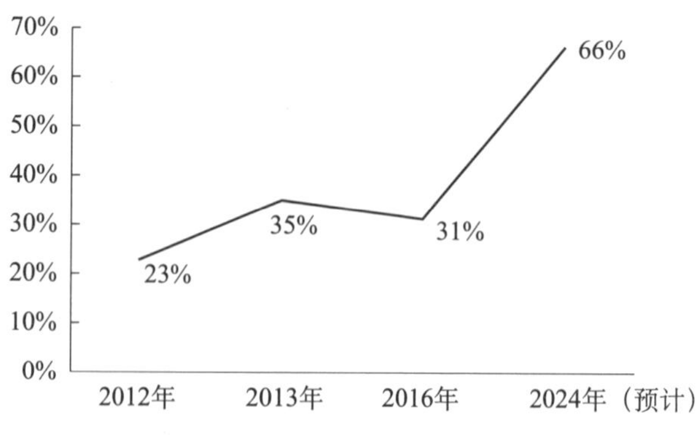

图 8–2 中国 SSC 的普及率

企业是否选择建立 SSC 主要和企业规模、行业性质有关。SSC 的存在和企业规模成正比，一般规模大的企业为了追求企业的经济效益，降低企业的运营成本，优化组织的流程，更偏向于建立 SSC。而劳动密集型企业、销售导向型企业，如制造业、快消行业等，普遍人数较多，建立 SSC 也更为普及，且规模效应更为显著。

SSC 的规模效应主要体现在其服务比上。SSC 的服务比，即 SSC 的员工人数与服务总人数之比，在一定程度上反映了 SSC 的效率。根据人力资源智享会 2016 年的调查结果，实现人力资源日常运营层面的所有职责模块的 SSC，如招聘、培训、薪酬福利等，其人均服务比市场中等水平为 1 ∶ 200。当一个企业 SSC 所服务的对象越多，其人均服务比也就越高，这体现的就是其规模效应。

SSC 服务比的高低除了和服务对象的多少有关，还和服务内容的多少有关。SSC 涵盖的服务内容越多，SSC 的员工所需要处理的事情也会越多，因此人均服务比会有所降低。SSC 涵盖的服务主要为薪酬发放，假期、劳动合同、入离职、社保等行政性事务，以及信息系统维护支持、数据分析与相关建议等。

当然，SSC 的服务内容也并不是一成不变的，会随着时代的发展与技术的更新而有所不同。2012 年人力资源智享会的调查显示，SSC 首先要承担人员招聘、培训、员工日常薪酬福利等职责。2013 年仍集中在行政性事务上，但是随着大数据、互联网时代的到来，“数据系统搭建与维护”“员工自主平台的功能完善”等工作被视为 SSC 未来 1～2 年最为重点的发展内容。而 2016 年人力资源智享会的调查显示，员工自主平台的功能完善等重点发展内容已实现。已有近六成的参调企业实现了自助服务，近四成的参调企业实现了移动端的自助服务。而从趋势而言，未来企业实现移动端自助服务的比例可能达到 80%。

此外，有些企业出于财务成本、风险管控与服务体验的考虑，会将部分服务外包。根据 2016 年人力资源智享会的调查结果，企业人力资源管理使用外包的前三项服务为社保管理、商业保险管理与签证管理。超过两成的企业表示会在未来几年内计划将部分职责外包，近一半的企业选择不计划外包。

SDC 的胜任基因：以服务为本，用数据说话

SSC 的传统基因

SSC 的工作涵盖多个模块：运营服务、系统建设、信息维护等。这里所探讨的 SSC 胜任素质主要指从事运营服务工作需要的胜任素质，而不包含延伸到其他模块的胜任素质。

根据人力资源智享会 2016 年的调查，参调企业中已设计 SSC 胜任力模型的企业约为 30%，近 44% 的企业正在设计或者计划设计。企业最关心的 SSC 员工胜任力前五项为：以客户为中心、有效沟通、流程管理、解决问题、执行力。不同企业对于 SSC 的胜任力的侧重点有所不同，胜任力模型也包含了不同的维度。

博世的 HRS（HR Service）的整体胜任力模型包括：流程

执行力、沟通能力、客户服务、解决问题的能力、持续改善、项目管理、团队合作、领导力八个要素。

新奥通过调研法、访谈法对职位进行系统分析后，提炼出 22 项胜任素质，并根据对业务、绩效的影响程度，将 22 项胜任素质划归为四个象限（见图 8–3），分别为管理水平、职业品质、思维能力、个人特质。

西门子 GSS 从九个方面对 SSC 的员工制定了职业化行为标准，并对标准进行了等级划分。这九个方面分别是客户需求服务理念、质量观念、职业化行为规范、持续改进的意识、快速回复理念、复核工作的习惯、分析性思维能力、高效利用资源的整合能力、团队工作能力。

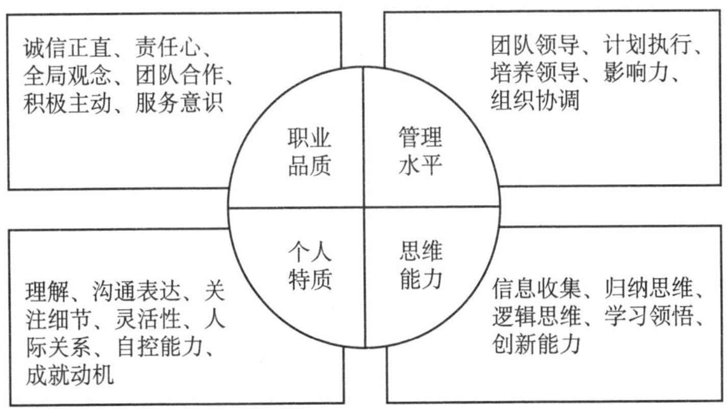

图 8–3 新奥的 SSC 胜任素质

腾讯将 SDC 员工的能力模型划分为三个类别，分别是员工服务类、平台支撑类、事务处理类。每个类别中按照能力要求的不同，分为通用能力和专业能力，通用能力基本适用于所有员工，而专业能力则是对员工提出的更高层级的要求。

结合部分企业的胜任素质模型以及通用胜任力词典，SSC的胜任素质可概括为以下八点。

- 沟通能力：能够与客户保持良好的沟通，对于客户面临的问题、需求、困扰等等，能够耐心倾听并且提供力所能及的帮助。
- 服务意识：有帮助或者服务客户的愿望，并且能够做到从客户、用户的需求出发，满足他们的需求。
- 解决问题：面对纷繁复杂的问题，能够运用已有的知识、技能主动去解决。
- 执行力：有效利用资源，完成预定目标的操作能力。
- 主动性：主动挖掘并响应客户的需求；面对客户的问题，有清醒的认识并主动采取行动，帮助客户解决现有的问题。
- 信息收集能力：通过各种技术手段，收集挖掘客户的需求，掌握全面的信息，更好地服务于客户。
- 灵活性：具有适应不同环境、不同个性、不同人群，并有效地开展工作的能力。
- 成就导向：希望工作杰出或者超出优秀的标准，通过自我驱动努力把工作做得更好。

通过行为事件访谈、参与式观察，我们调研得出SSC的通用胜任素质条目，即SSC的通用胜任素质模型。这些条目包括专业知识、法律政策知识、产品知识、执行力、情绪管理能力、逻辑思维、品质与标准、运营能力、认真严谨、沟通协调、流程管理、需求管理、担当精神、客户服务意识、红线意识、合作精神、主动性、系统设计能力、平台搭建能力。

移动互联网：i 时代的新元素

我们现在所处的移动互联网时代，是一个与传统工业经济时代在量级上相当，但在理念上大相径庭的一个新时代。这个时代下，企业面临着管理上的新挑战，特别是服务支持性部门，例如 SSC 需要适应时代的变化。i 时代有三大特性：

（1）"互联网 +" 特性

在移动互联网时代，传统企业接入互联网，一个新的社会现象——互联网 + 横空出世。互联网 + 就是为传统行业插上一对互联网的翅膀，充分发挥互联网在社会资源配置中的优化和集成作用，从而助力传统行业发展。当前，互联网 + 已经成为社会的一个新常态，它对企业管理提出了更高的要求，同时也一步步改变了企业内部的管理特点。

（2）过度社交的个体主义特性

随着手机软件、通信行业的发展，网络社交已成为现代人生活中不可或缺的一部分，它为人们带来便利性、娱乐性的同时也产生了一系列的问题，如人们现实生活的沟通能力下降，网络社交占据人们过多的时间。

同时，管理者所面临的员工已从 80 后逐渐转为 90 后、00 后。新生代员工有着不同的成长背景，随之而来的是个性化的标签和对个体主义的推崇。

这样一个过度社交的个体主义时代对管理者提出了更高的要求。管理者需要了解新生代员工最关心的是什么？他们的核心追求是什么？如何在尊重他们个性的同时促进企业的发展。

（3）跨界颠覆式创新特性

在快速变化的时代里，革新者层出不穷，不前进则意味着消亡。不断有新的机会被人捕捉到，也不断有一些老牌企业“被消亡”，机遇与挑战并存。

新的时代对组织和员工提出了更大的挑战，一方面呼吁组织创造新的管理方式以适应时代的变化，另一方面也对企业的员工提出了更高的素质要求。

SSC 作为支持性部门，承载着提供标准化、高质量服务的期望，如何在 i 时代下把握移动互联网的发展趋势，关注员工的个性化需求，用新技术创造新工具，从而为员工提供更好的服务体验？这需要 SSC 的员工掌握更多的知识技术、拥有更高的素质能力。

（1）用户研究的产品能力

这需要员工有较强的需求洞察能力和用户调研能力。需求洞察能力要求员工能够尊重个体，满足服务对象的个性化需求，深入挖掘用户需求，让服务对象能更自主、更便捷地享受 HR 服务。同时，还需要员工有开展用户调查的能力，掌握各种调查方法，如问卷调查法、访谈法等，全方位地获取用户的需求信息。

（2）立体多元的服务能力

这需要员工有较强的应变能力。随着移动互联网时代的到来，HR 服务不再仅仅局限于 PC 电脑端，手机移动端的服务需求不断扩大。SSC 的员工需要有根据时代的变化不断更新服务技术的意识，主动拓展 HR 服务渠道网络，从而让服务对象能更便捷地享受服务。

（3）跨界多维的数据能力

这需要员工有较强的数据挖掘、分析、应用能力。我们所处的时代是一个大数据时代，全球各地每分每秒都在产生海量信息，对员工的要求已不仅仅局限于收集信息这一层面。如何在海量的信息中获取有价值的知识和情报，这对员工的数据分析、应用能力提出了更高的要求。大数据时代，人力资源从业者还需要掌握统计学、心理学、计算机等多学科知识，从而更好地服务于企业和员工。

本书建立的是 SDC 的通用素质模型，SDC 中设有不同的岗位，岗位又分不同的级别，不同的岗位和级别对于素质的要求也是不同的。

腾讯从 SSC 到 SDC 的立体式升级

腾讯 SDC 自下而上的发展过程

SSC 作为一个舶来品，是 IBM 根据美国在工业发展时代所经历的过程提出的一个概念。与中国今天的时代背景显然有所不同。

我们所处的 i 时代是一个移动互联网时代，业务部门对工作的效度提出了更高的要求，HR 需要有更大的弹性去应对多变性。同时，员工个体主义与自我管理的诉求呼吁企业尊重个性、管理人性。再者，数字化、智能化工具的开发与使用，为我们创造了更好的创新空间。

在这样的时代背景下，腾讯希望通过一个平台去支撑起联结生态的战略，同时通过服务的方式让“一个腾讯”模式落地。于是，腾讯开启了 SSC 的升级换代之路，以用户对 HR 的需求为核心推动力，建立起产品化、体系化、数字化的 SDC。

不同于 SSC 注重运营服务工作，腾讯的 SDC 包括 HR 系统研发中心、HR 平台服务中心、HR 标品服务中心以及 HR 中台能力中心。此外，不同于大部分公司自上而下的治理理念和管理模式变革，腾讯 SDC 源自基层用户的需求，而不是对上层政策的逐步落实，是一种自下而上的发展过程。腾讯的 SDC 经历了以下几个发展阶段。

（1）区域需求响应阶段

2010 年以前，由于各个区域的业务需求，腾讯从 HR 部门分离出一些人放在各个区域里响应不同业务部门的供应需求，这就是最早的区域人力资源中心的开端。

（2）行政事务减负阶段

在解决了区域的需求问题之后，腾讯发现总部也存在一些烦琐的事务需要 HR 的支持，比如招聘经理每天都需要花大量的时间去处理一些与招聘无关却必须要做的行政性事务。因此，2010 年腾讯成立了人力资源平台部，帮助 HR 处理烦琐的行政性事务，让专业 HR 更聚焦于有价值的事情。

（3）系统数据融合阶段

腾讯作为一家技术型公司，从来不缺开发，但问题在于开发人员没有 HR 的思维，而 HR 没有开发系统的思维，最后产生的解决方案往往是片面的、非系统性的。这就是腾讯各个人力资源信息系统之前存在的孤岛现象。2012 年，腾讯对人力资源信息化的整体脉络进行了梳理，将各个孤立的信息系统及系统数据进行大整合，成立了 HR 信息建设中心，解决了之前系统混乱、信息分散等问题。同时，于 2013 年正式成立了 HR 运营服务中心，更好地运营人力资源服务平台，为员工提供满意的服务。

在解决了信息化问题、改善了运营服务后，腾讯又发现了人力资源系统开发上的问题：HR 不懂系统开发的专业技术，将系统开发外包出去又存在着沟通理解的问题。于是，2015 年，腾讯正式将 HR 系统开发中心并入，解决了 HR 运营服务的系统建设问题。

腾讯的 SDC 就是这样通过自己一点点的实践与探索，逐渐完善了整个服务链条。从用户的需求出发，抓住关键问题，逐个击破，发展成了如今完善的共享交付平台。

那么 SDC 和 SSC 究竟有哪些不同呢？二者的差异如图 8-4 所示。

（1）从被动响应到主动关注用户需求

传统的 SSC 是对 HR 事务性需求的被动响应。而 SDC 突破了 SSC 在整个交付链条中只是执行层面的一个环节、视角比较孤立的局限，以用户需求为出发点，通过深入挖掘用户需求，向用户提供超出预期的交付，最大化满足用户需求。

（2）从服务于基础人事工作到同时满足多端需求

传统的 SSC 服务内容仅限于规范化、规模化、标准化的工作，强调的是共享和服务于具有稳定流程的基础人事工作。而 SDC 强调工作的灵活性，不仅仅是对员工端 HR 基础事务的及时受理，还要求对业务端 HR 共性需求进行标准交付，对 HR

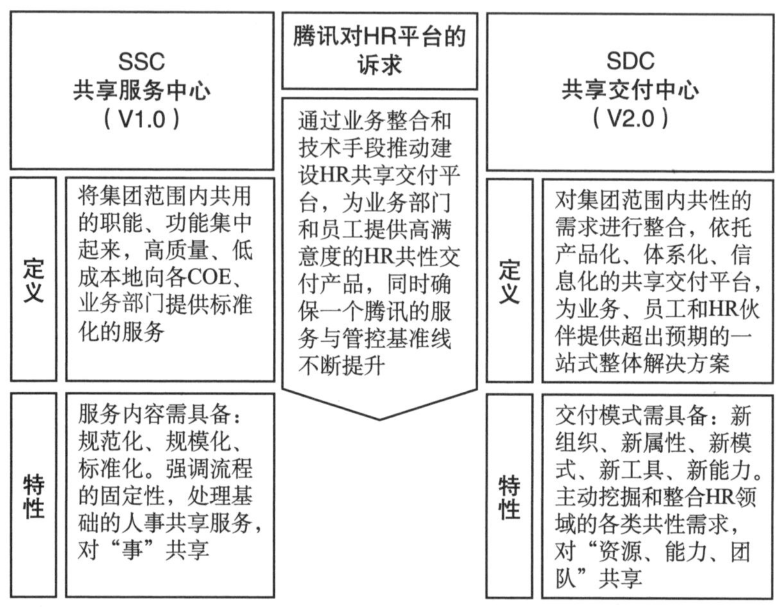

图 8–4　SSC 与 SDC 的差异

内部的 COE 及 HRBP 端的 HR 运营工作进行有效剥离和整合支撑。

（3）从共享事务到共享资源

传统的 SSC 是对“基础事务”的共享。而 SDC 不是共享事务，而是共享资源，目的是实现交付集中化，承担所有交付服务，包括基础服务和专业服务，正是对“资源、能力、团队”的共享，从而实现主动提供一站式交付的效果。

（4）从数据化分析到大数据管理

传统的 SSC 中 e-HR 系统产生的是招聘、培训、绩效、薪酬和员工关系等职能模块的统计数据，并对统计数据进行分析和监控。更强调的是对所有人事工作进行事后总结，是一种滞后的管理。而 SDC 建立起的大数据团队优化了人力资源数据分析能力，能够帮助人力资源管理者进行预测，实现前置管理。

腾讯 SDC 蓝图的勾画

腾讯 SDC 基于需求开创了一种创新工作模式——HR 交付供应链，将 SDC 产品设计与实施过程分成三阶段。

第一阶段：联结需求——人、信息、服务的连接器

从 HR 减负起步，使平台逐步形成强大的服务承载能力。通过联结的形式来承载战略、对接业务，响应不同角色的需求，建立触手可及的需求响应渠道。同时，与外部伙伴合作，拥抱 HR 服务生态圈。标准化是平台运营的基本特征，但不是唯一的衡量标准，强调要保持业务的弹性。

第二阶段：延伸平台——HR 服务的整合提供者

通过平台化、体系化、流程化、可持续化的模式，把响应要求变成一个平台支持，建立一个提供 HR 服务的共享服务平台。通过整合的解决方案不断增值，一体化整合 HR 解决方案。由服务到交付，用产品经理思维做 HR 工作，让交付的产品更丰富多样。

第三阶段：突破创新——探寻 i 时代的服务场景

尊重个体，让每个人更自主、更便捷地享受 HR 服务。通过产品的打磨实现这样一个目标：让用户对产品使用的感知度超出他对产品的期望值，最终提升用户的幸福感、满意度，建立既有针对性又具复制性的 HR 产品交付仓库。

这样的链条其实就是希望推动业务部门更好地使用 HR 共

享服务，推动员工在HR服务和管控上可以更多地自管理，推动组织更好地自运转。

在这样的实践探索下，腾讯对SDC的工作赋予了新的属性，勾画了未来的蓝图——让SDC工作变得更有用户属性、产品属性、好玩儿属性。

从用户需求出发，交付超预期的服务

用户属性，即尊重个体，研究互联网时代管理者与员工的HR需求，让每个人更自主、更便捷地享受HR服务价值，获得超出预期的服务体验。

优质的服务得益于系统的搭建，而在系统搭建之前需要对人力资源业务流程进行梳理，在这个阶段也需要充分贯彻落实用户属性。

在流程重构时，SDC面向场景去调整流程。在一般系统建设的思路之下，作为互联网公司，业务流程强调弹性，因此在梳理过程中，大量的工作在于为了确保流程的弹性而制造一些缓冲地带，使流程有灵活变动的余地。而在交付思维下，流程梳理的起点是绘制一幅幅交付状态下的场景图，即HR与员工互动过程中的场景。根据场景图，判断哪些工作是必须做的，这些工作目前处于流程中的哪个环节，这些流程是否要进行整合。表8-1以员工享受公司商业保险为例，列出了传统流程图与场景图的差异。

表 8–1 传统流程图与场景图的差异

	传统流程图	场景图
流程	员工提交材料—审核—补充资料—审核审批—理赔成功	根据系统指令提交材料—提示办理进程—告知办理结果
特点	耗时长；从人力资源管理者角度出发	快速、进展可见；从员工感受出发

值得注意的是，传统的业务流程图是从业务操作者（即人力资源管理者、审批者）的角度出发设计的，而场景图是从用户（即员工和管理者）的角度出发设计的，设想用户感受继而设计流程，在移动化方式下将中间烦琐的步骤隐藏在后台，最终呈现出的产品能够充分符合用户的心理和使用习惯。

除了系统设计本身所体现的用户属性，SDC 的服务内容也充分体现了从用户需求出发，实现“从优秀到卓越”的服务体验。

员工类用户——用自助服务提升办事效率。通过平台，员工不仅可以获得便捷的服务，还有获得自我发展的渠道与机会。通过员工自主服务功能，轻松搞定 HR 繁杂的事务：自主取货，通过后台服务，所需物品随手可及；自主打印，通过 SDC 的数据信息支撑，即时聚焦员工的需求；自主查询，通过平台使长业务流程可视化，真正打开业务黑匣子，实现流程透明化。通过自我管理，实现员工自我成长与自我驱动。在“我的发展”服务功能中，员工可通过当前能力素质分析，确定“我在哪里”，找到与晋升目标的差距。通过职业规划，确定“要去哪里”，了解自己的职业发展轨迹，确定下一步的发展目标。最终通过职位的基本资格要求，确定“怎样去”，系统会推荐匹配的学习课程以及学习达人，助力员工进一步提升个人能力素质。

管理者类用户——通过数据及时洞察部门状况。系统为管理者自主选拔人才提供直观的数据分析结果。在管理者应用平台里，系统为管理者提供应聘者的数据对比，通过清晰的人才标签与人才技能优势的标记，为管理者全面分析应聘者发展情况的相关数据，帮助管理者更科学地选拔合适的人才。除了人才选拔，SDC 的数据分析还可应用于其他方面。比如通过分析投资回报率、人力指数等信息，客观反映运营情况，及时发现异常，准确定位问题。

腾讯的用户属性除了强调从用户需求出发，还要求 SDC 与 HRBP、COE 等达成共识，做出领先于用户心理预期的体验设计。例如腾讯对员工劳动合同进行批量续签，在集体的氛围下，增强员工的仪式荣誉感、对企业的归属感。同时，SDC 还提供 VIP 上门服务，为用户提供更高质量的服务。

用产品经理思维做 HR 工作，走进腾讯的“产品化 HR”

腾讯的“产品化 HR”主要体现在两方面：一是腾讯利用数字化技术将 HR 服务打造成可使用的产品；二是腾讯将做产品的理念贯穿 HR 服务，为用户带来更好的产品体验。

腾讯 SDC 最具代表性的交付型产品之一就是腾讯 HR 助手。在移动互联时代，手机无疑是离所有人最近的数字化工具，因此相较于基于 PC 端的大型套装软件的使用，腾讯的 SDC 将目光聚焦于移动端，希望打造一款便捷、高效的工具，推动员工管理向“自驱动”和“自管理”的方向发展。2013 年初，腾讯内部产品团队受微信业务部门的邀请，去体验微信公众平台孵化出的菜单功能。腾讯 SDC 基于这个新功能，率先提出 HR 系统全面移动化和产品化的理念，将公众号作为企业面向员工服务的新平台，将大量与员工相关的人力资源业务与人才管理应用植入该公众号，HR 共享服务产品“腾讯 HR 助手”应运而生。腾讯 HR 助手起初仅供内部使用，如今已推向市场，累计服务超过了 40 家腾讯生态子公司。

（1）腾讯 HR 助手的数字化技术加持

想要将 HR 共享服务打造成可使用的产品，离不开数字化技术的支持。腾讯 SDC 将人力资源数字化归纳为四个阶段：数据线上化→流程线上化→数据整合→高质量人力资源服务。前三个阶段是系统建设的必经之路，而第四个阶段则是实现人力资源管理服务落地的重要阶段。腾讯将高质量人力资源管理服务称为“交付”的过程，即将线下传统的人力资源选、用、育、留、出等流程与线上的人力资源管理系统相融合，打造成一体化的、基于全员的人力资源产品。对员工和内部客户而言，只需采购并使用该产品，无须掌握烦琐的产品构成，即可享受优质、便捷的人力资源管理服务。这种产品化的思维，深挖用户痛点，强调的是打造端到端的可定制、可自选的 HR 产品，并且通过不断的升级、打磨，将 HR 共享服务工作做到极致。

在新冠疫情期间，会存在 HR 无法和联系好的候选人见面的情况。面试时，HR 对候选人不便进行编程等需要上机操作的考核。由于面试的候选人较多，HR 可能会混淆不同候选人的面试情况。腾讯 HR 助手依托数字化技术，开发了远程面试应用，打造了专业化的面试场景，为 HR 和候选人提供了一个线上面试平台。HR 可以在该应用中为候选人设置在线代码面试，对候选人的业务水平进行测试。该应用可以对面试信息进行记录管理，使HR随时回溯面试信息，助力HR高效筛选人才。此外，HR可以在面试时在线查看简历，避免切换页面，使HR在面试时更专注。

在考勤统计阶段，HR通过Excel表格管理薪酬、考勤、花名册等数据，每当临近发工资时HR都会很忙碌，例如，员工补记的考勤需要逐级签字盖章，导致迟迟无法汇总完整的考勤信息；又如，掌管考勤的HR要进行数据收集、分析和核实，稍有延迟就会导致负责薪酬计算的HR无法及时计算薪酬。腾讯HR助手结合数字化技术开发的假勤管理应用在一定程度上解决了HR统计考勤效率低下的问题。通过假勤管理，员工可以进行线上打卡，假勤管理灵活覆盖了多种打卡规则，包括夜班、分段、弹性、外勤打卡等，并能自动采集数据，自动生成假勤报表，使统计更便捷，并支持在线审批和数据流转，同时可以联动薪酬结算，和工资单互通，提高薪酬管理效率。作为内部客户的HR可以在移动端查看与管理假勤数据，使得假勤管理更加高效、准确和灵活。

在签署合同阶段，企业线下签合同的流程会遇到诸多问题和不便。首先，当遇上入职高峰期，员工的劳动合同、保密合同等皆需要HR去打印、对接，导致合同签订效率低。其次，线下签字可能会出现代签的情况，可能会触及法律问题。最后，陈年合同常年储存在柜子中，可能会发霉破损，字迹不清。腾讯HR助手借助腾讯云的数字化技术在人力资源管理领域拓展了“电子签”的应用。第一，与传统的纸质合同相比，电子合同可以节约成本，更加环保。第二，电子签可以让HR在签合同时省去打印、线下签章等步骤，也减少了合同存档、档案管理的工作量。第三，电子签的应用有人脸识别技术的加持，可以实现合同加密存档，防止代签、篡改等隐患，保证了合同的安全有效。此外，电子签也大大缩短了员工入职当日签署纸质文件的时间，优化了员工的入职体验。

（2）腾讯 HR 助手的产品化思维

腾讯作为以产品制胜的大型互联网公司，除了技术的支持，也离不开理念的引导。腾讯做产品的理念最突出的特点就是以用户为中心，从用户的角度出发，挖掘用户最深层次的需求，做出超出用户预期体验的产品，做到比用户还懂用户。而这种做产品的理念同样贯穿于腾讯 HR 助手当中。

当公司的薪酬政策变更时，薪酬结果、计算逻辑也要重新配置。若薪酬计算逻辑没有实现可视化，HR 则无法及时排查问题。由于员工有查看历史薪酬的需求，对于历史发薪报表记录的缺漏，HR 需要手动补齐。腾讯 HR 助手的“薪酬管理”应用试图解决公司薪酬计算中出现的一系列问题，为 HR 和员工提供一站式薪酬解决方案。通过此应用，薪酬实现全过程管理，薪酬相关数据可追溯、过程可追踪、可以自动纠错，极大地减少了 HR 薪酬管理中的事务性工作。同时，员工无暇了解过往算薪逻辑，一站式薪酬为需要查看历史薪酬记录的员工提供了便捷的查看方式。同时，该应用支持复杂的薪酬设计，可以快速准确地完成薪酬的计算。从 HR 的角度，思考如何管理提效，使薪酬 HR 从事务性工作中解脱出来，进而从事能产生更多附加价值的工作；从员工的角度，思考如何为员工提供便捷、高效的服务，提升员工的产品体验，这些体现了腾讯 HR 助手“以用户为中心”的产品理念。

孕期员工会有如何办理生育登记证明、申请生育保险等困惑。腾讯 HR 助手的“职场爸妈帮”应用会从孕期、生产到重返职场，以时间轴卡片的形式，提供每个阶段各项事务的详细指引与说明，具体指引事项如表 8-2 所示，此应用会根据预产期进行测算，在关键阶段主动提醒，做到让职场爸妈不遗漏重要事项，让员工办理孕期事项时更省心。从员工的角度，思考如何为员工提供有温度的服务，这些体现了腾讯 HR 助手的用户关怀理念。

表 8-2 腾讯 HR 助手“职场爸妈帮”内容简表

阶段	事项
孕 6 周	办理《母子健康手册》
孕 12 周	办理《生育服务登记单》
宝宝出生（预产期）	陪产假
	办理《出生医学证明》
	办理《免疫预防接种证》
	办理《户口簿》
陪产假到期	销陪产假（可选）
宝宝一个月	办理新生儿医保
	申请生育保险（配偶无社保）
宝宝一岁	办理身份证

关注乐趣与个性，随时随地玩转企鹅帝国

好玩儿属性更多强调的是乐趣与个性、便捷与创新。数据表明，“乐趣”在吸引人留任、合作方面是一个很重要的因素。

通过腾讯云、H5、移动端，腾讯实现了 HR 服务的简单有趣、直观好玩儿，做到让服务触手可及。

为了让新员工更快、更好地融入新集体，腾讯给每一个新员工都提供了一条 QQ 企鹅那样的“红围脖”。通过简单的移动端操作，新员工可以轻松搞定有关入职的一切事项。从入职前的准备，如健康承诺、填写入职信息、提交工卡照、准备入职材料、特殊需求申请等等，到入职当天的现场办理指引、办公设备准备、融入部门活动等等，腾讯从员工角度出发，考虑到所有新员工可能遇到的问题，通过移动端的服务，传递公司从用户需求出发的理念以及对员工的关怀，让组织离员工更近一些。

同时，不管是页面设计还是服务内容都体现了腾讯作为互联网企业的创新与个性化。新员工可以通过移动端的“缘分雷达”服务，在公司内寻找校友、老乡、前同事，帮助新员工快速融入集体。

SDC 的好玩儿属性体现了腾讯对员工个性化的关注与互联网企业的创新精神，产品的好玩儿属性不断吸引员工并使其产生依赖，推动员工通过移动端智能化地解决与人事有关的问题，既提高了人力资源管理工作的效率，又给员工带来了很好的用户体验。

互联网巨头的大数据人力资源管理

大数据时代的降临

现在的社会是一个高速发展的社会，科技发达、信息流通，与之相伴的是信息爆炸产生的海量数据，我们称这个时代为大数据时代。IBM 认为大数据的特征有四个 V：数据量大（Volume），数据量级别从 TB 跃升到 PB，甚至 ZB 级别；数据类型多（Variety），包括音频、文字、视频、图片等多种形式；价值密度低（Value），如何在海量的数据中快速完成数据的价值"提纯"，是大数据时代亟待解决的难题；高实时性（Velocity），大数据时代数据更新速度快，要求更高效地处理、反馈有效信息。大数据的典型特征将我们带入一个观念迅速转变、商业价值潜力无穷的新纪元。

维克托·迈尔－舍恩伯格作为"大数据商业应用第一人"，在其著作《大数据时代》一书中提到了大数据时代带给我们的三个颠覆性观念的转变。

1. 更多：不是随机样本，而是所有数据

过去我们收集数据受到时间、精力、财力限制，多采用抽样调查，而在大数据时代，我们可以分析更多的数据，有时甚至可以处理和某个现象相关的所有数据，而不再依赖于随机样本。

2. 更杂：不是精确性，而是混杂性

过去数据采集要求考虑个体数据的精确性，而大数据时代我们不再痴迷于精确性，只需掌握大体的发展方向即可，适当忽略微观层面上的精确性，会让我们在宏观层面拥有更好的洞察力。大数据接受混杂性，更多关注的是有效性。

3. 更好：不是因果关系，而是相关关系

过去做数据分析是事先提出一个假设，然后收集数据、分析数据来验证假设，这是因果关系分析。而大数据讲究的是寻找事物之间的相关关系，相关关系也许不能准确地告诉我们为何会发生，但是它会提醒我们这件事情正在发生。

除了观念的转变，大数据的商业价值也逐渐成为人们关注的焦点。通过科学、合理地运用数据，大数据成为更具决策力、发现力和流程优化能力的信息资产，从而能为企业创造巨大的商业价值。

HR 如何借大数据的东风？

1. SSC 与大数据

大数据在人力资源管理中的应用主要体现在对人才的分析上，即和人有关的所有方面，如薪酬、绩效、员工离职等等。通过利用大数据的思维、方法及技术，研究与探索人力资源管理，从而为企业人才方面的决策提供高质量的依据。

目前，对于大部分企业而言，人力资源管理领域产生的数据还处于 MB 这个级别，而 BAT 作为互联网巨头，坐拥数据金矿，办公过程中使用的数据可以达到 GB 级别。回到人力资源管理领域，SSC 在整合人事共性工作的过程中，录入、整合企业大量的人力资源管理数据。随着人力资源管理数据的增加，先进的大数据分析的理念与技术的出现，BAT 的 SSC 不约而同地实施大数据人力资源管理，试图将大数据作为其产品、服务在分析和预测领域的延伸，实现人力资源管理转型成为价值创造者的目标。

2. HR 从业者与大数据

人力资源从业者如何用大数据思维、方法武装自己，实现

HR用数据说话，为业务提供有科学依据的决策支持，如组织活力分析、人力资源价值计量、人才潜能评价等？

当遇上大数据，HR应循序渐进地提升量化思维能力，首先，HR要以统计学为基础，掌握最基本的描述性统计分析方法，能用大数据进行趋势分析。其次，学习数据之间的关系，掌握相关分析、回归分析、聚类分析等方法。这类方法可用于分析企业中的员工行为与HR结果数据，如绩效、满意度、离职倾向等之间的关系。最后，HR要学习决策树等机器学习方法，分析人力资源大数据。现代大数据分析方法不同于经典的组织行为学分析方法。后者重在解释，其建立的模型强调员工行为、态度等与结果数据之间的因果关系。实际上，这类模型的解释力并不尽如人意，即使构建了复杂的具有中介机制、调节机制的模型，也很难说它真正还原了因果过程。同样研究 *A* 与 *B* 的关系，如员工行为与个人绩效的关系，经典分析试图解释 *A* 到底如何影响 *B*，而现代大数据分析技术中的机器学习，不将焦点放在模型解释上，它将 *A* 到 *B* 的过程看作是“自然”的或是一个“黑匣子”，机器学习通过算法建模，模型直接用于预测。经典与现代的人力资源数据分析的比较见表8-3。

表8-3　经典与现代的人力资源数据分析的比较

	经典的组织行为学分析	现代的大数据人力资源分析
数据关系	因果	相关
优势	解释	预测
建模方法	数据建模	算法建模

资料来源：吕晓玲，宋捷．大数据挖掘与统计机器学习．北京：中国人民大学出版社，2016.

阿里巴巴：掘金大数据，在人力资源管理上创造价值

1.“阿里巴巴最挣钱的是数据”

随着信息技术的发展，在全球的各个角落每分每秒都产生着海量的数据。这些数据犹如一座巨大的矿山，蕴藏着未知的价值。如果不对其进行开采，庞大的矿山只不过是一座外表普通的山。一旦意识到里面潜藏的巨大价值，通过适当的方法对其进行深入挖掘，你将收获巨大的利益。

作为电商巨头之一，阿里巴巴开启了自己的掘金时代。随着大数据浪潮的来袭，阿里巴巴提出了“数据、金融和平台”战略。前所未有地开始重视对数据的收集、挖掘和共享。为了用数据驱动阿里巴巴的电商帝国，阿里巴巴还成立了横跨各大事业部的数据委员会。阿里巴巴通过实践，真正演绎如何用数据去挣钱。

- 精确匹配广告，直击消费者痛点。阿里巴巴通过数据分析消费者的消费需求和消费习惯，根据消费者往日的浏览信息推介相关商品，并进行广告优化，匹配消费者的消费需求，直击消费者痛点，从而提高交易量。

- 信用评估，蚂蚁金融的崛起。互联网金融企业最大的难点在于对用户履约能力和信用的甄别，阿里巴巴通过大数据分析可以轻松解决信用评估问题。2014 年，蚂蚁金融旗下的芝麻征信拿到央行下发的个人征信牌照，为互联网金融企业提供风险评估、贷款后的政策监控等服务，成为国内首批获得该牌照的商业征信机构，足见其长远布局谋略。

- 阿里健康：医疗数据的应用。阿里健康通过储存的数据

为医药企业提供市场评估决策、销售优化、渠道治理与跟踪、供应链管理等服务。[①]

2. 阿里巴巴的大数据在人力资源管理方面的实践

大数据分析在人力资源管理选、育、用、留、出等各个模块发挥着巨大的作用，阿里巴巴的绩效考核制度从年底考核调整为秋季考核就是基于大数据分析做出的决定。

通过对数据进行分析，得到往年的同比业绩水平，从而对当年的业绩水平进行预测。在秋季考核时，如果低于往年的业绩水平，管理者会对相关员工采取针对性措施并进行业务调整，同时考核结果也会对员工形成一定的压力，激励员工冲刺以赶上甚至超过平均水平。通过考核提前的做法，让员工和业务部门在年底考核前有一个相应的调整期，从而减少年底考核不达标的情况。

虽然大数据分析具有一定的预测功能，但也不是百分百的准确，尤其是预测与人有关的数据，因为人具有主观能动性，会根据外在环境的变化随时调整。但也正是因为这一点，阿里巴巴的秋季考核才发挥了巨大的作用，通过提前考核激发一些员工的潜力，最终获得更高的业绩水平。

腾讯 SDC：从信息化到大数据人力资源管理

1. 从信息化到大数据人力资源管理的演进历程

2010—2011 年，腾讯在对市场和内部人力资源信息化现状

---

① 马云称阿里最值钱的是数据，问题来了：怎么用大数据挣钱？https://www.toutiao.com/article/3954162369/.

进行深入调研和分析后设计出了规划方案，正式启动人力资源管理信息化项目，并将该项目分为三期执行。第一期：将信息“孤岛”（即孤立的信息系统）及系统数据进行大整合。第二期：提升应用型人力资源管理业务流程对于员工的辅助和支持作用。第三期：加强数据决策力，提升人力资源管理服务质量。

2012 年，启动换“心”工程。采购并实施了 ORACLE People Soft 系统，应用其核心人事（Core HR）及 Payroll 模块，集成内部人力资源数据，搭建起人力资源管理的统一结果库，并将外围其余模块的应用端以接口的形式关联至 People Soft 主系统，员工可直接操作界面相对亲和及友好的外围应用端，保持较高的用户体验度。

2013 年，腾讯 SDC 与微信团队合作，开发了基于移动端的人力资源产品——腾讯 HR 助手，以微信企业号的形式为员工提供便捷、快速的人力资源管理服务，逐步推动员工自发展与自管理。

2014 年，SDC 内部成立了人力资源大数据团队。2015 年，COE 请外部顾问建设活力实验室。腾讯人力资源管理部门进行了一系列探索，处于从信息化到大数据人力资源管理过渡的阶段。

信息化人力资源是以人力资源职能管理（人力资源规划、招聘、培训、绩效、薪酬、员工关系等）为框架，在计算机及移动端等向员工、管理者提供人力资源管理服务的系统。该系统包含了提供信息化 HR 服务的硬件、软件、通信网络基础设施。

大数据人力资源管理，是以人力资源管理过程中产生的海量过程、结果，以及员工行为等类型的数据为出发点，在大数据分析技术、经验、工具的支持下，向员工和管理者提供人才方面有实时性或洞察力的决策的平台。平台包含提供大数据人力资源决策的有形资源、无形资源及人力资源。

从演进的角度来看，大数据人力资源较信息化人力资源在分析能力方面有质的变化。

信息化人力资源可以划分为三个阶段：统计阶段、发现问题阶段、监控阶段。统计阶段的工作只是对所有人事工作进行统计，生成人力资源报告。发现问题阶段的工作是从数据中发现问题，生成人才的问题分析报告。例如管理者从离职率数据中看到异常，于是做一个离职率的问题分析报告，找到并分析问题。监控阶段的工作是通过系统实时、自动地甄别问题，生成人力资源预警报告。监控的作用非常大，无论是统计、问题分析还是预警，都可以用到监控。

信息化人力资源工作做到位后，实现的是基于统计、问题发现和监控的人力资源管理，其逻辑路径都是提前设计好的，传统的数据分析多是事后的总结，是一种滞后管理。大数据人力资源管理要求能够帮助人力资源管理者进行预测，实现前置管理。

2. 人力资源大数据基础设施的搭建

腾讯的人力资源管理数据包括结果数据、过程数据、行为数据和心理数据。

结果数据是信息化人力资源阶段，e-HR 系统产生的招聘、培训、绩效、薪酬和员工关系等职能模块的统计数据。过程数据是各个信息系统的用户操作日志以及操作轨迹产生的统计数据。行为数据是关于员工的行为和行为发生时环境的观察报告数据。每位员工每分每秒都在产生行为数据，涉及的数据量大，是真正意义上的大数据。因为行为数据不限于人力资源职能模块，收集行为数据时由于边界超越了 e-HR 系统，又因行为数据涉及员工隐私，所以收集行为数据有非常大的难度。心理数据是指对员工的情绪心情、性格倾向及行为动机等的分析观察和测评类数据。

大数据的处理需要一个良好的平台，对此腾讯开启了人力资源大数据基础设施建设。其中，SDC 在整个建设过程中也发挥了不可忽视的作用。

e-HR 一般分为三层，自下而上分别是：源数据层、建模层、应用层，而腾讯的人力资源大数据基础设施的架构层次多了一个派生数据层，如图 8-5 所示。

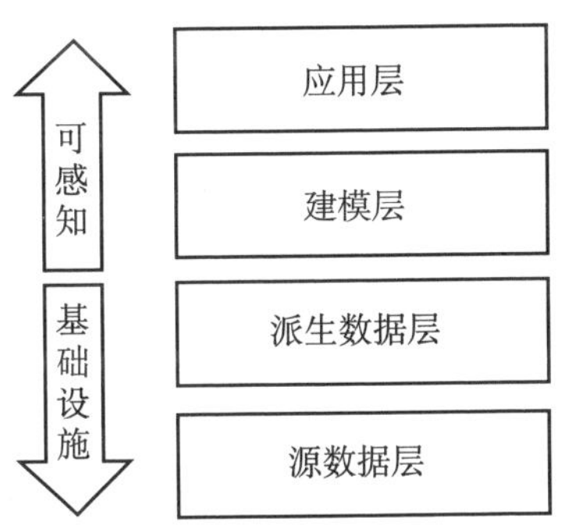

图 8-5　腾讯的人力资源大数据基础设施的架构层次

- 源数据层。这一层关心的问题是数据的收集和数据的质量。腾讯人力资源管理的源数据基本来自 HR 职能模块（招聘、培训、绩效、薪酬等）产生的结果数据。员工过程数据和行为数据分散在腾讯各个体系里。行为数据、过程数据将成为突破传统结果数据的关键，其拦截与分析在技术上已不成问题，但法律和道德上的阻碍较大。

谷歌在源数据层有过程数据和行为数据，百度人力资源管理数据库也开始纳入过程数据和行为数据。腾讯对过程数据把握较严格，腾讯高层对使用员工内部沟通、聊天等隐私信息进行分析的态度是比较抵制的。

腾讯 SDC 与源数据层的关联最多。首先，在数据信息维护类服务方面，数据信息一方面由 SDC 的工作人员在系统操作过程中产生，数据信息包括员工转正、数据提取、荣誉数据维护、权限维护、校招生信息更改、简历入库等。另一方面，员工通过企业微信中的腾讯 HR 助手自助办理事务时也会产生源数据。其次，在权限配置和系统运维方面，包括人力资源系统的权限维护、清理和监控，SDC 自建系统的运营维护。最后，在数据安全和质量方面，包括数据安全审计、数据质量规范梳理和需求响应、监控运营。

• 派生数据层。原则上说，直接用到源数据的机会很少，一般是大量使用派生数据。派生数据层关心的是分析的效率和标准化，建立全面、统一、易于调取的派生数据。如员工的司龄，等于当前日期减去入职日期。

腾讯 SDC 的派生数据层较薄弱，这会带来什么问题呢？以离职率为例，离职率可以有不同的算法，例如，算法 1，离职率＝期间离职人数 /［（期初人数＋期末人数）/2］×100%；算法 2，离职率＝期间离职人数 / 预算员工人数 ×100%。如果每一个要使用离职率的人都要从原始数据计算，不仅浪费时间，而且不同人采取的方式不同，结果也不同。好的派生数据层存储的数据应该远多于源数据层存储的数据。

• 建模层。这一层关心的问题是，如果进行问题分析，分析应包括哪些模块。数据建模是问题分析的思路或逻辑大纲。

- 应用层。这一层关心的是数据对业务的支撑。腾讯人力资源管理从客户的角度，为人力资源管理体系内部客户（COE、HRBP、SDC）提供决策支持、运营监控和专业研究。从用户的角度为管理者提供管理辅助，为员工提供个人自助的数据服务。例如，SDC 的管理者应用平台，SDC 的 HR 在后台进行数据提取、报告制作和数据分析。管理者能从 PC 端和移动端直观、清晰、实时地了解团队的人事信息。COE 的活力实验室主攻应用层，提供很多预判性的大数据分析，为管理者提供决策参考。

3. 大数据人才的演进

腾讯 SDC 根据业务需求，自下而上建立了信息建设中心、系统开发中心等，形成了部门内的产品闭环。腾讯 SDC 人力资源大数据团队里的人员是跨界的，他们拥有人力资源、管理咨询、人力资源信息化、数据库、系统开发等方面的一项或多项技能、知识和经验。

比较来看，谷歌侧重于学位背景多元化。谷歌的人力资源管理部门有一个由十几位名校统计学博士、组织行为学（工业心理学）博士组成的分析师队伍，专门研究不同的人力资源政策和员工绩效之间的关系，并根据研究结果随时调整薪酬福利、晋升制度等，确保员工队伍始终处在一个良好的工作状态。腾讯 SDC 的负责人指出，腾讯人力资源大数据团队需要的是懂人力资源、组织行为学、统计学的研究型人才。

4. 大数据人力资源实践探索

人力资源管理者从数据和事实分析中获取价值，为企业提供前瞻性的业务洞察，降低企业用工成本，通过人才地图发掘人才战略信息等。这些实践都有助于企业提升绩效，使企业获得持续的竞争优势。腾讯人力资源管理部门紧扣战略进行了一系列大数据人力资源实践。

- 对离职进行预警的“红线”项目。“红线”项目是由 COE 的活力实验室牵头，多部门联合进行的大数据分析项目。项目基于员工的行为数据，如研究员工离职前会有何异常表现并总结规律。当其他员工出现这些表现时，系统会向管理者提出预警，管理者应采取适当的保留方案或继任者方案。

- 降低运营量的“先知”项目。腾讯 2013 年建立了 HR8008 员工服务热线，为员工提供快速找到 HR、获取专业人力资源知识的一站式服务。HR8008 热线日常有大量的运营工作，“先知”项目的目的是通过对运营大数据进行分析以降低运营量。

通过过往的数据可以找到事物的规律。团队根据同期员工咨询的数据，预测什么时候将是某类业务咨询的高峰期，例如，通过对 2014 年、2015 年的数据进行分析，发现 7、8 月份是“实习生留用考核”问题咨询的高峰期。团队人员通过抓取几个关键时间节点，提前做好 Q&A，并将其接入门户热点问题及搜索后台知识库，员工可以快捷地找到相关解答，减少了重复问询，同时员工满意度也提升了。

未来的人力资源管理者不用出现，员工感受不到人力资源管理者的存在，这才是比较理想的状态。2016 年以前，团队将咨询升级量作为 KPI 来考核，绩效的导向是人均咨询量、处理量越多越好。2016 年实施“先知”项目以后，理念转变为腾讯员工的人均咨询量、处理量越少越好。

- 助力员工招聘与员工保留的稳定性分析项目。为提升招聘环节的效率和效果，人力资源管理者将腾讯历史上的所有员工按照稳定程度分成多个样本，通过对大数据的挖掘找到与稳定性相关的典型特征，建立能够识别候选人稳定性的数学模型。招聘系统进一步应用数据分析结果，系统自动根据应聘者的简历，对候选者的稳定性做出评估，向负责招聘的人力资源管理者及业务部门负责人提供建议。这个分析同时也为后续招聘以及保留环节提供参考。

此外，腾讯还在用大数据助力组织诊断，探索一个产品或项目团队：团队的人员配置有什么特点？这个团队是一个有活力的团队吗？2012 年以后，《腾讯月刊》开始发布图腾栏目，该栏目借助数据分析和图形呈现，对管理者和员工关心的员工健康、企业发展、行业动态等主题进行大数据分析、预警、预测，为管理者和员工提供现象解释、决策参考。

腾讯从信息化到大数据人力资源管理的演进是一个从量变到质变的过程。人力资源部门在信息化人力资源管理阶段，始终围绕选、育、用、留、出等职能模块的结果数据进行统计、问题分析与监控。而在大数据人力资源管理阶段，人力资源部门主要进行数据预测。与 e-HR 阶段相似的是，大数据人力资源分析的落脚点也是与人力资源选、育、用、留、出相关的问题，例如识别潜在的优质人才、管理员工的健康水平、帮助员工积累工作经验、改进绩效表现和培养工作习惯等。但是，大数据人力资源管理采用的数据并非只由人力资源职能模块产生，还有大量人力资源职能结果数据以外的行为数据、社交数据、环境数据等。通过这些数据，人力资源部门能够更全面、精准地预测企业人力资源管理问题，这是对 e-HR 阶段人力资源数据分析的一个重大颠覆。

大共享平台：瞬间实现华丽转身

中兴通讯：SSC 探路者

尤里奇曾经说过让 HR 做更专业的事情，把价值小的事务性工作外包出去。选择外包的企业通常是小企业，而大企业为了追求更高的经济性往往选择自己搭建共享服务中心。搭建的方法有两种，一种是从人力资源管理的角度出发，建立独立的共享服务中心，另一种是打破部门界限，从企业整体的角度出发，建立综合的共享服务中心，即大共享服务中心。

那么什么是大共享服务中心呢？大共享服务中心是将多个部门的工作集中起来，如财务、人力、IT、大数据、行政等，建立一个统一的服务中心，提供标准化的全流程服务。GE 最早探索了这种模式，以员工在 GE 内部调动到子公司为例，员工只需发起一个请求，后续的劳动关系、财务关系、汇报关系都会快速自动办好，整个过程非常快捷。通过这种方式既可以发挥规模效应，节约成本，同时也有助于保证这些职能的质量和一致性，推倒部门墙，为员工提供一条龙服务。

已有部分企业选择转型成大共享服务中心模式。根据人力资源智享会 2016 年的共享服务中心中国现状调查，在 90 家参调企业中，约 19% 的企业采用了综合性共享服务中心的形式，而另外 81% 的企业建立的是单独的共享服务中心。在我国诸多企业中，中兴通讯就是一家选择建立大共享服务中心的企业。

2005 年，中兴通讯引入财务共享服务管理模式。

2007 年，中兴通讯在借鉴国外跨国企业成功经验的基础上结合自身的实际情况，引入了人力资源共享服务中心，成为最早实施 SSC 的中国企业。

中兴通讯人力资源共享服务中心将入职、离职、社保、户口办理等日常事务性工作剥离出来，通过明确服务规范标准，为员工提供高效、优质、标准化的服务。

同时，中兴通讯人力资源共享服务中心还提供多样化的服务方式，除了传统的柜面服务，还设有热线服务和 VIP 上门服务等。

中兴通讯人力资源共享服务中心的一大特色是"服务延伸"意识，即共享服务中心的服务不只局限于员工当前问题的解决，还会考虑员工后期的需求和可能面临的问题，提供一条龙服务。如新员工的入职服务，除了新员工入职当天的资料填写、申请办理等服务，共享服务中心还会为新员工提供后期的培训、融入公司等服务，真正做到了从员工的角度出发，提供高质量的"一条龙"服务。

本着"为公司员工提供满意的 HR 共享服务"的基本价值目标，中兴通讯的 SSC 经过一段时间的运作取得了较好的效果。但是随着业务出现放缓的迹象，SSC 的建设也面临着巨大的挑战。为了探索更高效、更低成本的发展模式，中兴通讯踏上了大共享服务中心的征途。

中兴通讯的大共享服务中心主要集中的是财务、人力等部门的事务性工作，通过工作的集中与整合，提供信息化的高效处理服务，打破传统的分节分部门处理的模式。如员工的出差，以往员工需要向自己所在的部门提出申请，到行政部门订机票，出差回来后到财务部门提出报销申请，流程跨越多个部门，耗时耗力且效率低下。而随着大共享服务中心的建立，员工只需提出简单的申请，共享服务中心即可提供全流程的“一条龙”服务，帮助员工轻松完成涉及多个部门的事务。

海尔：“人单合一”双赢模式下的大共享

2005 年 9 月，海尔提出了“人单合一”的全球化竞争模式。“人”是指海尔的每一名员工，“单”是具有竞争力的市场目标，“人单合一”就是每一位员工都要与最有竞争力的市场目标相结合，实现协同共享，共创共赢。

人单合一双赢的最初含义，就是把员工和用户、市场联结到一起；所谓“双赢”，就是员工在为用户创造价值的同时体现自身的价值。按照人单合一双赢模式的需求，遵循“集中的更集中，分散的更分散”的原则，海尔于 2007 年建立了自己的人力资源共享服务中心。

海尔于 2011 年对 HR 三支柱架构进行了系统改造，共享服务中心变成了跨职能墙的服务中心，共同构成了五平台的 SHARP 模型。[①]

目前，海尔的 SSC 已不再局限于人力资源，逐渐拓展到了其他职能领域，包括 IT、信息、大数据、法务、税务等等，真正实现了 SSC 大共享。通过职能合并，为用户即员工提供标准

---

① 五平台包括资源创新平台、领域业务平台、人才吸引平台、创客孵化平台（海尔大学）、共享平台。

化的服务，让员工有美好的体验感。

不同于中兴通讯的大共享服务平台侧重于事务性的整合，海尔追求的是职能性事务的整合。

中兴通讯的大共享服务平台好比一根绳子，将原本分散于各个职能部门的事务性工作串联起来，形成一个流程链。在这种整合模式下，虽然打破了各个部门事务性工作的分散性，但并没有打破其独立性。各部门的事务性工作没有完全揉为一体，只是简单地合并达到流程化的效果，仍然会产生冲突和矛盾，出现各个部门不协同、各自为政的情况。

海尔的大共享服务平台真正推倒了部门墙，实现了各个部门工作的协同性，为员工提供全套协同的整合性服务。海尔打破了职能部门之间的壁垒，要求大共享服务中心的员工掌握复合的知识，不仅要精通自己所在职能领域的知识，也要了解其他部门的业务技术，比如人力资源管理者也要懂财务。在这种整合模式下，共享服务中心打破了各个部门事务性工作的独立性，将所有事务性工作完全揉为一体，推动各个部门协同发展，真正实现部门职能的整合。

09

第九章

中国企业 HR 三支柱的挑战与发展

在探索 HR 三支柱的过程中，中国企业面临不少挑战，无论是领先企业的前瞻性思考，还是后来者的积极推行，都很难真正建立起系统性的 HR 三支柱模式。这些困境和挑战带来进一步的思考：基于中国的实际情况，未来 HR 三支柱可能会实现怎样的升级与重构？

HR 三支柱实践过程中的困境

HR 三支柱在实践过程中面临的困境，主要来自战略、组织、人才和 HR 三支柱自身等几个方面。

中国企业实施 HR 三支柱仍然是机会导向大过战略导向

有战略不等于有战略导向，很多企业在实施 HR 三支柱时仍然是机会导向的。[①]战略导向与机会导向的区别是，机会导向能意识到战略的重要性，并在某种程度上出现“战略热”。战略导向是指有战略意识，具有做出正确战略决策的战略思维，有与战略落地相匹配的组织结构与人才素质。因此，要在缺乏战略导向的企业中推行和实践 HR 三支柱，有一定的难度。

① http: www. 360doc.com/content/21/0825/17/5120433_992584967. shtml.

彭剑锋教授认为，在很多已经实施、部分实施和将要实施HR三支柱的企业中，人力资源部门普遍追求人力资源管理领域的热点，盲目追捧HR三支柱变革，这是一种项目导向的投机思维。战略导向的HR三支柱是从组织的战略核心业务和核心竞争力出发，思考组织架构、组织人才与产品战略的匹配性，找到理想与现实的差距。人力资源战略就是在这个匹配的过程中形成的。有了人力资源战略，人力资源部再从人力资源架构、HR人才与人力资源战略的匹配性方面考虑，就能看到实施HR三支柱的价值。如果有必要实施HR三支柱，再选择实施哪种模式的HR三支柱，如增长导向的HR三支柱或成本导向的HR三支柱。这样可以确保人力资源管理始终在业务战略、组织架构和人才核心能力的培育上花精力、下功夫。

中国企业组织结构仍以直线职能型为主

互联网的快速发展为全球经济注入活力的同时，也给组织变革带来了巨大的推动力。中国大多数企业还是传统的直线职能型组织结构。这种组织结构的特点是按职能分工，业务流程很清晰，但是层级过多，官本位思想严重，不以客户为导向，不能及时对市场的快速变化做出反应。

在知识经济时代，我们看到越来越多流程严谨、程序井然、按部就班的公司失去快速反应的能力；那些组织扁平、灵活机动、放手人才各自为战的公司却可能冲出混沌，乱中取胜。HR三支柱的核心是：上要对接战略，下要贴近业务，能够应对市场的迅速变化，所以要求组织赋予各业务部门足够的组织设计与变革权限，使业务部门组织架构可以随业务主流程的需要进行灵活调整。此外，组织也可以拥抱矩阵化、平台化、网状化等组织架构的新理念和新趋势。新的时代、新的模式，要求企业进行组织变革，从职能制组织走向有机式组织，原来费尽心思建立起来的组织结构和流程体系需要解构甚至抛弃，否则难以适应当前的人才争夺和市场变化。

人力资源部的内功心法仍需修炼

人与组织关系的颠覆性重构给当前组织的人力资源管理带来了前所未有的挑战。作为人力资源管理体系设计和实施的组织者和监控者，人力资源部的运行质量关系到整个企业的人力资源管理水平。HR 三支柱的新模式也对人力资源部提出了许多新的要求，上要紧跟战略，下要贴紧业务，支柱间既要明确分工又要相互协同，组织内部 HR 的价值创造要依托于人力资源管理的跨界组合。这些新的要求无疑是对中国企业人力资源管理内功的一大考验。目前中国绝大多数企业的人力资源部的战略层次不够高、视野不够广，人力资源部在组织中的量级规模不够大，人力资源管理者缺少跨界能力。这些问题也使 HR 三支柱模式在推行时，难以达到预期效果。

当新的组织结构和新的经营管理模式出现、人与组织关系实现重构时，人力资源管理者需要建立起新的思维体系和能力体系。人力资源部要考虑如何适应企业战略的需求、业务发展的诉求、人才竞争的要求，去研究和设计企业发展所需的人力资源产品与服务、满足企业与员工的需求、为企业提高效能做出贡献。这些能让人力资源部真正实现从较低层次升华到战略管理层次。

HR 三支柱模式自身的问题

战略、组织、人才是 HR 三支柱成功的必要条件，然而组织要想真正建立起 HR 三支柱，还需要思考 HR 三支柱模式自身存在的问题。

1. 三个 HR 支柱未达到预期

HR 三支柱模式创立至今已有 10 多年，HR 三支柱在众多跨国经营、矩阵式管理的大企业中得到长足发展。在这个过程中，三个 HR 支柱都有最优实践产生，然而三个 HR 支柱也出现了明显的两极分化现象，在更广泛的实践中，HR 三支柱的角色难以达到理论预期。

第一，COE 在企业中“上不来，下不去”。COE 在如下方面未达到预期。首先，COE 作为专家的高度“上不来”。比较有前瞻性的研究、政策制定应该是由 COE 来牵头的，COE 要经常对一些问题进行诊断、研究一些事情、研判一些方向、解读一些趋势。但是目前看 COE 运营层面的工作仍然占很大比重。其次，COE 在 HR 三支柱中“下不去”。大部分 COE 没有沉到具体的业务部门去调查、研究、了解 HRBP 的需求，而且缺乏指导业务部门的基本经验及阅历。最后，很多企业领导文化、官僚作风比较严重，没有建立起专家文化，这让 COE 很难发挥专家的作用。

第二，HRBP难以“自杀重生”[①]成为战略业务伙伴。HRBP在设计时被寄予厚望，HRBP 了解业务，可以驱动业务部门的管理变革，HRBP 可以为业务部门提供前瞻性的人才战略地图，是非常高端、大气、上档次的工作。然而，HRBP 在如下方面未达到预期。首先，由于业务部门的人不了解甚至质疑、抵触人力资源管理，导致 HRBP 在融入业务团队的过程中阻力重重，如果连融入关都没过，HRBP 很难在真正意义上参与业务部门经营和战略规划的制定。其次，很多企业中的 HRBP 像是 COE 在业务部门的延伸，HRBP 光执行 COE 制定的各项招聘、培训、绩效等政策和制度就占据了 80% 的时间和精力。最后，当业务部门不断扩张、人员规模持续扩大时，HRBP 的高层由于思维惯性，往往采取被动应变的策略，通过增加 HRBP 人员投入的方式来满足业务的增长需求，而非自我颠覆，没有从 HRBP 的能力上进行系统性提升，没有在工作中使用“变焦镜”来聚焦核心问题，没有使 HRBP 成为提供前瞻性洞察的战略业务伙伴。

第三，SSC 未能与时俱进地进行角色升级。首先，SSC 的工作停留在工业时代 1.0 版本的共享服务中心（SSC），即重视效率的提升，没有与时俱进地升级到重视平台化、产品化、个性化员工服务的 2.0 版本的共享交付中心（SDC）。很多企业认为，出于成本考虑，SDC 不适合我。这种借口也是站不住脚的，随着云服务、人工智能的发展，企业已经有能力低成本甚至零成本升级自己的共享服务中心。其次，数据化管理难以达到预期，中国的大量企业还没有完善的信息化平台，没有数据和平

① 海尔的张瑞敏经常在演讲中说“自杀重生”“他杀淘汰”，用以说明突破自我的困难与必要性。

台作为支撑，SSC 或 SDC 的实施如无本之木、无源之水。即便有些企业开展了信息化建设，SSC 或 SDC 也已经汇聚了公司大量的人力资源数据，但在进行信息化人力资源管理时，SSC 还停留在报表、算数阶段的信息化人力资源管理。缺乏对数据的理解以及对 HRBP 的真实需求。最后，很大一部分企业不重视 SSC，甚至 HR 三支柱在没有 SSC 的“瘸腿”状态下运营，让 SSC 沦为“打杂”的角色，这会让 SSC 的员工缺乏专业自信，导致平时工作多是在交差，而没有交付的意识。公司业务下滑，也不是减少 SSC 的建设投入的好理由。减少对 SSC 的投入不利于三支柱的均衡发展，会进一步造成更大的损失。

2. HR 三支柱的定位与四角色不匹配

四角色是尤里奇在“未来是 HR 的未来”这样的愿景下对人力资源角色的重构。以前人力资源是从选、育、用、留、出等职能出发，现在是从成果出发。四角色涉及战略伙伴、变革先锋、效率专家、员工后盾。四角色背后的基础是能力，可以分为个人能力和组织能力。个人能力是指 HR 应具备四角色对应的胜任素质，即战略思维、业务知识、员工服务意识等，个人能力的成果是人力资源与人才资源的有效配置、人力资源服务以及员工满意。组织能力是指效率提升和组织变革，组织能力的成果是组织文化与领导力。尤里奇认为，HR 作为效率专家，通过流程再造，可以从组织层面实现四角色。三个 HR 支柱定位战略价值、业务价值、平台价值的架构是一种组织层面的四角色实现形式。

然而三个 HR 支柱的价值定位与 HR 四角色的匹配不够清晰，体现在：四角色中的战略伙伴是指向 COE 还是 HRBP？

变革先锋指向 COE 还是 HRBP？员工后盾指向 HRBP 还是 SDC？ HR 三支柱已经弱化了传统职能的垄断地位，正在形成 HR 新的建制，包括各支柱 HR 的胜任力、岗位设置、职业通道、绩效指标、就业市场、培训认证体系、最优实践、理论研究、出版物等。如果 HR 三支柱与四角色在能力方面存在很多交叉，HR 在个人能力上更多的是在发挥通用能力而非专业能力。这不利于 HR 的专业化分工，并进一步影响三个 HR 支柱未来的人才选拔、培训、职业发展。

3. HR 三支柱是协同问题的“救世主”吗？

根据戴维·尤里奇教授的观点，人力资源管理的四角色模型、三支柱模式，实质上是以 HR 工作达成的成果作为起点[①]，这一目标导向在一定程度上能够确保 HR 工作的产出，分别由各支柱支撑起“对战略的执行”“高效的基础事务”“提高员工的承诺与能力”“创造一个崭新的组织”等重要方面。关注点的转变势必会导致顾此失彼的现象。

实践中，HR 在具体的人力资源管理活动或者工作中无法像之前一样明晰自己的工作流程、岗位的权限与职责。具体来说，传统人力资源管理按照流程模块划分，选、育、用、留、出每个职能都有对应的一个 HR 职能部门承接相应的工作，如招聘团队负责全部的人才选拔与甄选流程，绩效薪酬部负责全部的员工激励与保留流程等，虽然这样的部门设置会导致各模块间缺乏协同，但至少某一项人力资源管理工作的全部流程是连续的，在一个部门内是闭环的。

---

① 戴维·尤里奇. 人力资源转型：为组织创造价值和达成成果. 北京：电子工业出版社，2015.

HR 三支柱的实施解决了 HR 各模块间缺乏协同的问题，因为每一个 HR 支柱内都有一套完整的选、育、用、留、出的班子。以人力资源管理的招聘职能工作为例：在 HR 三支柱中，COE 以战略目标为导向，根据组织内外部情况制订人力资源招聘方案，使人力资源战略与业务战略保持一致，COE 扮演的是战略性角色；HRBP 负责将 COE 制订的人力资源招聘方案在具体业务部门的落地，更多聚焦于深入了解业务部门的需求、确保招聘方向的准确性以及人员 – 工作的匹配性；SSC 则主要从基础的事务性工作方面提供支持，在招聘中，往往是承接职位的发布、简历接收与筛选、候选人面试安排、背景调查、入职流程办理等具体的流程性工作，一般情况下，相对另外两个 HR 支柱，SSC 更多依托于人力资源管理系统来提升人力资源流程的效率。

上面叙述的是一个理想的情形，但是在企业实际实施 HR 三支柱模式时，三个 HR 支柱的分工与协同并没有那么完美。由于远离业务，有些时候 COE 并不能完全理解业务部门的需要，在制订人力资源招聘方案的过程中会忽略实际的业务问题，导致解决方案无法反映业务部门的需要，HRBP 也就得不到战略性指导，而 HRBP 与 COE 没有明确的汇报关系，HRBP 便在人才济济的业务部门内寻找“内部专家”，长此以往，COE 作为 HR 的神经中枢，制定的政策、制度在业务部门内无法有效推行。另外，从 SSC 的角度来看，由于 SSC 中的专家更多地面向直接用户，例如在简历筛选环节，他们在长期的系统操作中接触了丰富的简历资源，也积累了简历与岗位要求匹配程度的大量数据，可以基于此开发功能更强大的系统，实现依据业务部门的需求进行简历推荐。然而，尽管这一做法可能会带来效率的极大提升，但与 COE、HRBP 之间可能会存在职责范围的交叉，HR 三支柱内部也会纠结各自的职责。应该由 COE 还是 HRBP 来主导这样的系统功能需求，SSC 是不是更加劳苦功高等问题层出不穷，甚至会导致 HR 三支柱各自为政。

总结来看，HR 三支柱模式将选、育、用、留、出的每个职能的流程链条生生拆分给三个 HR 支柱，导致 HR 在面临每个具体模块工作时，不能清楚地判断自己是否应该承担该工作职责，如果履行该职责，应该做到什么程度，如何与其他支柱的 HR 人员进行工作衔接等。由此可以看到，协同问题此消彼长，HR 三支柱消除了各职能模型间缺乏协同的问题，但增加了每个职能工作内部的协同问题。

HR 三支柱的升级与重构

HR 三支柱的升级

1. SSC 的升级：从 SSC 升级为 SDC

从 SSC 升级为 SDC，离不开四个方面的升级工作。

第一，工作价值观及动机的升级，从职能导向到客户导向。SSC 是被动承接共性的职能工作，SDC 是主动关注共性的需求。职能导向是从 HR 自己擅长的领域、上级要求的角度忖度客户需求，客户导向则是从内部客户需求的角度出发，重新审视现有工作，为客户创造价值。

第二，服务对象的扩展，从服务客户延伸到服务客户 + 用户。客户是 HR 三支柱中另外两个 HR 支柱（COE、HRBP），用户是使用 HR 产品的员工和管理者，客户和用户的需求有差别，SDC 要与另外两个 HR 支柱达成共识，要为员工和管理者创造惊喜。这样的升级明确了 SDC 兼有效率专家与员工后盾的角色。

第三，工作职责的升级，从服务到交付。服务是以日常工作和项目的形式进行的，交付是以产品的形式进行的。开展日常工作与项目时，SSC 以一次性通过任务检查为目标。做 HR 产品时，SDC 以为用户、客户迭代出有价值的人力资源精品为目标。

第四，运作模式的升级，从职能运作升级为平台运作。SSC 是“对事”，SDC 是“对资源、能力、团队”。“对事”是职能中心的运作模式，只能满足员工最基本的需求，缺乏自己的价值主张。“对资源、能力、团队”是平台的运作模式，能为员工提供解决方案，有自己的独特价值，以服务驱动战略。

2. COE 的升级：建立“能上能下，能左能右”的机制

首先，针对 COE 作为专家“上不来”，在 HR 三支柱中“下不去”的问题，作为 HR 神经中枢的 COE，除了有知识、会研究，还要有经验、有阅历。总结起来就是 COE 未来要能上能下，能左能右。能上能下是指 COE 内部也要有竞争淘汰机制，设立做研究的指标，制定解决问题、提出方案的评价标准，让专家在竞争中脱颖而出。能左能右是指 COE 要建立轮岗、兼岗的机制，让 COE 积累业务经验、组织变革经验，凭借工作经验、阅历给出解决方案也是理想的 COE 专家。

其次，以 COE 为首，人力资源管理回归研发属性。COE 越发重视对标杆实践的情报研究，结合大数据对组织结构、组织活力、员工心理与行为进行科学研究。人力资源群体在 COE 的影响下，将会吸引跨界人才，如懂用户的市场营销人才，能开发实用、好玩儿的人力资源产品的软件开发、系统架构、智能硬件领域的人才。总之以 COE 为代表的人力资源群体将具备研究性、研发性、开发性等属性。

最后，COE 要成为问题定位专家。COE 要从解决问题转向发现问题，目前专家的成长与评价体系如果用通俗的语言说是这样的，一开始他参加过一个项目，然后项目做大了、做成了，再后来他又牵头了几个类似的项目，总结出一套方法论，最终他成为专家。这种成长路径和评价体系下的专家有资历、经手项目多，但这顶多是一个经验型、知识型的专家。最初这个项目是怎么来的，为了解决什么问题，对他来说仍然是“黑箱”。未来 COE 更多地要破解“黑箱”，要定位问题。

如果自身定位不了问题，可以请跨界的内部专家、外部专家和第三方顾问等“外脑”协助。COE 未来要建立能定位问题的“外脑”团队，这就要求专家是接地气的，而非满脑子理论。这些专家要深入了解业务，了解公司文化，接地气地发现问题，进入企业情境想问题。

3. HRBP 的升级：从激励转向赋能

针对 HRBP 难以“自杀重生”成为战略业务伙伴的困境，HRBP 要从传统的辅助业务部门负责人转型成为业务部门负责人的领导力教练，向业务部门负责人赋能，让业务部门负责人掌握人力资源管理技能，提升自身管理能力和水平。前阿里巴巴副总裁曾明认为，HRBP 的赋能体现在组织文化层面，通过营造正能量的文化氛围，让业务团队更自主，员工也愿意在文化驱动下付出、拥护、共创。HRBP 的赋能还体现在促进人际互动的组织机制、环境设计上。人和人之间的互动机制、环境的设计对组织的有效性可能远大于对个体的激励性。

此外，HRBP 还可以在以下几个方面自我提升：第一，在工作中关注业务部门所处行业的趋势，向业务部门提供战略性的洞察、分析。第二，培养量化思维，工作过程中紧密结合大数据，依据数据诊断业务团队的战斗力，制订有针对性的绩效发展方案。

HR 三支柱的重构

如果说 HR 三支柱的升级，是在现有的“四梁八柱”的基础上进行夯实优化、走出灰色边界进行自我赋能和成长的话，那么 HR 三支柱的重构则希望从体制上、架构上直接给予规则上的界定和对应，避免靠单模块英雄主义来维系和支撑 HR 三支柱的运作。HR 三支柱重构，一个是加法（四支柱），一个是减法（双支柱），还有一个是对三支柱中职能模块的重构。

1. HR 三支柱与职能模块关系的重构

HR 三支柱与 HR 六大职能模块是一种逐一对应的关系，即每个支柱都从事与人力资源管理职能相关的工作分析、招聘、培训、绩效、薪酬、员工关系等工作。这种逐一对应的关系引发了 HR 职能内部的协同问题。针对该问题，可以构建 HR 三支柱与六大职能模块的唯一（或唯二）对应关系，即尝试将 HR

职能归入尽可能少的支柱中，使该职能在一到两个支柱下形成闭环。这既减少该职能的内部流程在三个 HR 支柱上的切割，又可以确保各支柱中仍有几项 HR 职能相互协同。

HR 三支柱的升级使各支柱承担的角色（例如四角色模型中的战略伙伴、变革先锋、效率专家、员工后盾）更加清晰，以及更加接近 HR 三支柱模式的设计初衷。HR 各大职能（及相应的实践活动）也在一定程度上最能体现出某个角色的定位。通过对最能体现职能的角色进行考量，结合管理实践领域中国企业对 HR 三支柱的变革，我们提出了将各大 HR 职能划分到一到两个支柱下以形成职能内闭环的展望性思路，具体如下：

• 招聘职能在 HRBP 和 COE 内部实现闭环。首先，当业务部门需招募特定行业的高端人才时，由于 HRBP 了解业务，能够快速、准确地理解业务部门的招聘需求，招聘职能在 HRBP 内闭环。其次，当业务部门需招募具备某项特殊技能的人才时，COE 从公司层面对外发布招聘信息并将候选人推荐到各业务部门。相比 HRBP 直接对外进行社会招聘，COE 从公司层面进行招聘使公司在劳动力市场上具有更强的议价能力。比如，当业务部门准备出海越南，HRBP 需为公司招聘一两位懂越南语的人才。由业务部门主导的此类招聘，往往误判了人才的稀缺性，并被动接受候选人的高薪酬预期。而从公司整体层面来看，小语种人才在市场上并不稀缺，COE 从公司层面招聘东南亚小语种人才，此时公司在劳动力市场占主动地位，不用耗费额外成本即可招聘到各业务部门出海所需的稀缺人才。最后，缺少了 SSC，当业务部门遇到大量同质化用人需求时，例如为业务部门招聘大量的销售员，该怎么处理呢？ HRBP 可在部门内设立类似 SSC 的临时组织或虚拟团队，专门对此类共性的招聘需求进行整合处理，或者将此类招聘需求外包。这样仍能实现招聘流程在 HRBP 和 COE 内部闭环。

- 培训职能主要在 HRBP 内部实现闭环。总部培训是否有必要保留，要视公司的具体理念而定，看公司高层是否认可培训的价值。过往集团层面统一实施的培训因缺乏业务针对性、投产比不佳等问题，正在被大量削减，甚至取消。字节跳动公司隶属于 COE 的人才发展部门就被裁撤了。由于 SSC 本来就较少涉及人力资源管理的培训职能，该职能的各项流程可主要在 HRBP 内部实现闭环。各业务部门可根据实际需要有目的地设计、组织培训，例如销售培训。

- 绩效管理职能在 COE 和 HRBP 内部实现闭环。绩效管理模块一般由 COE 牵头负责公司层面绩效政策的制定与更新，每当绩效考核季到来，HRBP 以公司绩效政策为蓝本，在各业务部门内推行绩效政策。业务部门的负责人会就业务部门绩效考核结果向集团总部汇报，流程又回到 COE 进而形成闭环。

- 薪酬管理职能在 COE 和 SSC 内部实现闭环。与绩效管理模块相似，公司层面的薪酬政策也由 COE 牵头制定和更新。COE 的薪酬激励专家通常要进行总体薪酬、短长期激励等方面的设计。COE 的组织发展专家通常要进行职位序列设计、岗位评估等。薪酬的计算与发放需要汇总岗位职级、考勤、假期、绩效表现等多方面的数据信息，要耗费工作人员大量的时间和精力，SSC 的职责是从中挖掘共性需求，提高算薪发薪的效率。由此，薪酬管理职能可以在 COE 和 SSC 内部实现闭环。

- 福利管理职能在 COE 和 SSC 内部实现闭环。福利模块在现行的 HR 三支柱分工中，主要由 COE 进行福利策略的设计，福利策略的运营由 SSC 进行，员工福利策略的执行则由 HRBP 来推动。福利运营的目的是发挥政策、策略的最大效用，如果 SSC 的福利运营工作做到位，公司福利政策可以直接触达员工，HRBP 几乎不用再负责推动员工福利策略的执行，仅需在员工福利的发放环节顺带参与。由此，福利管理职能可以在 COE 和 SSC 内部实现闭环。

• 员工关系管理职能在 SSC 和 HRBP 内部实现闭环。员工关系管理一般由 SSC 牵头负责，HRBP 负责实际工作中的争议（例如，工伤认定、裁员等具体事件）处理。SSC 除了运营团队，还设有合规专家。当遇到复杂棘手的员工关系事件时，不论是 SSC 的运营团队还是 HRBP 均可将问题升级，交由 SSC 的合规专家来处理。由此，员工关系管理职能可以在 SSC 和 HRBP 内部实现闭环。

• 企业文化管理职能在 COE 和 HRBP 内部实现闭环。企业文化实际由 HR 负责管理，COE 负责组织整体文化的打造，COE 可设立负责新媒体传播的写作中台，专门发布传播企业文化的文章。HRBP 具体推行组织文化的落地和价值观考核，并负责打造业务部门亚文化和营造部门、团队氛围。由此，企业文化管理职能可以在 COE 和 HRBP 内部实现闭环。

2. 四支柱模式：建立整合变革中心

针对 HR 三支柱的定位与四角色不匹配的问题，还有 COE 制定的政策和制度在业务部门难以落地的问题，彭剑锋教授提出在现有的 HR 三支柱模式的基础上，增加整合变革中心 ICC（Integrated Change Center），从而形成四支柱模式。整合变革中心更加适用于全球化经营、有全球文化一致性诉求的公司。

从职能来看，ICC 向上充分把握 COE 制定的战略政策，向下深入业务部门推行变革，指导各国家、区域、事业群的 HRBP 团队，策划变革路径，落地 COE 的全球政策和变革方案，对人力资源部门支持全球整合的公司战略起到关键作用。

从角色定位来看，ICC 将原来由 COE 和 HRBP 负责的人力资源变革工作进行分类，变革中软性要素，如企业文化、员工积极性、变革中的领导风格等方面仍由 COE 和 HRBP 负责，而变革中的硬性要素，如变革的持续时间、变革的过程管理、团队和人员能力的提升等由 ICC 专门负责。由于在变革方面具有更强的专业性，ICC 对应了尤里奇四角色模型中的变革先锋角色，这样四支柱与四角色进一步对应，有利于专业分工和专业建制。

对于实施 HR 三支柱的中小企业，ICC 也有设立的必要和价值，它能促进更多贴近一线业务部门的 HRBP 参与变革，群策群力，减少变革阻力。中小企业由于规模小，管控难度相对较小，建立 ICC 时，不一定非成立一个部门，也可以组建一个实体或虚拟团队。

3. 双支柱模式：聚合 COE 和 SDC

中国企业 HR 三支柱模式是强联系的 HR 三支柱模式，这使得 HR 三支柱之间能够以更低的成本实现更复杂的资源流动。虽强化了联系，但也会出现决策短视、不灵活等问题。例如，某个政策或项目在实施前必须在利益侧重点不同的 HR 三支柱间达成共识，这往往需要部门间的妥协和让步，导致政策或项目的效果打折扣。即便政策或项目在 HR 三支柱间达成共识，由于涉及三个部门，发现政策或项目问题后，又很难轻易调整，政策或项目的机会成本就会增加，HR 三支柱运营的惯性增强不利于人力资源部门的可持续发展。

管理学中有一个双元性理论，双元性原意是说运动员的双手同样的灵巧，在这里用来隐喻组织要想基业长青需要对两类看似相互冲突的创新活动——探索式创新和应用式创新——加以组合，实现共存。有一种理论认为组织从结构上分别设立进行探索式创新、应用式创新的部门，可以实现组织的双元性。人力资源部门亦可从组织结构上设立这样的两个部门，一个部门放眼中长期，进行人力资源管理的探索式创新，如在组织内进行人力资源管理研究、实验，打破传统职能模块，探索新的人力资源管理职能，打造异质性、跨界人力资源管理团队，对人力资源管理政策、项目进行更灵活的调整或变革。另一个部门聚焦中短期，主要进行人力资源管理的应用式创新，如在业务部门以解决问题为导向使用人力资源管理各模块的知识和技能，以实用为原则，在业务部门对人力资源管理探索式、原创性的创新加以利用。双支柱模式确保了人力资源可持续地为组织创造价值。

如何从 HR 三支柱转型为双支柱呢？当未来人力资源管理的共性需求可以大量由外包与人工智能来满足时，彭剑锋教授提出了一种思路，即合并 COE 与 SDC。合并的支柱主要进行人力资源管理的原创式创新，HRBP 主要进行人力资源管理的应用式创新，利用原创式创新为业务创造价值。为什么合并的是 COE 和 SDC，因为二者殊途同归。COE 是人力资源战略的代言人，SDC 是人力资源产品的代言人。战略最终的落脚点是产品创造价值，产品只有衔接战略才是可持续的。COE 和 SDC 合并后的部门从人力资源战略性产品的角度出发，专门从事人力资源产品研发、人力资源行业研究、人力资源战略与政策制定等探索式创新工作。HRBP 熟练运用招聘、培训、绩效、薪酬等职能模块的资源，同时也对 COE 和 SDC 的最新成果，如大数据人力资源决策建议、行业人才地图、领导力模型等加以利用。HRBP 这个支柱总结起来是在业务部门从事人力资源管理的应用式创新工作。

此外，双支柱模式还有两个好处。第一，整合 COE 和 SDC 让 HR 六大职能模块得以在两个 HR 支柱下形成各职能内的闭环，相比三支柱，双支柱模式减少了对职能模块的切割，降低了跨支柱沟通成本，同时保持了支柱内各大职能模块间的协同。可以说双支柱模式在一定程度上解决了前述 HR 三支柱的 HR 职能内部的协同问题。第二，整合 COE 和 SDC 也消除了 SDC 在工作中容易被当作所有杂事的集中处理机构，地位相较其他两个 HR 支柱偏低的问题。

10

第十章

HR 三支柱与人力资源管理新趋势

“回归商业本质”“回归管理原点”，这些来自商学院教授的话语像警钟一样，时刻告诫管理者不要被“黑天鹅”事件扰乱思路，不要轻易相信某些“风口”现象真会被写进下一版教科书中，成为新理论。随着以 ChatGPT 为标志的生成式人工智能横空出世，新一轮科技革命的浪潮就此开启，并将彻底改变人们的生活方式、生产方式、工作方式，以及人机交互方式等。未来多少管理理念、跨世经典、管理常识将会被颠覆？

HR 三支柱的升级仅是人力资源组织结构的升级，面对环境、人性的复杂，结构升级本身并不能解决所有的人力资源管理问题。只有引发人力资源管理的整体升级，包括人力资源管理技术的升级、人力资源管理者自身理念的升级与能力的发展，人力资源管理才能适应未来环境、科技的变化，为组织更好地创造价值。

全球人才供应思维与人力资源管理的全球化

目前，国际形势风云变幻，全球化与逆全球化激烈博弈，竞争与合作并存，整个世界仍然处于高度复杂和不确定状态，但这没有阻挡中国企业通过产品走向全球化，通过资本的收购和兼并来整合全球产业链的步伐。同时，国际化企业将中国作为战略市场，不断融入中国已成趋势，越来越多的组织实现了全球化。组织的全球化，必然要求人力资源管理的全球化，COE则需要从全球化视角思考如何为组织战略的制定提供有价值的洞察。

第一，确立人才供应的全球化思维，积极融入世界重要人才中心和创新高地建设。随着互联网与数字化技术的快速发展，加之曾席卷全球的新冠疫情为远程办公的普及应用与效果验证按下了加速键，人才的供应越过了地域、国界限制，企业面对的是人才流动的国际化，以及无国界的人力资源市场。同时，我国正在加快建设世界重要人才中心和创新高地，企业积极拥抱国家和所在城市的人才战略，有助于增强自身吸引和集聚人才的能力。因此，企业要有“世界就是我的人力资源库，全世界的人力资源都可为我所用”的视野与战略眼光，通过拥抱人才高地建设打造吸引和聚集全球人才的平台。

第二，人才培养的全球化与人才全球胜任力的打造。国家“一带一路”倡议给中国企业“走出去”提供了战略机遇，中国企业需要拓展具有国际水平的管理者与创新人才的全球胜任力标准体系，打造更多国际化人才，将国际化人才培养融入人力资源开发体系，整合全球人才培训发展资源，加速人才能力转型与升级。

第三，强化全球化与跨文化的人力资源管理新职能。企业的全球化布局由全球范围内的人力资源提供支撑，人力资源管理的对象由一国扩展到全球。比如，为了让全球人才懂中国和中国企业，中国企业要在文化价值观视角上积极地与世界人才对话，适时输出企业优秀的文化价值观和中国式的管理理念，通过独特魅力吸引和留住全球人才；中国企业要懂全球人才，对不同文化背景、种族、地域的员工保持开放和包容的心态，从而能更大胆地启用东道国人才，大力推进人才的本地化；中国企业在全球扩张过程中要迅速了解东道国的就业、劳动法律法规，如何尊重东道国的文化、妥善安置外派员工及家属等将成为中国企业全球化与跨文化人力资源管理的新职能。

全球化与跨文化的人力资源管理新职能有助于中国企业与全球人才互懂、互融，提高跨文化协同效能，实现全球化人才的有效管理和协同发展。

人力资源价值链管理与人力资本价值增值管理

数字化与智能化时代，人力资本日益成为企业价值创造的主导要素，人力资本创新成为企业持续成长的新动能，许多传统工作及传统的人力资源管理职能将逐渐被人工智能取代，而员工的时间、精力可以越来越多地投入到创造性和自我开发等领域。由此，人力资源管理的核心变为如何通过人力资源价值链的管理，即人力资源在企业中的价值创造、价值评价以及价值分配一体化的环节，来实现人力资本价值及其增值。

人力资源价值链管理与人力资本价值增值管理将带来三大变化。

第一，更加尊重人和人的价值创造。将价值导向原则融入企业文化价值观，企业文化要能够基于对人性的洞悉及对人的价值的尊重，以人为本不是简单以人性为本，而是以价值创造者为本。同时，通过人力资源管理机制与制度创新来激发人的价值创造潜能、动力与活力，让组织始终充满价值创造的活力。

第二，更加强调人力资源管理的效能。这要求人力资源管理者用经营者的思维关注一系列问题，例如保利集团以人力资本为对象，以经营为手段，重塑人力资源管理体系，建立了“I–P–O”（投入（Input）—运行（Process）—产出（Output））三阶逻辑链，更聚焦人力资本投资回报率。人力资源管理的核心目标就是通过激发员工创造价值的活力，实现每个员工自身的发展目标并满足其价值需求。通过不断提升人力资源管理的效能，激活每个个体的价值创造潜能，实现组织的人力资本价值增值。

第三，更加注重人才价值的核算，让人才有价。进入人力资本时代，如何核算人力资本价值成为人力资本价值增值的基础。未来，企业的人力资源管理如何能让人力资本有价化、金融化甚至证券化，最终实现人力资本的价值增值管理。人才有价，能够使组织的人力资本得到应有的价值回报和超利分享，使其具有能与资本相抗衡的话语权，这也是组织以人力资本撬动企业价值，进而打造长期竞争优势的新动能。

人力资源管理转变为基于任务 + 能力的复合式管理

国内外大部分企业采用的是基于职位 + 能力的管理体系，即以职位管理系统及胜任力管理系统为基础。基于职位 + 能力的复合式人力资源管理的前提是：在静态的组织结构与相对稳定的流程基础上，构建和设计企业的职位。随着组织向平台化、网状化、无边界化、社会化转变，组织结构不再是静态的，人才配置将更加灵活。同时，随着区块链技术和平台经济的发展，组织里固定的职位逐渐被平台上动态的、颗粒度更小的工作任务所替代。未来人力资源管理将以工作任务管理为核心而非以职位管理为核心，这一变化有可能使基于职位的人力资源管理职能逐渐被基于任务的人力资源管理职能替代。

未来的战略人力资源管理要求组织的发展和人力资源的变化都要适应任务发展的变化，人力资源管理要设计新的组织结构，打造对工作任务最小管理单元的评价与激励机制，并体现人与工作任务匹配、动态适应的特点，最终使组织的人力资源管理效能大幅提升。

人力资源管理的重心转向知识型员工管理

进入高质量发展的知识经济时代，中国企业面临动能转换，需要依靠创新与人力资本来驱动。在这个背景下，企业发展愈发依赖知识型员工的价值创造，知识型员工成为企业的宝贵资产。知识型员工指的是具备丰富的知识和技能，能够灵活运用知识解决问题并创造价值的员工，他们是知识资本的拥有者，善于学习钻研，具备强大的创新能力和信息敏感度。人力资源管理要在充分关注知识型员工特点的基础上，想清楚如何激发知识型员工的价值创造潜能和激情，进而推动组织实现创新与人才驱动的新动能转型。

第一，对知识型员工的有效管理。知识型员工更具有事业精神，看重工作带来的自我价值的实现与自我机会的超越，而非简单地将工作视为谋生的手段。组织如果不能为员工提供发挥知识价值的机会并做到科学评价和有效激励，组织将丧失创造价值的活力。而且，随着社会分工的细化，各业务专业化程度提高，包括职能部门在内的不同业务部门，其知识型员工的工作成果形式多样、产出周期不同，因而难以统一衡量。因此，COE 和 HRBP 需要建立与知识型员工工作价值观相适应、能反映差异化工作成果的价值评价和价值分配体系，以激发知识型员工的活力。

首先，绩效管理要有利于激发人才的价值创造活力。例如，管理者可以让员工自主设定有挑战性的目标，鼓励创新行为，允许员工试错甚至犯错，人力资源管理应从关注考核转移到关注员工发展和学习。

其次，薪酬福利要回应知识型员工的新需求。知识型员工有着新的内在需求，这些需求是传统的需求模型难以囊括的，企业的全面薪酬策略要回应这些新需求。例如，对企业家人才建立事业合伙人机制肯定其人力资本贡献，平衡高层管理人才的短期激励与长期激励，平衡对知识创新者的物质激励与精神激励，改善员工的工作体验，实施认可激励等。

第二，对知识型员工的有效开发。对知识型员工来说，发展机会逐渐成为其最重要的留任因素之一，企业需要为知识型员工建立起双通道或多通道发展机制，建立扁平化组织配套的轮岗、兼岗机制。知识型员工具有较高的流动意愿，不希望终身在一个组织中工作，由追求终身就业的“铁饭碗”，转向追求拥有终身职业能力。来自领英的任期制实践可以很好地回应知识型员工的这一职业发展诉求，企业和管理者首先应通过真诚的对话与员工建立信任："我知道我的员工可能会在某个时间离开企业，承认这一事实并不会影响企业对他们的投资意愿"。另外，企业和管理者有义务向员工赋能，使其在任期内能承担一系列对其个人职业发展有意义的任务，从而帮助他们提升能力和开发潜力，创造改变其职业轨迹的机会。任期制实现了员工与企业的共同成长。

心理契约、事业合伙制重塑未来人与组织的关系

随着知识型员工成为企业价值创造的主体，未来人与组织关系将发生重大变化。从员工管理的角度来看，人与组织的关系由单一的劳动契约关系，转向以劳动契约和心理契约为双重纽带的战略合作伙伴关系。从员工治理的角度来看，组织中人力资本的价值逐步凸显，组织内部人力资本与货币资本的关系逐渐过渡到主动、平等的关系，企业越来越尊重人力资本的剩余价值分享权和决策话语权。

第一，从员工管理的角度：兼顾劳动契约和心理契约的构建，实现个人与组织共同成长。企业依据市场法则确定人才与组织双方的权、责、利关系。随着人才上升为组织的战略合作伙伴，企业要更加关注心理契约，即人才对组织的心理期望与组织对人才的心理期望之间达成的"默契"，通过在组织和人才之间建立信任与承诺关系，人才的敬业度、忠诚度得到提升，人才的潜力与自驱力得以进一步开发，最终目的是实现个人与组织的共同成长。

第二，从员工治理的角度：事业合伙制驱动人力资本与货

币资本从单向雇佣走向相互雇佣的合作伙伴关系。进入复杂与不确定时代，富有创新创业精神的企业家，魅力型、思想型、基于愿景的威权式“意见领袖”，日益成为企业价值创造的主导要素，这将改变过去货币资本和人力资本之间的零和博弈关系。过去是货币资本雇佣人力资本，而现在已经是货币资本与人力资本相互雇佣。在这样的背景下，事业合伙制得到了组织人力资源管理的青睐，即通过一种“资合”的法律结构，表达一种人力资源“智合”的管理逻辑，这与权力下放的趋势相辅相成，有利于降低企业监督管理的成本，快速应对市场变化，实现人才与企业共创、共担、共享。

组织架构平台化、用工方式灵活化

2014 年《劳务派遣暂行规定》颁布，2016 年“营改增”，2018 年《深化党和国家机构改革方案》中提出各项社会保险费交由税务部门统一征收，2024 年施行的《产业结构调整指导目录（2024 年本）》下架了“劳务派遣服务”，增加了“灵活就业服务”，类似政策的颁布执行增加了企业合规用工的成本；共享经济加速了零工经济的出现，互联网、数字化正在改变原有的组织结构形式；新生代员工的就业观念和就业行为悄然发生变化，他们追求更灵活多样、更自由的选择。这些环境因素给组织结构和用工方式带来五大变化。

第一，平台型组织结构得到更广泛的应用。过去企业的组织结构是“看得见”“摸得着”的，有清晰的组织结构，形式上以直线制、职能制、事业部制等为主。而现在随着业务需求的变化以及区块链技术、云平台和协同工具等信息技术对远程协作的辅助功能逐步增大，组织架构更多是组织与组织、组织与个体、个体与个体的多元化结合，其中具有代表性的是基于平台的项目制组织结构。

第二，企业用工思路从“为我所有”转到“为我所用”。这一转变体现了当今企业在人力资源管理上的战略性调整，其核心理念是“不在于企业自身拥有了多少人才，而在于企业整合人才的能力有多大”“世界就是我的人力资源库，全世界的人力资源都可为我所用”。特别地，越是世界一流人才越具有多重身份属性和社会属性，因而也越难以长期为一家企业所有。企业与其期望这些人才出现在自己的花名册上，倒不如构建开放的系统将其“借来”。

第三，用工方式更加灵活。通过非全日制用工、劳务派遣用工、业务外包用工和平台型用工等灵活用工方式，企业能够实现人力资源的快速调整、精确匹配和弹性管理。

第四，业务外包与岗位外包成为灵活用工趋势下企业降本增效的最优选择之一。业务外包与岗位外包能帮助企业节约成本、转移用工风险，还能让企业专注于主营业务。然而，企业 HR 如何管理外包员工，对外包员工实行强管控还是弱管控，是否需要成立专门的外包用工管理团队等，都将成为 SSC 面临的新课题。

第五，平台型企业借助算法对灵活用工进行精益时间管理，更多的企业开始探索平台型用工的可能性。随着平台经济的快速发展，网约车司机、快递小哥、外卖骑手、网络主播等平台型灵活就业者大量涌现。对于平台型企业，企业借助算法技术的东风，通过数据分析、预测模型，对平台上的员工进行绩效监控、风险管理和预测分析，使用工过程更加高效、精益、智能化。同时，受限于业务模式，平台型灵活用工方式并未被企业广泛采用，但企业也在积极探索平台型用工的可能性。平台型用工正在“落入凡间”。

此外，要警惕算法管理对“人是目的”思想的冲击。在组织架构与用工方式变化的过程中，算法技术发挥了巨大的作用。然而，日益强大的算法技术，催生了精益、全面、量化、去人性化的人力资源管理手段，人反而被异化为工具，随之而来的是工作压力、情绪耗竭、算法抗拒等。人力资源管理者需要警惕“数字泰勒主义”[①]将员工异化为工具，培育创新科技向善的价值主张，既要拥抱算法，向算法管理要效率、要利润，又要重视人本管理，不忘科技为人的初心，践行“人是目的，不是工具”的思想。

人力资源管理＋新质生产力赋能组织高质量发展

2023 年 12 月，中央经济工作会议指出要以科技创新推动产业创新，特别是以颠覆性技术和前沿技术催生新产业、新模式、新动能，发展新质生产力。生产力是改造自然的能力，由

① 数字泰勒主义，顾名思义，是数字化与泰勒主义的结合。著名管理学家泰勒提出的科学管理将员工视为机器，这种相对极端的思想被随后更注重人性化的管理思想所批判和调和。在数字化技术的加持下，管理手段越发强调精准、量化与去人性化，这似乎要将管理重新推向泰勒主义。

人和生产资料的结合而产生。新质生产力区别于传统生产力的特点之一是高质量。具体体现在，一是提高效率带来的高质量，例如，数字化管理与人机替代、人机互补显著提升了生产效率。二是降低环境破坏带来的高质量，例如，用碳捕集、利用与封存技术（CCUS）对生产活动中产生的二氧化碳进行处理，实现永久减排，又如用可再生能源技术减少化石能源消耗。

当今时代，对上述两种高质量影响最为直接和深远的是数字化、人工智能技术与低碳技术。

• 以数字化、人工智能技术为核心的新质生产力。数字化、人工智能技术在中国已得到加速应用，数字经济将成为未来中国经济增长的新动能，大数据成为企业竞争力提升及商业模式创新的核心战略资产。随着中国人口趋于老龄化，中国的劳动力人口红利已经逐渐减弱，但中国十几亿人口基数给大数据提供了新的红利，无论是消费市场、资本市场还是劳动力市场，每年都有大量数据产生，这可能会成为中国新的人口红利。大数据等技术的发展支撑了人工智能产业的发展，人工智能，特别是生成式人工智能将成为下一轮技术变革的核心。通过大数据、人工智能技术，数据挖掘分析的实时性、预测性大幅提升，机器学习的效能远远超过人类。

• 以低碳技术为核心的新质生产力。碳达峰、碳中和关系到人类命运，其重要意义无须赘言。当前，实现碳达峰、碳中和已经上升为国家战略，企业要在参与国家战略框架中谋发展。企业不仅要从绿色环保的角度看待碳达峰、碳中和，还要从国家战略的高度认识和重视碳达峰、碳中和。

数字化、人工智能技术与低碳技术等颠覆式变革既是对人力资源管理的冲击，也催生出一系列人力资源管理理念与实践创新。企业人力资源管理在数字化、绿色化浪潮中探索组织与人才机制的创新，能够赋能组织实现高质量发展。

HR+数智化，赋能组织高质量发展

首先，打造人力资源管理的数字化生存能力。在未来，数字化组织与人力资源管理机制创新体现在：第一，构建数字化的人性与需求思维。未来，人性特征与人的需求可能都是通过数字化来表达与传递的。第二，要具备数字化能力发展思维。管理者要有数字化经营与管理意识，要用数字化的知识体系与任职资格、数字化应用与工作技能等，助力人才实现数字化转型与数字化能力发展。第三，打造数字化的人力资源平台与数字化的人才决策体系。第四，人的价值创造过程与成果全部是数字化衡量、数字化表达、数字化呈现。第五，企业内部的组织结构、人岗匹配变成了数字化工作任务与数字化人才的匹配。未来人岗匹配是动态的，是基于工作任务来进行的匹配和调节。第六，构建数字化的工作场景体验与数字化的员工激励。例如，企业的很多激励变成积分制，人的价值创造报酬变成了一种基于人才区块链的内部虚拟货币与内部任务市场化价值的交换。

大数据人力资源的隐私保护问题不容忽视。HR+数智化会涉及大量的员工行为数据，这类数据可能会涉及员工的隐私。为了防止侵犯员工的数据隐私，第一，大数据分析过程要将大数据信息去身份化，只宜聚合数据进行整体趋势分析。第二，将员工隐私协议化，可以事先与员工签订数据隐私协议，避免触碰员工的隐私底线。第三，从数据安全、用户权限、透明度三方面推动隐私合规，在权限范围内将数据红利同员工进行共享，这样既能减少员工争议，也可以使公司规避法律风险。当然，也有学者提出有一天一部分隐私可能不再是隐私，比如监控摄像也可能涉及人员隐私，但慢慢大家就接受它了，甚至如果公共场合没有监控摄像，大家会感到不安全。

其次，生成式人工智能，实现“碳基人”“硅基人”与组织关系的颠覆式重建。人工智能既会让人力资源变得不重要，也会让人力资源变得更重要。处于价值链低端的人力资源管理工作，包括基础性、可重复性的脑力劳动；处于价值链中低端较为复杂的分析工作都将被人工智能取代；而处于价值链高端的涉及复杂性决策、灵动性创作、自动化编程等工作也将面临生成式人工智能的冲击。“碳基人”（即人类）、“硅基人”（即智能人、数字人）与组织的关系是一个结构问题，突出表现为人机替代与人机融合并存。

• 组织与人才机制创新——“碳基人”与“硅基人”的替代。人工智能创新性的应用，使得大量的无人虚拟性组织出现，例如京东的立体仓库、青岛港的无人码头、富士康的无人工厂等。同时，未来的人力资源共享服务中心中 80% 的工作要被“硅基人”替代。

• 组织与人才机制创新——“碳基人”与“硅基人”的融合。虽然人工智能会替代一部分人力资源管理工作，但同时也会产生新的人力资源管理工作。有人类就有人力资源管理，人力资源管理者会被更具智慧性、能动性的需求与机会赋予新的职位。届时，人力资源管理者和人工智能机器人的特点都会发生变化。人力资源管理者中新生代员工占比逐渐增加，作为数字时代的“原住民”，他们生来具备与人工智能互动的能力，这为未来HR与“硅基人”组建团队、合作协同、相互驱动、相互赋能打下基础。同时，“硅基人”也开始有公民身份。这些特点的变化会改变整个企业的生产作业方式以及人与人之间的协同方式，未来组织的人力资源管理工作需要设计的是人机相互协同、驱动以及赋能的机制。

HR+绿色化，赋能组织高质量发展

实现碳达峰、碳中和是一个多维、立体、系统的工程，涉及经济社会发展的方方面面。为此，企业除了减少产品和服务的碳排放，还可以从管理的角度进行探索。绿色化人力资源管理就是要打造企业自身的“零碳”生存能力，COE需要探索人力资源管理机制的变革与创新，为实现高质量发展赋能。

首先，碳交易赋能员工差旅减碳。企业的人力资源福利政策中，企业为员工提供差旅报销，报销的额度通常是可以满足员工自行选择的交通方式，例如飞机。通过内部碳定价，各业务部门会获得可在企业内部门间进行交易的碳排放指标。在考虑本部门碳排放指标后，部门及员工会重新评估乘坐飞机这种碳排放数倍于地面交通的出行方式的必要性，进而选择更适合、更低碳的交通工具。

其次，碳交易赋能员工通勤减碳。员工通勤通常属于人力资源福利管理范畴，人力资源部门通过引入内部碳定价的理念，引导公司员工采用更低碳的工作和生活方式，降低企业人均碳排放。COE 设定住房补贴政策，鼓励员工在办公地附近租房，减少通勤时间，既降低员工的碳足迹，也有助于员工将节约的通勤时间投入到工作或生活中。

再次，绿色理念赋能组织绿色文化价值观的形成。人力资源部可以从培训内容上下功夫，将碳达峰、碳中和的相关内容列入培训计划，分阶段、多层次对各级人才开展培训。培训内容涉及普及科学知识，介绍国际标准和国家政策要点、分享行业中重视可持续性的企业的做法。冰激凌品牌 Ben & Jerry's 推出的“拯救漩涡”口味，利用其包装唤起消费者对 2015 年《巴黎协定》的注意。人力资源部也可以采取类似方式在人力资源产品和服务的宣传上巧妙地嵌入碳达峰、碳中和的相关内容，让员工认识到碳达峰、碳中和的重要性，将碳达峰、碳中和的理念融入日常工作。

最后，绿色雇主品牌赋能公司吸引和保留人才。组织通过构建绿色低碳、环境友好等雇主品牌，能够吸引和保留人才。人力资源部必须能向员工拿出企业重视碳达峰、碳中和的证据，向候选者树立企业履行社会责任的雇主品牌形象。

人力资源从业者的使命、能力跨界与新职业的诞生

根据 2017 年中国 HR 职业发展状况报告，在较大的工作压力和对薪酬不满的现状下，多数 HR 从业者相信人力资源管理工作能够为他们带来技能方面的提升以及职业上的发展，因此更多人选择坚守 HR 领域，寻求自我的职业突破。未来 HR 的

职业发展将走向何方，对 HR 能力跨界的需求又昭示着人力资源管理领域将有哪些新职业产生？

第一，人力资源总监的突破口是成为 CEO。未来企业的英雄是人力资源总监与首席人力资源官（CHO），这是时代赋予人力资源从业者的使命。菲勒与戴维·尤里奇在《哈佛商业评论》2014 年的一篇文章中总结了优秀企业 CEO 的能力画像，在对比了 CFO、CHO 和 COO 的画像后，发现 CHO 的能力画像和 CEO 的能力画像最相似。未来人力资源总监、首席人力资源官要突破职业成长天花板就是要像 CEO 一样去思考，既懂业务又懂人，转型成为企业的一把手。

第二，对人力资源部门能力跨界人才的需求提升。人力资源部门的人才要能跳出现有的人力资源管理能力，站在战略的角度、业务的角度看人力资源管理。在强调战略思维和客户需求的导向下，组织内部 HR 的价值创造将依托于人才的跨界组合。

第三，人力资源管理新职业应运而生。未来人力资源管理领域会产生三个重要的职业：一是人力资源端到端架构师；二是人力资源产品经理；三是人力资源大客户经理。

- 人力资源端到端架构师。人力资源端到端架构师是对人力资源组织模式、技术、HR 能力进行整体架构，从而推动人力资源变革、升级和价值创造的高端人才。组织对于人力资源端到端架构师的胜任力要求如图 10-1 所示，这一角色需具备从战略端到执行落地端的广阔视野。他们负责将大模型、人工智能，以及移动化、Lite 化等技术新趋势迁移到人力资源管理领域，并尝试通过创新的技术架构和业务模式，有机处理管控职能与服务意图这对矛盾的组合体，实现管理意图与用户意图完全融合的双引擎驱动 HR 新型系统平台。对于人力资源端到端架构师而言，对业务模式的创新能力，以及对新技术的整合能力有助于确保 HR 组织与时俱进，并能推进技术在整个 HR 流程中的有效应用，因而至关重要。此外，这一角色需要具备端到端的架构思维，能利用运筹学原理对工作进行非线性管理，强调在不同阶段同步工作。相应地，这种工作模式相比传统的线性工作推进模式具有更高的效率，能打造组织可持续的竞争优势。

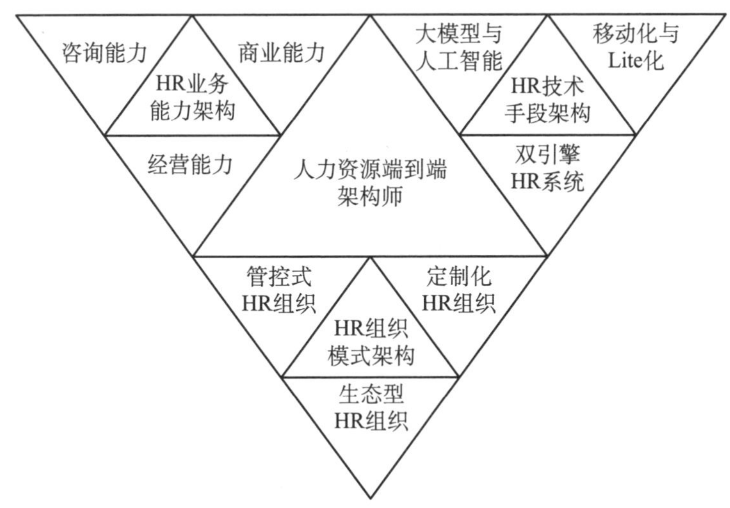

图 10-1　对人力资源端到端架构师的胜任力要求

• 人力资源产品经理。人力资源产品经理要想满足用户的需求，则要提升产品意识、设计思维，想尽办法打造人力资源精品产品，为用户创造价值和惊喜。要想满足人力资源内部客户的需求，核心是要与之达成共识。此外，人力资源产品经理将重心从优化日常工作，转向打磨人力资源产品，为用户、客户迭代出有价值的人力资源精品产品。

- 人力资源大客户经理。人力资源客户经理是面向事业群的人力资源通才，也是我们通常说的 HRBP。HRBP 深入企业各个区域、各个业务领域、各个分 / 子公司，一定会找到一些实力强、规模大、内部地位高、管理更规范的区域、事业群或分 / 子公司。这时需要将一些 HRBP 部门升级成人力资源大客户部，设立人力资源大客户经理[①]（Strategic Business Partner, SBP）。人力资源部对 SBP 有更高的要求。大客户规模大、管理更规范，需要对 HRBP 的工作进行更细致、专业的切分，首先在大客户部设立职能组，如招聘、组织发展、员工关系等职能，这些 SBP 仍然是 HR 某职能的专才，主要职责是对接 COE 的战略和政策，属于人力资源大客户部中的专家。其次在大客户部设置 SBP，并对他们的胜任素质有更高的要求，例如问题发现能力、教练式赋能能力以及资源整合能力。

人力资源管理自身的职能也在不断地延展拓宽，并由此催生新职业。未来人力资源管理职位还有战略机动部队与大数据分析师，这两个职位要协同发挥作用，战略机动部队了解一线需求、提出决策、寻求资源，大数据分析师为平台提供分析与决策支持，二者很好地发挥了大数据 + 平台的作用。此外，随着人工智能的崛起，新职业如智能人才发展顾问、人机协作协调员也将出现。这些职业将专注于“碳基人”与“硅基人”之间的协作，促进双方的有效整合和共同发展。这些新角色标志着人力资源管理朝着技术融合和综合发展的方向发展，同时也进一步要求 HR 从业者不断精进，以适应这些颠覆式的技术变革与管理创新。

---

① 此处为意译。

客户化、产品化人力资源管理与新生代员工的激励保留

新生代员工在思维方式、工作价值观与习惯爱好等方面对传统人力资源管理方式形成持续冲击，员工体验逐步成为影响企业人力资源管理有效性的关键因素。人力资源管理客户化、产品化，本质上是像与客户、用户打交道一样与员工相处，像打磨“爆款”产品一样提供人力资源服务。

第一，客户化人力资源管理要回应新生代员工的价值诉求。新生代员工个性鲜明、直截了当，“我即一切，我见即真实”，注重适时的、专属的仪式感。同时，他们富有情怀，既在现实中关心社会，关心公司发展，也会在虚拟世界中为不公挺身而出，会为了公司实现良性、健康的发展，曝光公司的矛盾与管理问题等。相比上一代员工，他们更加追求工作的价值感、意义感，认同公司对社会的善举、对员工的走心之举。同时也希望工作场景具有一定的趣味性，并且更看重工作生活的平衡。由此，人力资源管理者要把员工当客户与用户，关注员工的成就感、归属感和体验感。新生代员工的价值主张充分得到响应会让员工更有长期为组织贡献价值的意愿。

第二，产品化人力资源管理要扎根用户需求，挖掘、采纳员工建议，实现员工参与管理。HR 要把点状需求归纳成系统化解决方案。面对个性化、差异化的需求，HR 要做好穷尽式思考，并进行前置规划。HR 可以通过对员工进行访谈、发放

问卷，以及进行产品使用行为的观察等，了解用户的真实需求，并向产品经理提出需求。

HR 提出需求后，就进入产品的研发阶段，产品经理会根据 HR 调研得到的员工需求，输出产品原型，包括确定产品框架、功能逻辑、视觉设计等，并以“小步快跑”的迭代开发形式，不断更新体验版。是不是 HR 向产品经理提完需求，就没有任务、万事大吉了？当然不是，一个高质量的产品开发项目需要在开发过程中不断验证需求，即产品是否符合用户预期和诉求。为此，HR 可以在每一个迭代版本发布后再去做用户调研，及时发现新版中的问题，以期在下一轮迭代中快速修复。

类比 HR 在产品体验版迭代中持续地验证用户需求，产品正式发布后，HR 随即进入产品的新一轮迭代。既要检测每个功能点的使用情况，又要特别关注员工反馈的“差评”，以便进行下一轮的迭代与优化。

在中国企业的实践中，腾讯长期以来坚持的“一切以用户价值为依归”的经营理念，对其产品的影响非常明显。这样的产品文化也深刻影响、赋能了腾讯 SSC 的管理实践。新型 SSC 在产品的设计与开发过程中，都应该围绕着客户、用户的需求展开，企业的员工就是人力资源产品所服务的主要对象，每个产品都需要经历严格的把关，而充分的用户调研是其中必不可少的重要环节，最后，产品是否能够立项，能否响应员工的真正需求、为员工真正带来价值，还需专门的产品立项委员会审核评估。可见，客户化、产品化的人力资源管理对于 SSC 的价值实现发挥着重要作用。

针对人力资源产品挖掘员工的需求、采纳员工的合理化建议，不仅是为了让员工有更好的用户体验，还能让员工更愿意参与管理，这符合新生代员工倾向于主动自驱，而非被动、服从式的工作价值观，最终有助于激励与保留新生代员工。

参考文献

ADLER P S. Making the HR outsourcing decision. MIT Sloan Management Review, 2007, 45(1): 53–60.

BECKER B E, HUSELID M A. Strategic human resources management: where do we go from here?. Journal of Management, 2006, 32(6): 898–925.

BOWEN D E, GALANG C, PILLAI R.The role of human resource management: an exploratory study of cross-country variance. Human Resource Management, 2002, 41(1): 103–122.

BYRUM J, BINGHAM A. Improving analytics capabilities through crowdsourcing. MIT Sloan Management Review, 2016 (57):43–48.

CALDWELL R. Champions, adapters, consultants and synergists: the new change agents in HRM.Human Resource Management Journal, 2001, 11(3): 39–52.

CALDWELL R. HR business partner competency models: re-contextualising effectiveness. Human Resource Management, 2009, 18(3): 275–294.

CAPPELLI P. Why we love to hate HR and what HR can do about it. Harvard Business Review, 2015(7): 54–61.

CHARAN R, BARTON D, CAREY D. People before strategy: a new role for the CHRO. Harvard Business Review, 2015(7): 62–71.

CHARAN R. It's time to split HR. Harvard Business Review, 2014(7): 33–34.

COOKE F L. Modeling an HR shared services center: experience of an MNC in the United Kingdom. Human Resource Management, 2006, 45(2): 211–227.

FARNDALE E, PAAUWE J, HOEKSEMA L. In–sourcing HR: shared service centres in the Netherlands. The International Journal of Human Resource Management, 2009, 20(3): 544–561.

GRANOVETTER M. The strength of weak ties. American Journal of Sociology, 1973, 78(6): 1360–1380.

GREER C R, YOUNGBLOOD S A, GRAY D A. Human resource management outsourcing: the make or buy decision. Academy of Management Executive, 1999, 13(3): 85–96.

HAMMONDS K H. Why we hate HR. Fast Company, 2005, 97(8): 40.

HORAN P, VERNON P. Expanding HR's global potential: shared service centers in multi–country regions. Compensation & Benefits Review, 2003, 35(5): 45–53.

KRAAIJENBRINK J, SPENDER J C, GROEN A J. The resource–based view: a review and assessment of its critiques. Journal of Management, 2010, 36(1): 349–372.

LENGNICKHALL M L, MORITZ S.The impact of e-HR on the human resource management function. Journal of Labor Research, 2003, 24(3): 365–379.

LO K, MACKY K, PIO E. The HR competency requirements for strategic and functional HR practitioners. The International Journal of Human Resource

Management, 2015, 26(18): 1–21.

MAATMAN M, BONDAROUK T, LOOISE J K. Conceptualising the capabilities and value creation of HRM shared service models. Human Resource Management Review, 2010, 20(4): 327–339.

MCCRACKEN M, HEATON N. From “tucked away” to “joined at the hip” : understanding evolving relationships within the HRBP model in a regional energy company. Human Resource Management Journal, 2012, 22(2): 182–198.

MCCLELLAND D. Testing for competence rather than for “intelligence” . American Psychologist, 1973, 28(1): 1–14.

MCCRACKEN M, MCIVOR, R. Transforming the HR function through outsourced shared services: insights from the public sector. The International Journal of Human Resource Management, 2013, 24(8): 1685–1707.

O’REILLY C A, TUSHMAN M L. Organizational ambidexterity: past, present, and future. Academy of Management Perspectives, 2013, 27(4): 324–338.

REDMAN T, SNAPE E, WASS J, et al. Evaluating the human resource shared services model: evidence from the NHS. The International Journal of Human Resource Management, 2007, 18(8): 1486–1506.

SCHULER R S. Strategic human resources management: linking the people with the strategic needs of the business. Organizational Dynamics, 1992, 21(1): 18–32.

SIRKIN H L, KEENAN P, JACKSON A. The hard side of change management. Engineering Management Review IEEE, 2014, 42(4): 132.

STEWART T. Human resources bites back. Fortune, 1996, 133(9): 175–176.

ULRICH D. A new mandate for human resources. Harvard Business

Review, 1998(1): 124–134.

ULRICH D. Do not split HR—at least not Ram Charan's way. Harvard Business Review, 2014, 8. https://hbr.org/2014/07/do-not-split-hr-at-least-not-ram-charans-way.

ULRICH D, ALLEN J, BROCKBANK W, et al. HR transformation: building human resources from the outside. Columbus, Ohio:McGraw–Hill, 2009.

ULRICH D, BEATTY D. From partners to players: extending the HR playing field. Human Resource Management, 2001, 40(4): 293–307.

WEISBORD M R. Organizational diagnosis: six places to look for trouble with or without a theory. Group and Organization Management, 1976, 4(1): 430–447.

WRIGHT C. Reinventing human resource management: business partners, internal consultants and the limits to professionalization. Human Relations, 2008, 61(8): 1063–1086.

WRIGHT P M, DUNFORD B B, SHELL S A.Human resources and the resource based view of the firm. Journal of Management, 2001, 27(6): 701–721.

XIAO Z, TSUI A S. When brokers may not work: the cultural contingency of social capital in Chinese high-tech firms. Administrative Science Quarterly, 2007, 52(1): 1–31.

鲍春梅 , 邓康明 . 阿里巴巴的政委体系及其他 . 管理 @ 人 , 2010(11): 43–47.

布赖恩·伯杰伦. 共享服务精要. 北京 : 中国人民大学出版社 , 2004.

达娜·盖恩斯·罗宾逊 , 詹姆斯·罗宾逊 . 人力资源成为战略性业务伙伴. 北京 : 机械工业出版社 , 2011.

戴维·尤里奇, 等. 高绩效的 HR: 未来 HR 的六项修炼. 北京 : 中国电力出版社 , 2014.

戴维·尤里奇. 人力资源转型 : 为组织创造价值和达成成果. 北京 : 电子工业出版社 , 2015.

邓中华 , 闫敏. 中国管理研究的关键时刻：专访徐淑英教授. 管理学家（实践版）, 2011(11): 32–42.

刁婧文 , 张正堂. 企业构建人力资源共享服务中心的关键要素：COST 模型 . 中国人力资源开发 , 2016(12):26–33.

冯芷艳 , 郭迅华 , 曾大军 , 等 . 大数据背景下商务管理研究若干前沿课题 . 管理科学学报 , 2013(1): 1–9.

高远 . 企业建立财务共享中心策略研究：以百度公司为例 . 北京 : 中国人民大学 , 2014.

葛明磊 . 项目 HRBP 后备人才培养的探索性研究：以华为公司为例 . 中国人力资源开发 , 2015(18): 11–19.

何筠 , 王萌 . 基于互联网招聘的 HRBP 岗位职责和胜任力研究 . 企业经济 , 2016(8): 117–121.

金忆 .MG 公司基于战略的人力资源共享服务中心研究 . 上海 : 上海交通大学 , 2008.

焦晶 . 阿里巴巴的“大政委”. 中外管理 , 2007(9): 87–88.

康至军 . HR 转型突破：跳出专业深井成为业务伙伴 . 北京 : 机械工业出版社 , 2013.

李海燕 . 你具备 HRBP 的“胜任力”吗 ?. 中外管理 , 2015(11): 84–86.

刘梦 . 企业在中国构建人力资源共享服务中心主要障碍的研究 . 北京 : 中国人民大学 , 2014.

刘善仕 , 周子琛 , 肖祥伟 . 基于微创新能力下的人力资源实践研究：以腾讯为例 . 中国人力资源开发 , 2015(12): 77–82.

刘松博 , 龙静 . 组织理论与设计 . 2 版 . 北京 : 中国人民大学出版社 , 2009.

刘松博 , 裴珊珊 , 梁爽 . 我国 HRBP 胜任力研究 . 中国人力资源开发 , 2016(6): 34–39.

吕力 . 管理学研究的“精一”、“双融”和“经世致用” : 对陈明哲的访谈 . 管理学报 , 2016, 13(1): 1–6.

马海刚 . HR+ 数字化：人力资源管理认知升级与系统创新 . 北京 : 中国人民大学出版社，2022.

马海刚 . 移动互联网时代腾讯 HR SDC 的新生态 . 中国人力资源开发 , 2015(18): 6–10.

马化腾 . 分享经济 : 供给侧改革的新经济方案 . 北京 : 中信出版集团 , 2016.

孟小峰 , 慈祥 . 大数据管理 : 概念、技术与挑战 . 计算机研究与发展 , 2013, 50(1): 146–169.

穆胜 . 人力资源管理的“云范式”革命 . 中国人力资源开发 , 2013 (15):

6–13.

潘东燕 , 王晓明 . 腾讯方法 . 北京 : 机械工业出版社 , 2014.

彭剑锋 . 互联网时代的人力资源管理新思维 . 中国人力资源开发 , 2014(16): 41–48.

彭剑锋 . 新一代人工智能对组织与人力资源管理的影响与挑战 . 中国人力资源开发，2023, 40(7): 8–14.

彭剑锋 , 周其仁 , 吴春波 , 等 . "+ 时代管理"：人的一场革命 . 北京 : 中国计划出版社 , 2015.

彭剑锋 , 陈春花 , 周其仁 , 等 . 黑天鹅在咖啡杯中飞起 : 影响中国管理的 54 篇杰作 . 北京 : 中国计划出版社 , 2016.

彭剑锋 , 云鹏 . 海尔能否重生 : 人与组织关系的颠覆与重构 . 杭州 : 浙江大学出版社 , 2015.

彭蕾 . 主题演讲之 : 阿里巴巴点滴 . 管理 @ 人 , 2009(Z1): 44–45.

石美玲 . C 公司人力资源共享服务中心构建研究 . 上海 : 上海交通大学 , 2011.

斯图尔特・克雷纳 . 管理百年 . 北京 : 中国人民大学出版社 , 2013.

索娜 . 人力资源共享服务中心的原理及应用：以 K 公司为例 . 北京 : 中国人民大学 , 2008.

田涛 , 吴春波 . 下一个倒下的会不会是华为 . 北京 : 中信出版社 , 2017.

王发波 . 人力资源共享服务文献综述 . 北京 : 中国人民大学 , 2008.

王通讯 . 大数据人力资源管理 . 北京 : 中国人事出版社 , 2016.

西楠 , 李雨明 , 彭剑锋 , 等 . 从信息化人力资源管理到大数据人力资源管理的演进：以腾讯为例 . 中国人力资源开发 , 2017(5): 52–61.

西楠 . 柔性导向人力资源管理系统与知识型团队绩效的关系 : 动态能力理论与团队有效性框架的整合视角 . 北京 : 中国人民大学，2020.

西楠 , 彭剑锋 , 曹毅 , 等 .OKR 是什么及为什么能提升团队绩效？柔性导向绩效管理实践案例研究 . 科学学与科学技术管理 , 2020, 41(7): 116–138.

小托马斯・沃森 . 一个企业的信念 . 北京 : 中信出版社 , 2003.

邢帆 . 阿里巴巴的“用人之道” . 中国信息化 , 2012(1): 44–45.

徐斌 , 西楠 , 胡晖 . NLP 原理与教练式领导力 . 北京 : 人民邮电出版社 , 2015.

徐升华 . 解密 HRBP 发展与体系构建 . 北京 : 企业管理出版社 , 2015.

徐淑英 , 吕力 . 中国本土管理研究的理论与实践问题 : 对徐淑英的访谈 . 管理学报 , 2015, 12(3): 313–321.

杨国安 , 李晓红 . 变革的基因 : 移动互联时代的组织能力创新 . 北京 : 中信出版集团 , 2016.

叶剑波 . 分享经济时代人力资源管理的挑战 . 中国人力资源开发 , 2015 (23): 6–9.

詹尉 . 物我两用 人心皆得：阿里巴巴用人的“道”与“术” . 人力资源管理 , 2011(12): 86.

张海滨 . 外包模式中的企业人力资源共享问题研究：关于构建 HRSSC 的探讨 . 北京 : 中国人民大学 , 2013.

张欣瑞 , 范正芳 , 陶晓波 . 大数据在人力资源管理中的应用空间与挑战：基于谷歌与腾讯的对比分析 . 中国人力资源开发 , 2015(22): 52–57.

赵庆杰 . 战略性人力资源管理“三支柱”模型在 CTSI 公司的应用研究 . 北京 : 中国人民大学 , 2014.

后记

本书第一版从思考到创作历经两年时间，新版从接到修订需求到持续创作再到最终成稿历经五年时间，直到最后，我还是认为书中的很多观点和实践总结并不完善和成熟，在这期间，朋友的鼓励给了我勇气，把这些观点和实践总结出来作为对 HR 三支柱知识和实践的沉淀。

本书花较大篇幅描述的 HR 端到端的交付理念以及用产品经理思维做 HR 工作的思路，来自华为和腾讯这两家非常优秀的企业对我的熏陶和培养，在感恩的同时也让我忐忑自己才疏学浅，无法用文字描绘出它们真正强大的基因。幸运的是，在写作过程中，朋友们给予我无私的帮助，包括我的领导奚丹以及一群亲密无间的同事：韩旭婷、秦旭海、张显、盛颖、孙洪凤、邬沛君、白静、张东超等。本书在介绍腾讯的人力资源实践时借鉴了马永武、方慧玲、陆文卓、王安、李晓红等同事公开演讲的材料，实在无法一一列举，只能对所有腾讯人力资源管理部门的同事及战友表示真挚的感谢，感恩与大家一起成长。

当然不得不提的还有业界的朋友们：曹沛、郑育群、邵沈冰、杨小龙、郝鹏、王坚、陈思瀚、王梦怡、欧阳明等，感谢他们在各自擅长的领域向我们介绍和展现自己对国内外 HR 三支柱转型升级和实践创新的观察和体会。读者在阅读本书中的观点、案例时如产生了共鸣，要归功于这些热爱分享的人力资源资深从业者。

本书的写作亦是团队智慧的结晶，除笔者以外，第一版写作时正在中国人民大学劳动人事学院攻读硕士学位的颜绿苑、张子龙、陈晓纯、和美全程参与了本书的调查研究工作，在梳理中外资料、提炼案例、推敲观点、创作书稿的过程中，投入了大量的时间和精力，贡献了很多创造性的想法。来自首都经济贸易大学的刘泽菲、胡新宇、孙楠参与了新版的撰写和校对工作，钟源、刘孟晴、李沛、闫琦、梁思佳、肖孟莹、西思莹等参与了新版的案例更新工作。同时还要特别感谢来自实践界、学术界的朋友，他们为初稿提供了睿智的修改建议。吴恩杰、李彩虹、王蕊、李清海对初稿进行了耐心细致的审读，并结合多年的企业管理实践经验对书中考虑不够周全的问题进行了补充。华夏基石的尚艳玲、宋劲松、荆晓娟、邢雷、张小峰等老师对 HR 三支柱的困境、改进和人力资源管理新趋势部分的观点进行了推敲。首都经济贸易大学劳动经济学院的徐斌教授对 HR 三支柱的模型图进行了多次指导，并提出了很有创意的观点。中国人才学创始人王通讯研究员，首都经济贸易大学苗仁涛老师，第一版写作时尚在中国人民大学攻读博士学位的云鹏、葛明磊、金贤洙、徐升华、苏伟琳、邢璐、习怡衡，以及李雨明、曹毅、滕雪莉等也为书稿创作提供了资料和建议。

本书的写作是站在巨人的肩膀上，参考了大量国内外期刊和著作、网络图片、微信公众号文章，我们在参考文献和文中注明了资料来源，但仍有一些资料来源疏于标明，在此向这些创作者表示深深的敬意和由衷的感谢。